普通高等教育"十一五"国家级规划教材
中国科学院规划教材·会计学及财务管理系列

高级财务会计

（第二版）

主　编　张劲松　邱玉兴
副主编　梁运吉

科学出版社

北　京

内 容 简 介

本书以新会计准则为背景，在中级财务会计的基础上定位于对"特殊业务、特殊行业、特殊呈报"的会计理论与实务进行阐述。全书共分十二章，重点介绍了企业合并、合伙企业、分支机构、债务重组、非货币性资产交换、或有事项、股份支付、所得税及租赁的会计核算，以及合并财务报表、外币折算报表的编制。本书的特点是：①系统性。阐述了特殊业务、行业、报告的理论与实务。②先进性。依据修订的会计准则编写。③衔接性。反映的内容与其他课程相衔接。

本书资料详尽，理论讲解全面、深入，具有较强的实用价值，是各院校会计专业及经济管理专业本科生、研究生深入学习会计学的理想教材，也是从事会计实务工作人员拓展知识的理想参考书。

图书在版编目(CIP)数据

高级财务会计/张劲松，邱玉兴主编. —2 版. —北京：科学出版社，2014.3
普通高等教育"十一五"国家级规划教材　中国科学院规划教材. 会计学及财务管理系列

ISBN 978-7-03-039783-6

Ⅰ.①高…　Ⅱ.①张…②邱…　Ⅲ.①财务会计-高等学校-教材
Ⅳ.①F234. 4

中国版本图书馆 CIP 数据核字(2014)第 028719 号

责任编辑：张　宁 / 责任校对：宋玲玲
责任印制：霍　兵 / 封面设计：蓝正设计

科学出版社 出版
北京东黄城根北街 16 号
邮政编码：100717
http://www.sciencep.com

三河市航远印刷有限公司　印刷
科学出版社发行　各地新华书店经销

*

2008 年 7 月第　一　版　　开本：787×1092　1/16
2014 年 3 月第　二　版　　印张：15 3/4
2017 年 1 月第十四次印刷　　字数：370 000

定价：38. 00 元
(如有印装质量问题，我社负责调换)

《会计学及财务管理系列教材》编委会

丛书总序

 2007 年 5 月,黑龙江省高校会计学教师联合会组织编写的《会计学及财务管理系列教材》由科学出版社出版发行,该系列教材是中国科学院规划教材。其中,《基础会计学》、《高级财务会计》、《会计制度设计》、《财务管理》、《财务通论》被评为普通高等教育"十一五"国家级规划教材,并获得省级优秀教学成果一等奖;《基础会计学》、《财务管理》分别获得黑龙江省第十四届社科成果一等奖、二等奖。该系列教材的再版,是在原系列教材的基础上结合近几年国内外会计及财务管理领域理论、方法及应用的变化和教学内容、教学方法改革的需要,在保持原教材特色与优点的前提下,对会计学及财务管理专业领域的技术方法、阐述内容进行全面修订而形成的系列新作。

 针对普通地方高校培养应用性、复合型人才需要的《会计学及财务管理系列教材》自出版至今,重印了多次,取得了很好的社会反响。该系列教材已成为哈尔滨商业大学、哈尔滨工业大学、东北农业大学、东北林业大学、东北石油大学、黑龙江大学、黑龙江八一农垦大学和黑龙江科技学院等多所高校经济管理类专业学生的专业课指定教材、硕士研究生入学考试教材,同时作为会计学和财务管理专业课教材,被国内多所高校选用。各高校的教师和同学在使用的过程中给予了该系列教材一致好评,认为该系列教材不仅详细地介绍了理论知识、专业技术,而且运用大量的案例将晦涩的理论知识变得易于理解和掌握,可以说很好地将理论与实践结合了起来,填补理论空白的同时,为学生日后的实践提供了很好的指导。越来越多的高校选择该系列教材作为经济管理类专业学生的指定用书。

 虽然该系列教材自出版以来取得了一定的成绩,但是我们清楚地知道仍有很多地方需要修订及进一步完善。21 世纪的前 10 年中,会计学及财务管理领域的发展日新月异,无论是国际、国内的理财环境,还是会计学及财务管理运用的具体方法都有了翻天覆地的变化,这也对会计学及财务管理的学习提出了更高的要求。在这样的大环境下,我们绝对不敢停下前进的步伐,必须紧跟发展的大潮,把握发展的方向,紧扣发展的脉搏,为会计学及财务管理的发展贡献力量,并为提高会计学及财务管理的教学质量而努力。各界同仁的支持与肯定就是我们发展的原动力,各方的质疑声更是我们改正的明镜，在各个方面的共同作用下，我们一定会越走越好。我们再版该系列教材的目标就是为了更好地为各位教师、同学服务，你们的满意就是对我们最大的肯定。

在再版《会计学及财务管理系列教材》的过程中，我们虽然搜集了大量的素材，作了全面的准备，但是我们发现在相关理论、方法、实务的理解上仍然存在一定的差距，所以不可能对会计学及财务管理领域出现的所有问题都进行全面的阐述。加之编写人员学识所限，教材中难免有不恰当之处，恳请各位读者不吝赐教，以便进一步修订、完善。

《会计学及财务管理系列教材》的再版，借鉴和参考了国内外许多专家学者的研究成果，在此一并表示感谢！

2011 年 6 月

第二版前言

《高级财务会计》教材作为普通高等教育"十一五"国家级规划教材，自 2008 年初版以来，一直为全国不少高等院校相关专业的教师和学生所选用，曾多次重印。

本次对《高级财务会计》教材的修订中，是以 2007 年企业会计准则为背景，以 2007 年至现在会计准则最新变化情况为依托，根据近几年来高级财务会计学理论与实践需要和教学经验的积累，针对第一版的不足，订正了一些文字、数字，修改了部分示例，调整了部分章节，删减及增补了部分内容。在内容上定位于"特殊业务、特殊行业、特殊呈报"的会计理论与实务，突出集团公司、总分公司、有限责任与无限责任公司业务，同时兼顾会计实践中新产生的、需要在理论上予以说明的问题。

全书有四大部分共分十二章，第一部分是集团业务，主要是母子公司的会计核算，包括第一、二、三章；第二部分是总分公司业务，主要是分公司会计核算，包括第五章；第三部分是无限责任公司业务，主要是合伙企业的会计核算，包括第四章；第四部分是特殊业务，主要是企业经营中特殊事项的会计核算，包括第六、七、八、九、十、十一、十二章。本书由张劲松、邱玉兴担任主编，梁运吉担任副主编。具体分工为：第一章至第三章由张劲松编写，第四章、第十二章由李新海编写。第五章由张前编写，第六章、第十一章由梁运吉编写，第七章、第八章由邱玉兴编写，第九章由姜慧编写，第十章由陶海军编写。全书由张劲松进行总纂。本书编写和校对过程中还得到了李沐瑶、柳佳、王悦、李梦彤等的大力帮助；同时还参考了诸多国内外教材，这里不便一一列举，谨在此表示真诚的感谢。

由于水平有限，书中难免出现错误、疏漏和不当之处，切望各位读者、学界前辈和同仁不吝赐教，以便匡正。

编　者

2014 年 3 月

第一版前言

2007 年 1 月 1 日，《企业会计准则》在上市公司开始实施，标志着中国会计准则与国际财务报告准则实现了实质性趋同，将我国的会计提升到了国际先进水平的行列，从而促进企业建立健全内部控制制度、改进信息系统、实现精细化管理和树立企业形象，有助于企业可持续健康发展，同时为实现中国会计准则与其他国家或者地区会计准则等效奠定了基础。

本书就是以新会计准则为背景，研究中级财务会计没有研究过的问题，在内容上定位于"特殊业务、特殊行业、特殊呈报"的会计理论与实务，并兼顾会计实践中新产生的、需要在理论上予以说明的问题。

全书共分十三章，张劲松、李瑛担任主编，邱玉兴担任副主编。具体分工为：第一章至第三章由张劲松编写，第四章、第九章由李新海编写，第五章由张前编写，第六章、第七章由梁运吉编写，第八章由李瑛编写，第十章、第十一章由邱玉兴编写，第十二章、第十三章由丁琦编写。全书由张劲松进行总纂。本书编写过程中得到了王鑫和陶海军的大力帮助；同时还参考了诸多国内外教材，这里不便一一列举，谨在此表示真诚的感谢。

由于水平有限，书中难免出现错误、疏漏和不当之处，切望各位读者、学界前辈和同仁不吝赐教，以便匡正。

编　者

2008 年 5 月

目　录

第十二章

第一章

企 业 合 并

本章主要介绍了企业合并的方式、同一控制下的企业合并与非同一控制下的企业合并的会计处理方法。

重要概念： 企业合并　同一控制下的企业合并　非同一控制下的企业合并

第一节　企业合并概述

一、企业合并的含义与方式

（一）企业合并的含义

在当今的国际经济发展中，规模经营是企业成功的一个重要因素。企业除了依靠自身的积累外，更重要的是通过企业间的合并扩大自己的经营规模，提高竞争实力。

企业合并，是指将两个或者两个以上单独的企业合并形成一个报告主体的交易或事项。企业合并的结果通常是一个企业取得了对一个或多个业务的控制权。如果一个企业取得了对另一个或多个业务的控制权，而被购买方（或被合并方）并不构成业务，则该交易或事项不形成企业合并。企业取得了不形成业务的一组资产或是净资产时，应将购买成本基于购买日所取得各项可辨认资产、负债的相对公允价值基础上进行分配，不按照企业合并准则进行处理。

本章指的企业合并不包括：两方或两方以上形成合营企业的企业合并；仅通过合同而不是所有权份额将两个或者两个以上单独的企业合并形成一个报告主体的企业合并。

从企业合并的定义看，是否形成企业合并，除了要看取得的企业是否构成业务之外，关键还要看有关交易或事项发生前后，是否引起报告主体的变化。报告主体的变化产生于控制权的变化。在交易事项发生以后，一方能够对另一方的生产经营决策实施控制，形成母子公司关系，涉及控制权的转移，该交易或事项发生以后，子公司需要纳入到母公司合并财务报表的范围中，从合并财务报告角度形成报告主体的变化；交易事项发生以后，一方能够控制另一方的全部净资产，被合并的企业在合并后失去其法人资格，也涉及控制权的变化及报告主体的变化，形成企业合并。

假定在企业合并前 A、B 两个企业为各自独立的法律主体，且均构成业务，企业合并准则中所界定的企业合并，包括但不限于以下情形：

（1）企业 A 通过增发自身的普通股自企业 B 原股东处取得企业 B 的全部股权，该交易事项发生后，企业 B 仍持续经营。

（2）企业 A 支付对价取得企业 B 的全部净资产，该交易事项发生后，撤销企业 B 的法人资格。

（3）企业 A 以自身持有的资产作为出资投入企业 B，取得对企业 B 的控制权，该交易事项发生后，企业 B 仍维持其独立法人资格继续经营。

（二）企业合并的方式

企业合并从合并方式划分，包括控股合并、吸收合并和新设合并。

1. 控股合并

合并方（或购买方，下同）通过企业合并交易或事项取得对被合并方（或被购买方，下同）的控制权，企业合并后能够通过所取得的股权等主导被合并方的生产经营决策并自被合并方的生产经营活动中获益，被合并方在企业合并后仍维持其独立法人资格继续经营的，为控股合并。

该类企业合并中，因合并方通过企业合并交易或事项取得了对被合并方的控制权，被合并方成为其子公司，在企业合并发生后，被合并方应当纳入合并方合并财务报表的编制范围，从合并财务报表角度，形成报告主体的变化。

2. 吸收合并

合并方在企业合并中取得被合并方的全部净资产，并将有关资产、负债并入合并方自身的账簿和报表进行核算。企业合并后，注销被合并方的法人资格，由合并方持有合并中取得的被合并方的资产、负债，在新的基础上继续经营，该类合并为吸收合并。例如，A 吸收合并 B，合并后 B 不存在，法律主体消失，合并之后成为一个新的 A 公司。

吸收合并中，因被合并方（或被购买方）在合并发生以后被注销，从合并方（或购买方）的角度需要解决的问题是，其在合并日（或购买日）取得的被合并方有关资产、负债入账价值的确定，以及为了进行企业合并支付的对价与所取得被合并方资产、负债的入账价值之间存在差额的处理。

3. 新设合并

参与合并的各方在企业合并后法人资格均被注销，重新注册成立一家新的企业，由新注册成立的企业持有参与合并企业的资产、负债在新的基础上经营，为新设合并。例如，A 企业和 B 企业合并成为一个新企业，称为 C 企业，可表示为：A 企业＋B 企业＝C 企业。合并后 A 公司和 B 公司的法律主体消失。

控股合并、吸收合并和新设合并三种方式的比较如表 1-1 所示。

表 1-1 企业合并方式的比较

合并方式	购买方（合并方）	被购买方（被合并方）
控股合并	取得控制权 体现为长期股权投资	保持独立 成为子公司
吸收合并	取得对方资产并承担负债	解散
新设合并	由新成立企业持有参与 合并各方资产、负债	参与合并各方均解散

二、企业合并的类型

我国的企业合并准则中将企业合并按照一定的标准分为两大基本类型——同一控制下的企业合并与非同一控制下的企业合并。企业合并类型划分不同，所遵循的会计处理原则也不同。

（一）同一控制下的企业合并

同一控制下的企业合并，是指参与合并的企业在合并前后均受同一方或相同的多方最终控制且该控制并非暂时性的。

（1）能够对参与合并各方在合并前后均实施最终控制的一方通常指企业集团的母公司。

同一控制下的企业合并一般发生于企业集团内部，如集团内母子公司之间、子公司与子公司之间等。因为该类合并从本质上是集团内部企业之间的资产或权益的转移，能够对参与合并企业在合并前后均实施最终控制的一方为集团的母公司。

（2）能够对参与合并的企业在合并前后均实施最终控制的相同多方，是指根据合同或协议的约定，拥有最终决定参与合并企业的财务和经营政策，并从中获取利益的投资者群体。

（3）实施控制的时间性要求，是指参与合并各方在合并前后较长时间内为最终控制方所控制。具体是指在企业合并之前（即合并日之前），参与合并各方在最终控制方的控制时间一般在 1 年以上（含 1 年），企业合并后所形成的报告主体在最终控制方的控制时间也应达到 1 年以上（含 1 年）。

（4）企业之间的合并是否属于同一控制下的企业合并，应综合构成企业合并交易的各方面情况，按照实质重于形式的原则进行判断。通常情况下，同一控制下的企业合并是指发生在同一企业集团内部企业之间的合并。同受国家控制的企业之间发生的合并，不应仅仅因为参与合并各方在合并前后均受国家控制而将其作为同一控制下的企业合并。

（二）非同一控制下的企业合并

是指参与合并的各方在合并前后不受同一方或相同的多方最终控制的合并交易，即除判断属于同一控制下企业合并的情况以外其他的企业合并。

三、企业合并的会计处理方法

（一）权益法

权益法反映了权益合并的业务实质。权益法并不被看作是两个独立主体之间的交易业务，而是两个公司的普通股股东在合并他们的权益、资产和负债，从而形成一个单一的主体。因此，权益法总是通过某一公司发行普通股交换另一公司的净资产或几乎全部的普通股来实现的。

权益法的基本特点如下：

（1）没有产生新的计价基础。被合并公司的资产和负债在合并公司账上（或在合并会计报表上）按被合并公司先前所记录的账面价值反映。由于在两个独立主体之间不存在交换业务，因而按被合并公司账面价值合并反映在合并公司账上（以净资产收购）或者合并反映在合并会计报表上（以普通股收购），与合并有关的费用作为合并公司的期间费用。

（2）参与合并公司的留存利润，按原已形成的资本结构被合并反映在合并公司账上或合并会计报表上。

（3）不论合并发生在什么时候，合并公司的利润表或合并利润表上所反映的净利润都包括被合并公司全年的净利润，如同参与合并的公司在会计期初就已处于合并的状态。

（二）购买法

购买法反映了一个公司购买另一个公司的交易业务的实质。这种合并是独立主体之间的交换业务，即购买方和被购买方（以净资产收购）或被购买方的普通股股东（以普通股收购）之间的交换业务。

购买法的基本特点如下：

（1）对于所获得的净资产产生了新的计价基础，即在购买方公司账上（或合并报表上）以购买方公司的成本记载，并假定这些成本代表了所获净资产的公允价值。从本质上说，购买一批资产就像购买单一资产一样，应以购买者的成本入账，并且将有关的直接费用作为购买成本的一部分，而相关的间接费用作为期间费用处理。

（2）除合并会计报表上所列示的少数股权外，合并后，以前被合并公司账上所反映的股东权益部分不复存在。在购买法前提下，无论是直接收购还是间接收购，购买方公司实际上是购买了被购买方公司。如果购买方通过发行普通股或优先股来交换的话，在购买方公司账上，股本的余额将会增加，并且资本公积的余额也可能增加。这些增加的余额是这一收购业务对在随后的购买方会计报表（以净资产收购）或合并会计报表上（以普通股收购）仅仅包括被购买方从购买日至那年年底的净利润。

第二节 同一控制下企业合并的会计处理

一、同一控制下企业合并的处理原则

同一控制下的企业合并，是从合并方出发，确定合并方在合并日对于企业合并事项应进行的会计处理。合并方，是指取得其他参与合并企业控制权的一方；合并日，是指合并方实际取得对被合并方控制权的日期。

同一控制下的企业合并，合并方应遵循以下处理原则：

（1）合并方在合并中确认取得的被合并方的资产、负债仅限于被合并方账面上原已确认的资产和负债，合并中不产生新的资产和负债。

同一控制下的企业合并，从最终控制方的角度来看，其在企业合并发生前后能够控制的净资产价值量并没有发生变化，因此合并中不产生新的资产，但被合并方在企业合并前账面上原已确认的商誉应作为合并中取得的资产确认。

（2）合并方在合并中取得的被合并方各项资产、负债应维持其在被合并方的原账面价值不变。

合并方在同一控制下的企业合并中取得的有关资产和负债不应因该项合并而改记其账面价值，从最终控制方的角度，其在企业合并交易或事项发生前控制的资产、负债，在该交易或事项发生后仍在其控制之下，因此，该交易或事项原则上不应引起所涉及资产、负债的计价基础发生变化。

在确定合并中取得各项资产、负债的入账价值时，应注意的是，被合并方在企业合并前采用的会计政策与合并方不一致的，合并方应按照本企业会计政策对被合并方资产、负债的账面价值进行调整，并以调整后的账面价值作为有关资产、负债的入账价值。

（3）合并方在合并中取得的净资产的入账价值相对于为进行企业合并支付对价的账面价值之间的差额，不作为资产的处置损益，不影响合并当期利润表，有关差额应调整所有者权益相关项目。合并方在企业合并中取得的价值量相对于所放弃价值量之间存在差额的，应当调整所有者权益。在根据合并差额调整合并方的所有者权益时，应首先调整资本公积（资本溢价或股本溢价），资本公积（资本溢价或股本溢价）的余额不足冲减的，应冲减留存收益。

（4）对于同一控制下的控股合并，合并方在编制合并财务报表时，应视同合并后形成的报告主体自最终控制方开始实施控制时一直是一体化存续下来的，参与合并各方在合并以前期间实现的留存收益应体现为合并财务报表中的留存收益。合并财务报表中，应以合并方的资本公积（或经调整后的资本公积中的资本溢价部分）为限，在所有者权益内部进行调整，将被合并方在合并日以前实现的留存收益中按照持股比例计算归属于合并方的部分自资本公积转入留存收益。

二、同一控制下控股合并的会计处理

同一控制下的企业合并中，合并方在合并后取得对被合并方生产经营决策的控制权，并且被合并方在企业合并后仍然继续经营的，合并方在合并日涉入两个方面的问题：一是对于因该项企业合并形成的对被合并方的长期股权投资的确认和计量问题；二是合并日合并财务报表的编制问题。

（一）长期股权投资的确认和计量

同一控制下企业合并形成的长期股权投资，合并方应以合并日应享有被合并方账面所有者权益的份额作为形成长期股权投资的初始投资成本，借记"长期股权投资"科目，按享有被投资单位已宣告但尚未发放的现金股利或利润，借记"应收股利"科目，按支付的合并对价的账面价值，贷记有关资产或借记有关负债科目。

同一控制下控股合并的长期股权投资的成本分两种情况：

（1）以支付现金、非现金资产作为合并对价的。

以支付现金、非现金资产方式进行的，该初始投资成本与支付的现金、非现金资产的差额，相应调整资本公积（资本溢价或股本溢价），资本公积（资本溢价或股本溢价）的余额不足冲减的，相应调整盈余公积和未分配利润。

【例1-1】 A公司和B公司为同一控制下的子公司，其中A公司以现金和一批库存商品作为对价，取得B公司60%的股权。支付现金200万元，库存商品的账面价值为800万元、公允价值为1 400万元。合并日B公司的账面所有者权益总额为1 500万（假定不考虑相关税费）。A公司合并时编制的会计分录为：

借：长期股权投资 9 000 000
资本公积——（资本溢价或股本溢价） 1 000 000
 贷：银行存款 2 000 000
  库存商品 8 000 000

如资本公积（溢价）不足冲减，冲减留存收益。

（2）合并方以发行权益性证券作为对价的。

长期股权投资的初始投资成本与所发行股份的面值总额之间的差额，应调整资本公积（资本溢价或股本溢价），资本公积的余额不足冲减的，相应调整盈余公积和未分配利润。

【例1-2】 甲企业发行600万股普通股（每股面值1元）作为对价取得乙企业60%的股权，合并日乙企业账面净资产总额为1 300万元。甲企业合并时编制的会计分录为：

借：长期股权投资 7 800 000
 贷：股本 6 000 000
  资本公积——资本溢价或股本溢价 1 800 000

（二）合并日合并财务报表的编制

同一控制下的企业合并形成母子公司关系的，合并方一般应在合并日编制合并财务报表，反映于合并日形成的报告主体的财务状况、视同该主体一直存在产生的经营成果等。考虑有关因素的影响，编制合并日的合并财务报表存在困难的，下列有关原则同样适用于合并当期期末合并财务报表的编制。

编制合并日的合并财务报表时，一般包括合并资产负债表、合并利润表及合并现金流量表。

1. 合并资产负债表

被合并方的有关资产、负债应以其账面价值并入合并财务报表（合并方与被合并方采用的会计政策不同的，按照合并方的会计政策，对被合并方有关资产、负债经调整后的账面价值）。合并方与被合并方在合并日及以前期间发生的交易，应作为内部交易进行抵销。

同一控制下企业合并的基本处理原则是视同合并后形成的报告主体在合并日及以前期间一直存在，在合并资产负债表中，对于被合并方在企业合并前实现的留存收益（盈余公积和未分配利润之和）中归属于合并方的部分，应按以下规定，自合并方的资本公积转入留存收益。

确认企业合并形成的长期股权投资后，合并方账面资本公积（资本溢价或股本溢价）贷方余额大于被合并方在合并前实现的留存收益中归属于合并方的部分，在合并资产负债表中，应将被合并方在合并前实现的留存收益中归属于合并方的部分自"资本公积"转入"盈余公积"和"未分配利润"。在合并工作底稿中，借记"资本公积"项目，贷记"盈余公积"和"未分配利润"项目。

确认企业合并形成的长期股权投资后，合并方账面资本公积（资本溢价或股本溢价）贷方余额小于被合并方在合并前实现的留存收益中归属于合并方的部分，在合并资产负债表中，应以合并方资本公积（资本溢价或股本溢价）的贷方余额为限，将被合并方在企业合并前实现的留存收益中归属于合并方的部分自"资本公积"转入"盈余公积"和"未分配利润"。在合并工作底稿中，借记"资本公积"项目，贷记"盈余公积"和"未分配利润"项目。

因合并方的资本公积（资本溢价或股本溢价）余额不足，被合并方在合并前实现的留存收益在合并资产负债表中未予全额恢复的，合并方应当在会计报表附注中对这一情况进行说明。

【例1-3】 A、B公司为F公司控制下的两家子公司。A公司于20×7年5月15日自母公司F处取得B公司100%的股权，合并后B公司仍维持其独立法人资格继续经营。为进行该项企业合并，A公司发行了2 000万股本公司普通股（每股面值1元）作为对价。假定A、B公司采用的会计政策相同。合并日，A公司及B公司的所有者权益构成如表1-2所示。

表 1-2　A、B 公司的所有者权益构成　　　　　　　　　　　单位：万元

项　目	A 公司	B 公司
股本	9 000	2 000
资本公积	3 000	500
盈余公积	2 000	1 200
未分配利润	6 000	2 800
合计	20 000	6 500

A 公司在合并日编制的会计分录为：

借：长期股权投资　　　　　　　　　　　　　65 000 000

　　贷：股本　　　　　　　　　　　　　　　　　　20 000 000

　　　　资本公积　　　　　　　　　　　　　　　　45 000 000

进行上述处理后，A 公司在合并日编制合并资产负债表时，对于企业合并前 B 公司实现的留存收益中归属于合并方的部分（4 000 万元）应自资本公积（资本溢价或股本溢价）转入留存收益。本例中 A 公司在确认对 B 公司的长期股权投资以后，其资本公积的账面余额为 7 500 万元（3 000 万＋4 500 万），假定其中资本溢价或股本溢价的金额为 5 000 万元。在合并工作底稿中，应编制的调整分录为：

借：资本公积　　　　　　　　　　　　　　　40 000 000

　　贷：盈余公积　　　　　　　　　　　　　　　　12 000 000

　　　　未分配利润　　　　　　　　　　　　　　　28 000 000

2. 合并利润表

合并方在编制合并日的合并利润表时，应包含合并方及被合并方自合并当期期初至合并日实现的净利润，双方在当期所发生的交易，应当按照合并财务报表的有关原则进行抵销。例如，同一控制下的企业合并发生于 20×7 年 4 月 30 日，合并方当日编制合并利润表时，应包括合并方及被合并方自 20×7 年 1 月 1 日至 20×7 年 4 月 30 日实现的净利润。

为了帮助企业的会计信息使用者了解合并利润表中净利润的构成，发生同一控制下企业合并的当期，合并方在合并利润表中的"净利润"项下应单列"其中：被合并方在合并前实现的净利润"项目，反映因同一控制下企业合并规定的编表原则，导致由于该项企业合并中自被合并方在合并当期带入的损益情况。

3. 合并现金流量表

合并日合并现金流量表的编制与合并利润表的编制原则相同。

三、同一控制下吸收合并和新设合并的会计处理

同一控制下的吸收合并和新设合并中，合并方主要涉及合并日取得被合并方资产、负债入账价值的确定，以及合并中取得有关净资产的入账价值与支付的合并对价账面价值之间差额的处理。

1. 合并中取得资产、负债入账价值的确定

合并方对同一控制下的吸收合并和新设合并中取得的资产和负债应按相关资产、负债在被合并方的原账面价值入账。其中，对于合并方与被合并方在企业合并前采用的会计政策不同的，在将被合并方的相关资产和负债并入合并方的账簿和报表进行核算之前，应按照合并方的会计政策对被合并方的有关资产、负债的账面价值进行调整后，以调整后的账面价值确认。

2. 合并差额的处理

合并方在确认了合并中取得的被合并方的资产和负债的入账价值后，以发行权益性证券方式进行的该类合并，所确认的净资产入账价值与发行股份面值总额的差额，应记入资本公积（资本溢价或股本溢价），资本公积（资本溢价或股本溢价）的余额不足冲减的，相应冲减盈余公积和未分配利润；以支付现金、非现金资产方式进行的该类合并，所确认的净资产入账价值与支付的现金、非现金资产账面价值的差额，相应调整资本公积（资本溢价或股本溢价），资本公积（资本溢价或股本溢价）的余额不足冲减的，应冲减盈余公积和未分配利润。

【例 1-4】　A 公司于 20×7 年 3 月 10 日对同一集团内某全资 B 公司进行了吸收合并，为进行该项企业合并，A 公司发行了 600 万股普通股（每股面值 1 元）作为对价。合并日，A 公司及 B 公司的所有者权益构成如表 1-3 所示。

表 1-3　A 公司及 B 公司的所有者权益构成

单位：万元

项　目	A 公司	B 公司	合计
股　本	3 600	600	4 200
资本公积	1 000	200	1 200
盈余公积	800	400	1 200
未分配利润	2 000	800	2 800
合　计	7 400	2 000	9 400

A 公司合并是编制的会计分录为：

借：净资产　　　　　　　　　　　　　　　　　　　　20 000 000

　　贷：股本　　　　　　　　　　　　　　　　　　　　　6 000 000

　　　　资本公积　　　　　　　　　　　　　　　　　　14 000 000

将 B 公司在合并前实现的留存收益 1 200 万元自资本公积转入留存收益，编制的会计分录为：

借：资本公积　　　　　　　　　　　　　　　　　　　12 000 000

　　贷：盈余公积　　　　　　　　　　　　　　　　　　　4 000 000

　　　　利润分配——未分配利润　　　　　　　　　　　　8 000 000

注意：为简化会计分录，这里将各项资产和负债合为"净资产"一个项目。在实务中，实际的各项资产和负债账户应被借记或贷记。

B 公司结束旧账记录其解散时编制的会计分录为：

借：股本　　　　　　　　　　　　　　　　　　　6 000 000

　　资本公积　　　　　　　　　　　　　　　　　2 000 000

　　盈余公积　　　　　　　　　　　　　　　　　4 000 000

　　利润分配—未分配利润　　　　　　　　　　　8 000 000

　　贷：净资产　　　　　　　　　　　　　　　　　　　　20 000 000

四、合并过程中发生有关费用的会计处理

合并方为进行企业合并发生的有关费用，是指合并方为进行企业合并发生的各项直接相关费用，如为进行企业合并支付的审计费用、进行资产评估的费用以及有关的法律咨询费用等。

同一控制下企业合并过程中发生的各项直接相关的费用，应于发生时费用化计入合并方当期损益，借记"管理费用"等科目，贷记"银行存款"等科目。但以下两种情况除外：

（1）以发行债券方式进行的企业合并，与发行债券相关的佣金、手续费等应按照《企业会计准则第22号——金融工具确认和计量》的规定进行核算。其核算应遵照金融工具准则的原则，有关的费用应计入负债的初始计量金额中。其中债券如为折价发行的，该部分费用应增加折价的金额；债券如为溢价发行的，该部分费用应减少溢价的金额。

（2）发行权益性证券作为合并对价的，与所发行权益性证券相关的佣金、手续费等应按照《企业会计准则第37号——金融工具列报》的规定进行核算。即与发行权益性证券相关的费用，应自所发行权益性证券的发行收入中扣减，在权益性工具发行有溢价的情况下，自溢价收入中扣除，在权益性证券发行无溢价或溢价金额不足以扣减的情况下，应当冲减盈余公积和未分配利润。

五、企业合并业务的披露

同一控制下企业合并，合并方应披露的信息包括：

（1）参与合并企业的基本情况；

（2）属于同一控制下企业合并的判断依据；

（3）合并日的确定依据；

（4）以支付现金、转让非现金资产以及承担债务作为合并对价的，所支付对价在合并日的账面价值，以发行权益性证券作为合并对价的，合并中发行权益性证券的数量及定价原则，以及参与合并各方交换有表决权股份的比例；

（5）被合并方各项的资产、负债在上一会计期间资产负债表日及合并日的账面价值，被合并方自合并当期期初至合并日的收入、净利润、现金流量等情况；

（6）合并合同或协议约定将承担被合并方或有负债的情况；

（7）被合并方采用的会计政策与合并方不一致所作调整情况的说明；

（8）合并后已处置或准备处置被合并方资产、负债的账面价值、处置价格等。

第三节 非同一控制下企业合并的会计处理

一、非同一控制下企业合并的处理原则

非同一控制下的企业合并，是参与合并的一方购买另一方或多方的交易，基本处理原则是购买法。

（一）确定购买方

采用购买法核算企业合并的首要前提是确定购买方，购买方是指在企业合并中取得对另一方或多方控制权的一方。合并中一方取得了另一方半数以上有表决权股份的，除非有明确的证据表明该股份不能形成控制，一般认为取得控股权的一方为购买方。某些情况下，即使一方没有取得另一方半数以上有表决权股份，但存在以下情况时，一般也可认为其获得了对另一方的控制权，包括：

（1）通过与其他投资者签订协议，实质上拥有被购买企业半数以上表决权。例如，A公司拥有B公司40%的表决权资本，C公司拥有B公司30%的表决权资本。A公司与C公司达成协议，C公司在B公司的权益由A公司代表。在这种情况下，A公司实质上拥有B公司70%表决权资本的控制权，B公司的章程等没有特别规定的情况下，表明A公司实质上控制B公司。

（2）按照协议规定，具有主导被购买企业财务和经营决策的权力。例如，A公司拥有B公司45%的表决权资本，同时，根据协议，B公司的董事长和总经理由A公司派出，总经理有权负责B公司的经营管理。A公司可以通过其派出的董事长和总经理对B公司进行经营管理，达到对B公司的财务和经营政策实施控制的权力。

（3）有权任免被购买企业董事会或类似权力机构绝大多数成员。这种情况是指虽然投资企业拥有被投资单位50%或以下表决权资本，但根据章程、协议等有权任免被投资单位董事会或类似机构的绝大多数成员，以达到实质上控制的目的。

（4）在被购买企业董事会或类似权力机构具有绝大多数投票权。这种情况是指虽然投资企业拥有被投资单位50%或以下表决权资本，但能够控制被投资单位董事会等类似权力机构的会议，从而能够控制其财务和经营政策，达到对被投资单位的控制。

（二）确定购买日

购买日是购买方获得对被购买方控制权的日期，即企业合并交易进行过程中，发生控制权转移的日期。同时满足以下条件时，一般可认为实现了控制权的转移，形成购买日。有关的条件包括：

（1）企业合并合同或协议已获股东大会等内部权力机构通过，如对于股份有限公司，其内部权力机构一般指股东大会。

（2）按照规定，合并事项需要经过国家有关主管部门审批的，已获得相关部门的批准。

（3）参与合并各方已办理了必要的财产权交接手续。作为购买方，其通过企业合并无论是取得对被购买方的股权还是被购买方的全部净资产，能够形成与取得股权或净资产相关的风险和报酬的转移，一般需办理相关的财产权交接手续，从而从法律上保障有关风险和报酬的转移。

（4）购买方已支付了购买价款的大部分（一般应超过 50%），并且有能力支付剩余款项。

（5）购买方实际上已经控制了被购买方的财务和经营政策，并享有相应的收益和风险。

企业合并涉及一次以上交换交易的，例如通过逐次取得股份分阶段实现合并，企业应于每一交易日确认对被投资企业的各单项投资。"交易日"是指合并方或购买方在自身的账簿和报表中确认对被投资单位投资的日期。分步实现的企业合并中，购买日是指按照有关标准判断购买方最终取得对被购买企业控制权的日期。例如，A 企业于 2×10 年 10 月 20 日取得 B 公司 30% 的股权（假定能够对被投资单位施加重大影响），在与取得股权相关的风险和报酬发生转移的情况下，A 企业应确认对 B 公司的长期股权投资。在已经拥有 B 公司 30% 股权的基础上，A 企业又于 20×1 年 12 月 8 日取得 B 公司 30% 的股权，在其持股比例达到 60% 的情况下，假定于当日开始能够对 B 公司实施控制，则 20×1 年 12 月 8 日为第二次购买股权的交易日，同时因在当日能够对 B 公司实施控制，形成企业合并的购买日。

二、非同一控制下企业合并成本的确定及分配

（一）购买方合并成本的确定

企业合并成本包括购买方为进行企业合并支付的现金或非现金资产、发行或承担的债务、发行的权益性证券等在购买日的公允价值。

某些情况下，当企业合并合同或协议中规定视未来或有事项的发生，购买方通过发行额外券、支付额外现金或其他资产等方式追加合并对价，或者要求返还之前已经支付的对价。购买方应当将合并协议约定的或有对价作为企业合并转移对价的一部分，按照其在购买日的公允价值计入企业合并成本。根据《企业会计准则第 22 号金融工具确认和计量》、《企业会计准则第 37 号金融工具列报》以及其他相关准则的规定，或有对价符合金融负债或权益工具定义的，购买方应当将拟支付的或有对价确认为一项负债或权益；符合资产定义并满足资产确认条件的，购买方应当将符合合并协议约定条件的、对已支付的合并对价中可收回部分的权利确认为一项资产。

非同一控制下企业合并中发生的与企业合并直接相关的费用，包括为进行合并而发生的会计审计费用、法律服务费用、咨询费用等，与同一控制下企业合并进行过程中发生的有关费用处理原则一致，这里所称合并中发生的各项直接相关费用，不包括与为进行企业合并发行的权益性证券或发行的债务相关的手续费、佣金等，该部分费用应比照本章关于同一控制下企业合并中类似费用的原则处理，即应抵减权益性证券的溢价发行收入或是计入所发行债务的初始确认金额。

通过多次交换交易，分步取得股权最终形成企业合并的，在购买方的个别财务报表中，应当以购买日之前所持被购买方的股权投资的账面价值与购买日新增投资成本之和，作为该项投资的初始投资成本；在合并财务报表中，以购买日之前所持被购买方股权于购买日的公允价值与购买日支付对价的公允价值之和，作为合并成本。

（二）企业合并成本在取得的可辨认资产和负债之间的分配

非同一控制一的企业合并中，通过企业合并交易，购买方无论是取得对被购买方生产经营决策的控制权，还是取得被购买方的全部净资产，从本质上看，取得的均是对被购买方净资产的控制权，视合并方式的不同，控股合并的情况下，购买方在其个别财务报表中应确认所形成的对被购买方的长期股权投资，该长期股权投资所代表的是购买方对合并中取得的被购买方各项资产、负债享有的份额，具体体现在合并财务报表中应列示的有关资产、负债；吸收合并的情况下，合并中取得的被购买方各项可辨认资产、负债等直接体现为购买方账簿及个别财务报表中的资产、负债项目。

1. 购买方在企业合并中取得的被购买方各项可辨认资产和负债，要作为本企业的资产、负债（或合并财务报表中的资产、负债）进行确认，在购买日，应当满足资产、负债的确认条件。有关的确认条件包括：

（1）合并中取得的被购买方的各项资产（无形资产除外），其所带来的未来经济利益预期能够流入企业且公允价值能够可靠计量的，应单独作为资产确认。

（2）合并中取得的被购买方的各项负债（或有负债除外），履行有关的义务预期会导致经济利益流出企业且公允价值能够可靠计量的，应单独作为负债确认。

2. 企业合并中取得的无形资产的确认。

非同一控制下的企业合并中，购买方在对企业合并中取得的被购买方资产进行初始确认时，应当对被购买方拥有的但在其财务报表中未确认的无形资产进行充分辨认和合理判断，满足以下条件之一的，应确认为无形资产：

（1）源于合同性权利或其他法定权利；

（2）能够从被购买方中分离或者划分出来，并能单独或与相关合同、资产和负债一起，用于出售、转移、授予许可、租赁或交换。

企业合并中取得的需要区别于商誉单独确认的无形资产一般是按照合同或法律产生的权利，某些并非产生于合同或法律规定的无形资产，需要区别于商誉单独确认的条件是能够对其进行区分，即能够区别于被购买企业的其他资产并且能够单独出售、转让、出租等。

应区别于商誉单独确认的无形资产一般包括：商标、版权及与其相关的许可协议、特许权、分销权等类似权利、专利技术、专有技术等。

（3）对于购买方在企业合并时可能需要代被购买方承担的或有负债，在其公允价值能够可靠计量的情况下，应作为合并中取得的负债单独确认。

企业合并中对于或有负债的确认条件，与企业在正常经营过程中因或有事项需要确认负债的条件不同，在购买日，可能相关的或有事项导致经济利益流出企业的可能性还比较小，但其公允价值能够合理确定的情况下，即需要作为合并中取得的负债确认。

（4）企业合并中取得的资产、负债在满足确认条件后，应以其公允价值计量。

对于被购买方在企业合并之前已经确认的商誉和递延所得税项目，购买方在对企业合并成本进行分配、确认合并中取得可辨认资产和负债时不应予以考虑。

在按照规定确定了合并中应予确认的各项可辨认资产、负债的公允价值后，其计税基础与账面价值不同形成暂时性差异的，应当按照所得税会计准则的规定确认相应的递延所得税资产或递延所得税负债。

（三）企业合并成本与合并中取得的被购买方可辨认净资产公允价值份额差额的处理

购买方对于企业合并成本与确认的被购买方可辨认净资产公允价值份额的差额，应视情况分别处理：

（1）企业合并成本大于合并中取得的被购买方可辨认净资产公允价值份额的差额，应确认为商誉。视企业合并方式的不同，控股合并情况下，该差额是指合并财务报表中应予列示的商誉，即长期股权投资的成本与购买日按照持股比例计算确定应享有被购买方可辨认净资产公允价值份额之间的差额；吸收合并情况下，该差额是购买方在其账簿及个别财务报表中应确认的商誉。

商誉在确认以后，持有期间不要求摊销，企业应当按照《企业会计准则第8号——资产减值》的规定对其价值进行测试，按照账面价值与可收回金额孰低的原则计量，对于可收回金额低于账面价值的部分，计提减值准备，有关减值准备在提取以后，不能够转回。

（2）企业合并成本小于合并中取得的被购买方可辨认净资产公允价值份额的部分，应计入合并当期损益（营业外收入）。

该种情况下，购买方首先要对合并中取得的资产、负债的公允价值、作为合并对价的非现金资产或发行的权益性证券等的公允价值进行复核，如果复核结果表明所确定的各项可辨认资产和负债的公允价值确定是恰当的，应将企业合并成本低于取得的被购买方可辨认净资产公允价值份额之间的差额，计入合并当期的营业外收入，并在会计报表附注中予以说明。

在吸收合并的情况下，上述企业合并成本小于合并中取得的被购买方可辨认净资产公允价值的差额，应计入合并当期购买方的个别利润表；在控股合并的情况下，上述差额应体现在购买方合并当期的合并利润表中，不影响购买方的个别利润表。

（四）企业合并成本或有关可辨认资产、负债公允价值暂时确定的情况

对于非同一控制下的企业合并，如果在购买日或合并当期期末，因各种因素影响无法合理确定企业合并成本或合并中取得有关可辨认资产、负债公允价值的，在合并当期期末，购买方应以暂时确定的价值为基础对企业合并交易或事项进行核算。继后取得进一步信息表明有关资产、负债公允价值与暂时确定的价值不同的，应分别以下情况进行处理：

1. 购买日后 12 个月内对有关价值量的调整

在合并当期期末以暂时确定的价值对企业合并进行处理的情况下，自购买日算起 12 个月内取得进一步的信息表明需对原暂时确定的企业合并成本或所取得的资产、负债的暂时性价值进行调整的，应视同在购买日发生，即应进行追溯调整，同时对以暂时性价值为基础提供的比较报表信息，也应进行相关的调整。

2. 超过规定期限后的价值量调整

自购买日算起 12 个月以后对企业合并成本或合并中取得的可辨认资产、负债价值的调整，应当按照《企业会计准则第 28 号——会计政策、会计估计变更和会计差错更正》的原则进行处理。即应视为会计差错更正，在调整相关资产、负债账面价值的同时，应调整所确认的商誉或是计入合并当期利润表中的金额，以及相关资产的折旧、摊销等。

三、购买日合并财务报表的编制

非同一控制下的企业合并中形成母子公司关系的，购买方一般应于购买日编制合并资产负债表，反映其于购买日开始能够控制的经济资源情况。在合并资产负债表中，合并中取得的被购买方各项可辨认资产、负债应以其在购买日的公允价值计量。长期股权投资的成本大于合并中取得的被购买方可辨认净资产公允价值份额的差额，体现为合并财务报表中的商誉；长期股权投资的成本小于合并中取得的被购买方可辨认净资产公允价值份额的差额，应计入合并利润表中作为合并当期损益。因购买日不需要编制合并利润表，该差额体现在合并资产负债表上，应调整合并资产负债表的盈余公积和未分配利润。

四、非同一控制下企业合并的会计处理

（一）非同一控制下的控股合并

该合并方式下，购买方所涉及的会计处理问题主要是两个方面：一是购买日因进行企业合并形成的对被购买方的长期股权投资初始投资成本的确定，该成本与作为合并对价支付的有关资产账面价值之间差额的处理；二是购买日合并财务报表的编制。

1. 长期股权投资的初始投资成本确定

非同一控制下的企业合并中，购买方取得对被购买方控制权的，在购买日应当按照确定的企业合并成本（不包括应自被投资单位收取的现金股利或利润），作为形成的对被购买方长期股权投资的初始投资成本，借记"长期股权投资"科目，按享有投资单位已宣告但尚未发放的现金股利或利润，借记"应收股利"科目，按支付合并对价的账面价值，贷记有关资产或借记有关负债科目，按其差额，贷记或借记有关损益类科目（资产处置损益）。

购买方为取得对被购买方的控制权，以支付非货币性资产为对价的，有关非货币性资产在购买日的公允价值与其账面价值的差额，应作为资产的处置损益，计入合并当期的利润表。比如以库存商品等作为合并对价的，应按库存商品的公允价值，贷记"主营业务收入"科目，并同时结转相关的成本。

按发生的直接相关费用，借记"管理费用"科目，贷记"银行存款"等科目。

【例 1-5】　A 公司与 B 公司合并前不存在任何关联方关系，A 公司于 20×7 年 5 月 31 日取得 B 公司 60％的股权。为核实 B 公司的资产价值，A 公司聘请专业资产评估机构对 B 公司的资产进行评估，支付评估费用 200 万元。合并中，A 公司支付的有关资产在购买日的账面价值与公允价值如表 1-4 所示。

表 1-4　20×7 年 5 月 31 日 A 公司支付的资产情况　　　　单位：万元

项　目	账面价值	公允价值
土地使用权（自用）	6 000	8 000
专利技术	2 400	4 000
银行存款	3 000	3 000
合　计	11 400	15 000

A 公司用作合并对价的土地使用权和专利技术原价为 9 800 万元，至企业合并发生时已累计摊销 1 400 万元。

分析：

A 公司与 B 公司合并前不存在任何关联方关系，应作为非同一控制下的企业合并处理。

A 公司对于合并形成的对 B 公司的长期股权投资，应按确定的企业合并成本作为其初始投资成本。A 公司应进行如下账务处理：

借：长期股权投资　　　　　　　　　　　152 000 000
　　累计摊销　　　　　　　　　　　　　　14 000 000
　　贷：无形资产　　　　　　　　　　　　　98 000 000
　　　　银行存款　　　　　　　　　　　　　32 000 000
　　　　营业外收入　　　　　　　　　　　　36 000 000

【例 1-6】　20×8 年 6 月 30 日，E 公司向 F 公司的股东定向增发 1 000 万股普通股（每股面值为 1 元，市价为 11 元），取得 F 公司 70％的股权。编制购买方 E 公司于购买日的合并资产负债表。E 公司、F 公司资产负债表简表如表 1-5 所示。

表 1-5　资产负债表（简表）
20×8 年 6 月 30 日
单位：万元

项　目	E 公司	F 公司	
	账面价值	账面价值	公允价值
资产：			
货币资金	4 500	450	450
存货	6 500	300	450
应收账款	3 000	2 000	2 000
长期股权投资	5 000	2 200	3 800

续表

项 目	E公司	F公司	
	账面价值	账面价值	公允价值
固定资产：			
固定资产原价	10 000	5 000	5 500
减：累计折旧	3 000	2 000	0
固定资产净值	7 000	3 000	
无形资产	4 500	600	1 500
商誉	0	0	0
资产总计	30 500	8 550	13 700
负债和所有者权益：			
短期借款	2 500	2 100	2 100
应付账款	4 000	300	300
其他负债	200	350	350
负债合计	6 700	2 750	2 750
实收资本（股本）	7 500	3 000	
资本公积	5 500	1 500	
盈余公积	5 000	500	
未分配利润	5 800	800	
所有者权益合计	23 800	5 800	10 950
负债和所有者权益总计	30 500	8 550	13 700

（1）确认长期股权投资时编制的会计分录为：

借：长期股权投资　　　　　　　　　　　　　　　110 000 000

　　贷：股本　　　　　　　　　　　　　　　　　　10 000 000

　　　　资本公积　　　　　　　　　　　　　　　100 000 000

（2）计算确定商誉：

假定F公司除已确认资产外，不存在其他需要确认的资产及负债，则E公司首先计算合并中应确认的合并商誉：

合并商誉＝企业合并成本－合并中取得被购买方可辨认净资产公允价值份额

　　　　＝110 000 000－109 500 000×70％＝33 350 000（元）

（3）编制抵销分录：

借：存货　　　　　　　　　　　　　　　　　　　 1 500 000

　　长期股权投资　　　　　　　　　　　　　　　16 000 000

　　固定资产　　　　　　　　　　　　　　　　　25 000 000

　　无形资产　　　　　　　　　　　　　　　　　 9 000 000

　　实收资本　　　　　　　　　　　　　　　　　30 000 000

　　资本公积　　　　　　　　　　　　　　　　　15 000 000

盈余公积		5 000 000
未分配利润		8 000 000
商誉		33 350 000
贷：长期股权投资		110 000 000
少数股东权益		32 850 000

（4）编制合并资产负债表如表 1-6 所示。

表 1-6　合并资产负债表（简表）

20×8 年 6 月 30 日　　　　　　　　　　　　　　　　单位：万元

项目	E 公司	F 公司	F 公司		合并金额
			借方	贷方	
资产：					
货币资金	4 500	450			4 950
存货	6 500	300	150		6 950
应收账款	3 000	2 000			5 000
长期股权投资	16 000	2 200	1600	11 000	8 800
固定资产：					
固定资产原价	10 000	5 000	2500		17 500
减：累计折旧	3 000	2 000			5 000
无形资产	4 500	600	900		6 000
商誉	0	0	3 335		3 335
资产总计	41 500	8 550			47 535
负债和所有者权益：					
短期借款	2 500	2 100			4 600
应付账款	4 000	300			4 300
其他负债	200	350			550
负债合计	6 700	2 750			9 450
实收资本（股本）	10 500	3 000	3 000		10 500
资本公积	13 500	1 500	1 500		13 500
盈余公积	5 000	500	500		5 000
未分配利润	5 800	800	800		5 800
少数股东权益				3 285	3 285
所有者权益合计	34 800	5 800			38 085
负债和所有者权益总计	41 500	8 550	14 285	14 285	47 535

（二）非同一控制下的吸收合并

非同一控制下的吸收合并，购买方在购买日应当将合并中取得的符合确认条件的各项资产、负债，按其公允价值确认为本企业的资产和负债；作为合并对价的有关非货币性资产在购买日公允价值与其账面价值的差额，应作为资产的处置损益计入合并当期的利润表；确定的企业合并成本与所取得的被购买方可辨认净资产公允价值的差额，视情况分别确认为商誉或是作为企业合并当期的损益计入利润表。其具体处理原则与非同一控制下的控股合并类似，不同点在于在非同一控制下的吸收合并中，合并中取得的可辨认资产和负债是作为个别报表中的项目列示，合并中产生的商誉也是作为购买方账簿及个别财务报表中的资产列示。

五、通过多次交易分步实现企业合并的会计处理

通过多次交换交易分步实现的，企业在每一单项交易发生时，应确认对被投资单位的投资。投资企业在持有被投资单位的部分股权后，通过增加持股比例等达到对被投资单位形成控制的，购买方需区别个别合并财务报表进行处理。

（一）个别财务报表

在个别财务报表中，购买方应当以购买日之前所持被购买方的股权投资的账面价值与购买日新增股权投资成本之和，作为该项投资的初始投资成本；购买日之前持有的被购买方的股权涉及其他综合收益的，应当在处置该项投资时将与其相关的其他综合收益转入当期投资收益。并按以下原则进行会计处理：

（1）购买方于购买日之前持有的被购买方的股权投资，保持其账面价值不变。

①购买日前持有的股权投资作为长期股权投资并采用成本法核算的，为成本法核算下至购买日应有的账面价值；②购买日前持有的股权投资作为长期股权投资并采用权益法核算的，为权益法核算下至购买日应有的账面价值；③购买日前持有的股权投资作为金融资产并按公允价值计量的，为至购买日的账面价值。

（2）追加的投资，按照购买日支付对价的公允价值计量，并确认长期股权投资。购买方应当以购买日之前所持被购买方的股权投资的账面价值与购买日新增投资成本之和，作为该项投资的初始投资成本。

（3）购买方对于购买日之前持有的被购买方的股权涉及其他综合收益的，不予处理。待处置该项股权投资时，再按出售股权相对应的其他综合收益部分转入出售当期的投资收益。

（4）如果通过多次交易实现非同一控制下吸收合并的，按照非同一控制下吸收合并相同的原则进行会计处理。

（二）合并财务报表

在合并财务报表中，购买方对于购买日之前持有的被购买方的股权，应当按照该股权在购买日的公允价值进行重新计量，并按照以下原则处理：

（1）购买方对于购买日之前持有的被购买方的股权，应当按照该股权在购买日的公允价值进行重新计量，公允价值与其账面价值的差额计入当期投资收益。

（2）购买日之前持有的被购买方股权的公允价值，与购买日新购入股权所支付对价的公允价值之和，为合并财务报表中的合并成本。

（3）在按上述计算的合并成本基础上，比较购买日被购买方可辨认净资产公允价值的份额，确定购买日应予确认的商誉，或者应计入当期损益的金额。

（4）购买方对于购买日之前持有的被购买方的股权涉及其他综合收益的，与其相关的其他综合收益应当转入购买日所属当期投资收益。

【例 1-7】　　A 公司于 20×7 年 1 月 1 日以 6 000 万元取得 B 公司 10％的股份，取得投资时 B 公司净资产的公允价值为 50 000 万元。该项投资不存在活跃市场，公允价值无法可靠计量。因未以任何方式参与 B 公司的生产经营决策，A 公司对持有的该投资采用成本法核算。20×8 年 1 月 1 日，A 公司另支付 30 000 万元取得 B 公司 50％的股份，能够对 B 公司实施控制。购买日 B 公司可辨认净资产公允价值为 52 500 万元，A 公司之前所取得的 10％股权于购买日的公允价值为 5 500 万元。B 公司自 20×7 年 1 月 1 日 A 公司取得投资后至 20×8 年 1 月 1 日购买进一步股份前实现的留存收益为 1 600 万元，未进行利润分配。

（1）A 公司在个别报表中的处理

20×7 年 1 月 1 日，A 公司取得对 B 公司长期股权投资的成本为 6 000 万元。20×8 年 1 月 1 日，A 公司进一步取得 B 公司 50％的股权时，支付价款 30 000 万元。该项长期股权投资于购买日的账面价值为 36 000 万元。A 公司于购买日编制的会计分录为：

借：长期股权投资　　　　　　　　　　　　　　　　　　300 000 000
　　贷：银行存款　　　　　　　　　　　　　　　　　　　300 000 000

（2）A 公司在合并财务报表中的处理

① 计算合并成本：

合并成本＝5 500＋30 000＝35 500（万元）

② 计算应计入损益的金额：

应计入损益的金额＝5 500－5 200＝300（万元）

借：长期股权投资　　　　　　　　　　　　　　　　　　3 000 000
　　贷：投资收益　　　　　　　　　　　　　　　　　　　3 000 000

③ 计算商誉：

在合并财务报表中应体现的商誉＝35 500－52 500×60％＝4 000（万元）

在合并工作底稿上应作的合并抵销分录为：

借：所有者权益——B 公司　　　　　　　　　　　　　　525 000 000
　　商誉　　　　　　　　　　　　　　　　　　　　　　40 000 000
　　贷：长期股权投资　　　　　　　　　　　　　　　　　355 000 000
　　　　少数股东权益　　　　　　　　　　　　　　　　　210 000 000

六、非同一控制下企业合并特殊事项的会计处理方式

（一）反向购买的处理

非同一控制下的企业合并，以发行权益性证券交换股权的方式进行的，通常发行权益性证券的一方为收购方。但某些企业合并中，发行权益性证券的一方因其生产经营决

策在合并后被参与合并的另一方所控制的,发行权益性证券的一方虽然为法律上的母公司,但其为会计上的被收购方,该类企业合并通常称为"反向购买"。

1. 企业合并成本

反向购买中,法律上的子公司(购买方)的企业合并成本是指其如果以发行权益性证券的方式为获取在合并后报告主体的股权比例,应向法律上母公司(被购买方)的股东发行的权益性证券数量与权益性证券的公允价值计算的结果。

购买方的权益性证券在购买日存在公开报价的,通常应以公开报价作为其公允价值;购买方的权益性证券在购买日不存在可靠公开报价的,应参照购买方的公允价值和被购买方的公允价值二者之中有更为明显证据支持的作为基础,确定假定应发行权益性证券的公允价值。

2. 合并财务报表的编制

反向购买后,法律上的母公司应当遵从以下原则编制合并财务报表:

(1)合并财务报表中,法律上子公司的资产、负债应以其在合并前的账面价值进行确认和计量。

(2)合并财务报表中的留存收益和其他权益余额应当反映的是法律上子公司在合并前的留存收益和其他权益余额。

(3)合并财务报表中的权益性工具的金额应当反映法律上子公司合并前发行在外的股份面值以及假定在确定该项企业合并成本过程中新发行的权益性工具的金额。但是在合并财务报表中的权益结构应当反映法律上母公司的权益结构,即法律上母公司发行在外权益性证券的数量及种类。

(4)法律上母公司的有关可辨认资产、负债在并入合并财务报表时,应以其在购买日确定的公允价值进行合并,企业合并成本大于合并中取得的法律上母公司(被购买方)可辨认净资产公允价值的份额体现为商誉,小于合并中取得的法律上母公司(被购买方)可辨认净资产公允价值的份额确认为合并当期损益。

(5)合并财务报表的比较信息应当是法律上子公司的比较信息(即法律上子公司的前期合并财务报表)。

(6)法律上子公司的有关股东在合并过程中未将其持有的股份转换为对法律上母公司股份的,该部分股东享有的权益份额在合并财务报表中应作为少数股东权益列示。因法律上子公司的部分股东未将其持有的股份转换为法律上母公司的股权,其享有的权益份额仍仅限于对法律上子公司的部分,该部分少数股东权益反映的是少数股东按持股比例计算享有法律上子公司合并前净资产账面价值的份额。另外,对于法律上母公司的所有股东,虽然该项合并中其被认为被购买方,但其享有合并形成报告主体的净资产及损益,不应作为少数股东权益列示。

上述反向购买的会计处理原则仅适用于合并财务报表的编制。法律上母公司在该项合并中形成的对法律上子公司长期股权投资成本的确定,应当遵从《企业会计准则第2号-长期股权投资》的相关规定。

3. 每股收益的计算

发生反向购买当期,用于计算每股收益的发行在外普通股加权平均数为:

（1）自当期期初至购买日，发行在外的普通股数量应假定为在该项合并中法律上母公司向法律上子公司股东发行的普通股数量；

（2）自购买日至期末发行在外的普通股数量为法律上母公司实际发行在外的普通股股数。

反向购买后对外提供比较合并财务报表的，其比较前期合并财务报表中的基本每股收益，应以法律上子公司的每一比较报表期间归属于普通股股东的净损益除以在反向购买中法律上母公司向法律上子公司股东发行的普通股股数计算确定。

上述假定法律上子公司发行的普通股股数在比较期间内和自反向购买发生期间的期初至购买日之间内未发生变化。如果法律上子公司发行的普通股股数在此期间发生了变动，计算每股收益时应适当考虑其影响进行调整。

【例 1-8】 A 上市公司于 20×7 年 9 月 30 日通过定向增发本企业普通股对 B 企业进行合并，取得 B 企业 100％股权。假定不考虑所得税影响。A 公司及 B 企业在合并前简化资产负债表如表 1-7 所示。

表 1-7 A 公司及 B 企业合并前资产负债表 单位：万元

	A 公司（上市公司）	B 企业
流动资产	3 000	4 500
非流动资产	21 000	60 000
资产总额	24 000	64 500
流动负债	1 200	1 500
非流动负债	300	3 000
负债总额	1 500	4 500
所有者权益：		
股本	1 500	900
资本公积		
盈余公积	6 000	17 100
未分配利润	15 000	42 000
所有者权益总额	22 500	60 000

其他资料：

（1）20×7 年 9 月 30 日，A 公司通过定向增发本企业普通股，以 2 股换 1 股的比例自 B 企业原股东处取得了 B 企业全部股权。A 公司共发行了 1 800 万股普通股以取得 B 企业全部 900 万股普通股。

（2）A 公司普通股在 20×7 年 9 月 30 日的公允价值为 20 元，B 企业每股普通股当日的公允价值为 40 元。A 公司、B 企业每股普通股的面值均为 1 元。

（3）20×7 年 9 月 30 日，A 公司除非流动资产公允价值较账面价值高 4 500 万元以外，其他资产、负债项目的公允价值与其账面价值相同。

（4）假定 A 公司与 B 企业在合并前不存在任何关联方关系

分析:

(1)性质:反向合并(购买)。对于该项企业合并,虽然在合并中发行权益性证券的一方为 A 公司,但因其生产经营决策的控制权在合并后由 B 企业原股东控制,B 企业应为购买方,A 公司为被购买方。

(2)确定该项合并中 B 企业的合并成本:B 的成本

A 公司在该项合并中向 B 企业原股东增发了 1 800 万股普通股,合并后 B 企业原股东持有 A 公司的股权比例为 54.55%(1 800/3 300),如果假定 B 企业发行本企业普通股在合并后主体享有同样的股权比例,则 B 企业应当发行的普通股股数为 750 万股(900÷54.55%−900),其公允价值为 30 000 万元(=750 万股×40),企业合并成本为 30 000 万元。

(3)合并商誉或损益

企业合并成本在可辨认资产、负债的分配:

企业合并成本 30 000

A 公司可辨认资产、负债:

流动资产 3 000

非流动资产 25 500(=21 000+4 500 增值)

流动负债 (1 200)

非流动负债 (300)

商誉 3 000

具体计算如表 1-8 所示。

表 1-8 A 公司 20×7 年 9 月 30 日合并资产负债表 单位:万元

项 目	金 额
流动资产	7 500(=3 000+4 500)
非流动资产	85 500(=25 500+60 000)
商誉	3 000
资产总额	96 000
流动负债	2 700(=1 200+1 500)
非流动负债	3 300(=300+3 000)
负债总额	6 000
所有者权益:	
股本(3 300 万股)	1 650(=900+750)
资本公积	29 250(=30 000+900−1 650)
盈余公积	17 100
未分配利润	42 000
所有者权益总额	90 000

（4）每股收益

本例中假定 B 企业 20×6 年实现合并净利润 1 800 万元，20×7 年 A 公司与 B 企业形成的主体实现合并净利润 3 450 万元，自 20×6 年 1 月 1 日至 20×7 年 9 月 30 日，B 企业发行在外的普通股股数未发生变化。

A 公司 20×7 年基本每股收益：3 450/（1 800×9÷12＋3 300×3÷12）＝1.59（元）

提供比较报表的情况下，比较报表中的每股收益应进行调整，A 公司 20×6 年的每股收益＝1 800/1 800＝1（元）。

（5）少数股东权益

上例中，B 企业的全部股东中假定只有其中的 90% 以原持有的对 B 企业股权换取了 A 公司增发的普通股。A 公司应发行的普通股股数为 1 620 万股（900×90%×2）。企业合并后，B 企业的股东拥有合并后报告主体的股权比例为 51.92%（1 620/3 120）。

通过假定 B 企业向 A 公司发行本企业普通股在合并后主体享有同样的股权比例，在计算 B 企业须发行的普通股数量时，不考虑少数股权的因素，故 B 企业应当发行的普通股股数为 750 万股（900×90%÷51.92%－900×90%），B 企业在该项合并中的企业合并成本为 30 000 万元 [（1 560－810）×40]，B 企业未参与股权交换的股东拥有 B 企业的股份为 10%，享有 B 企业合并前净资产的份额为 6 000 万元，在合并财务报表中应作为少数股东权益列示。

4. 编制合并财务报表的特殊考虑

非上市公司以所持有的对子公司投资等资产为对价取得上市公司的控制权，构成反向购买的，上市公司编制合并财务报表时还应当区别以下情况处理：

（1）交易发生时，上市公司未持有任何资产负债或仅持有现金，交易性金融资产等不构成业务的资产或负债的，上市公司在编制合并财务报表时，应当按照《财政部关于做好执行会计准则企业 2008 年年报工作的通知》（财会函 [2008] 60 号）的规定执行，即企业购买上市公司，被购买的上市公司不构成业务的，购买企业应按照权益性交易的原则进行处理，不得确认商誉或计入当期损益。

（2）交易发生时，上市公司保留的资产、负债构成业务的，应当按照《企业会计准则第 20 号——企业合并》及相关讲解的规定执行，即对于形成非同一控制下企业合并的，企业合并成本与取得的上市公司可辨认净资产公允价值份额的差额应当确认为商誉或是计入当期损益。

业务是指企业内部某些生产经营活动或资产负债的组合，该组合具有投入、加工处理过程和产出能力，能够独立计算其成本费用或所产生的收入等，可以为投资者等提供股利、更低的成本或其他经济利益等形式的回报。有关资产或资产、负债的组合具备了投入和加工处理过程两个要素即可认为构成一项业务。对于取得的资产、负债组合是否构成业务，应当由企业结合实际情况进行判断。

（二）购买子公司少数股权的处理

企业在取得对子公司的控制权，形成企业合并后，自子公司的少数股东处取得少数股东拥有的对该子公司全部或部分少数股权，该类交易或事项发生以后，应当遵循以下原则分别母公司个别财务报表以及合并财务报表两种情况进行处理：

（1）从母公司个别财务报表来看，其自子公司少数股东处新取得的长期股权投资应当按照《企业会计准则第2号——长期股权投资》第四条的规定确定其入账价值。

（2）在合并财务报表中，子公司的资产、负债应以购买日（或合并日）开始持续计算的金额反映。

购买子公司少数股权的交易日，母公司新取得的长期股权投资与按照新增持股比例计算应享有子公司自购买日（或合并日）开始持续计算的可辨认净资产份额之间的差额，应当调整合并财务报表中的资本公积（资本溢价或股本溢价），资本公积（资本溢价或股本溢价）的余额不足冲减的，调整留存收益。

（三）不丧失控制权情况下处置部分对子公司投资的处理

企业持有对子公司投资后，如将对子公司部分股权出售，但出售后仍保留对被投资单位控制权，被投资单位仍为其子公司的情况下，出售股权的交易应区别母公司个别财务报表与合并财务报表分别处理：

（1）从母公司个别财务报表角度，应作为长期股权投资的处置，确认有关处置损益。即出售股权取得的价款或对价的公允价值与所处置投资账面价值的差额，应作为投资收益或是投资损失计入处置投资当期母公司的个别利润表。

（2）在合并财务报表中，因出售部分股权后，母公司仍能够对被投资单位实施控制，被投资单位应当纳入母公司合并财务报表。合并财务报表中，处置长期股权投资取得的价款（或对价的公允价值）与处置长期股权投资相对应享有子公司净资产的差额应当计入所有者权益（资本公积——资本溢价或股本溢价），资本公积（资本溢价或股本溢价）的余额不足冲减的，应当调整留存收益。

（四）丧失控制权情况下处置部分对子公司投资的处理

企业因处置部分股权投资或其他原因丧失了对原有子公司控制权的，应当区分个别财务报表和合并财务报表进行相关会计处理：

（1）在个别财务报表中，对于处置的股权，应当按照《企业会计准则第2号——长期股权投资》的规定进行会计处理；同时，对于剩余股权，应当按其账面价值确认为长期股权投资或其他相关金融资产。处置后的剩余股权能够对原有子公司实施共同控制或重大影响的，按有关成本法转为权益法的相关规定进行会计处理。

（2）在合并财务报表中，对于剩余股权，应当按照其在丧失控制权日的公允价值进行重新计量。处置股权取得的对价与剩余股权公允价值之和，减去按原持股比例计算应享有原有子公司自购买日开始持续计算的净资产的份额之间的差额，计入丧失控制权当期的投资收益。与原有子公司股权投资相关的其他综合收益，应当在丧失控制权时转为当期投资收益。企业应当在附注中披露处置后的剩余股权在丧失控制权日的公允价值、按照公允价值重新计量产生的相关利得或损失的金额。

七、被购买方的会计处理

非同一控制下的企业合并中，被购买方在企业合并后仍持续经营的，如购买方取得被购买方100%股权，被购买方可以按合并中确定的有关资产、负债的公允价值调账，其他情况下被购买方不应因企业合并改记资产、负债的账面价值。

八、企业合并业务的披露

非同一控制下企业合并，购买方应在附注中披露的信息包括：

（1）参与合并企业的基本情况；

（2）购买日的确定依据；

（3）合并成本的构成及其账面价值、公允价值及公允价值的确定方法；

（4）被购买方各项可辨认资产、负债在上一会计期间资产负债表日及购买日的账面价值和公允价值；

（5）合并合同或协议约定将承担被购买方或有负债的情况；

（6）被购买方自购买日起至报告期期末的收入、净利润和现金流量等情况；

（7）商誉的金额及其确定方法；

（8）因合并成本小于合并中取得的被购买方可辨认净资产公允价值的份额计入当期损益的金额；

（9）合并后已处置或准备处置被购买方资产、负债的账面价值、处置价格等。

复习思考题

【简答题】

1. 什么是企业合并及企业合并的方式？

2. 同一控制下企业合并与非同一控制下企业合并的特点，并说明它们的主要差异。

3. 商誉是如何产生的？

【计算分析题】

20×8年7月1日B公司兼并了C公司，B公司为换取C公司的全部普通用股，发行了100 000股每股面值为10元的普通股，其市场总价值为2 450 000元，并支付了普通股的登记和发行费用15 000元，企业合并的其他直接费用35 000元，C公司被兼并前，其资产和负债的账面价值和公允价值如表1-9所示。

表 1-9 C 公司的资产、负债情况 单位：元

项目	账面价值	公允价值
流动资产	1 000 000	1 100 000
固定资产	1 500 000	2 000 000
负债	300 000	300 000
股本	2 000 000	2 800 000
留存收益	200 000	

要求：

（1）假定 B 公司和 C 公司共同受 A 公司的控制，请编制 B 公司处理该合并业务的会计分录；

（2）假定 B 公司和 C 公司是非同一控制下的企业合并，请编制 B 公司处理该合并业务的会计分录。

第二章

合并财务报表基础

本章主要介绍了合并财务报表的含义、作用和特点；合并财务报表的合并范围、编制原则及程序。

重要概念： 合并财务报表　控制　表决权资本

第一节　合并财务报表的作用和特点

一、合并财务报表的作用

合并财务报表，是以母公司和子公司组成的企业集团为一报告主体，以母公司和子公司单独编制的个别财务报表为基础，由母公司编制的综合反映企业集团财务状况、经营成果和现金流量的财务报表。其中，母公司，是指有一个或一个以上子公司的企业（或主体）。子公司，是指被母公司控制的企业。

按照《企业会计准则第 33 号——合并财务报表》的规定，需要编制合并财务报表的企业集团、母公司除编制其个别财务报表外，还应当编制企业集团的合并财务报表。合并财务报表的作用主要表现在以下两个方面：

1. 能够对外提供反映由母子公司组成的企业集团整体经营情况的会计信息

在控股经营的情况下，母公司和子公司都是独立的法人实体，分别编报自身的财务报表，分别反映企业本身的生产经营情况，这些财务报表并不能够有效地提供反映整个企业集团的会计信息。为此，要了解控股公司整体经营情况，就需要将控股公司与被控股子公司的会计报表进行合并，通过编制合并财务报表提供反映企业集团整体经营的会计信息，以满足企业集团管理当局强化对被控股企业管理的需要。

2. 有利于避免一些企业集团利用内部控股关系，人为粉饰财务报表情况的发生

控股公司的发展也带来了一系列新的问题，一些控股公司利用对子公司的控制和从属关系，运用内部转移价格等手段，如低价向子公司提供原材料，高价收购子公司产品，出于避税考虑而转移利润；再如通过高价对企业集团内的其他企业销售，低价购买其他企业的原材料，转移亏损。通过编制合并财务报表，可以将企业集团内部交易所产生的收入及利润予以抵销，使会计报表反映企业集团客观真实的财务状况、经营成果和现金流量，有利于防止和避免控股公司人为操纵利润、粉饰财务报表现象的发生。

二、合并财务报表的特点

合并财务报表是以整个企业集团为一会计主体，以组成企业集团的母公司和子公司的个别会计报表（指企业单独编制的财务报表，为了与合并财务报表相区别，将其称为个别财务报表）为基础，抵销内部交易或事项对个别财务报表的影响后编制而成的。

合并财务报表与个别财务报表比较有以下区别：

1. 反映的对象不同

合并财务报表反映的是母公司和子公司所组成的企业集团整体的财务状况、经营成果和现金流量，反映的对象是由若干个法人组成的会计主体，是经济意义上的会计主体，而不是法律意义上的主体。个别财务报表反映的则是单个企业法人的财务状况和经营成果，反映的对象是企业法人。对于由母公司和若干个子公司组成的企业集团来说，母公司和子公司编制的个别财务报表分别反映母公司本身或子公司本身各自的财务状况、经营成果和现金流量，而合并财务报表则反映母公司和子公司组成的集团这一会计主体综合的财务状况、经营成果和现金流量。

2. 编制主体不同

合并财务报表由企业集团中对其他企业有控制权的控股公司或母公司编制。也就是说，并不是企业集团中所有企业都必须编制合并财务报表，更不是社会上所有企业都需要编制合并财务报表。与此不同，个别财务报表是由独立的法人企业编制，所有企业都需要编制财务会计报表。

3. 编制的基础不同

企业编制个别财务报表，从设置账簿、审核凭证、编制记账凭证、登记会计账簿到编制财务报表，都有一套完整的会计核算方法体系。而合并财务报表则不同，它是以纳入合并范围的企业个别财务报表为基础，根据其他有关资料，抵销有关会计事项对个别财务报表的影响编制的，它并不需要在现行会计核算方法体系之外，单独设置一套账簿体系。

4. 编制的方法不同

个别财务报表的编制有其自身固有的一套编制方法和程序。合并财务报表则是在对纳入合并范围的个别财务报表的数据进行加总的基础上，通过编制抵销分录将企业集团内部的经济业务对个别财务报表的影响予以抵销，然后合并财务报表各项目的数额编制。

合并财务报表也不同于汇总财务报表。汇总财务报表主要是指由行政管理部门根据所属企业报送的财务报表，对其各项目进行加总编制的会计报表。合并财务报表与其相比，首先，编制目的不同。汇总财务报表的目的主要是满足有关行政部门或国家掌握了解整个行业或整个部门所属企业的财务经营情况的需要；而合并财务报表则主要是满足公司的所有者、债权人以及其他有关方面了解企业集团整体财务状况、经营成果和现金流量的需要。其次，两者确定编报范围的依据不同。汇总财务报表的编报范围，主要是以企业的财务隶属关系作为确定的依据，即以企业是否归其管理，是否是其下属企业作为确定编报范围的依据，凡属于其下属企业，在财务上归其管理，则包括在汇总财务报表的编报范围之内；合并财务报表则是以母公司对另一企业的控制关系作为确定编报范围（即合并范围）的依据，凡是通过投资关系或协议能够对其实施有效控制的企业则属于合并财务报表的编制范围。最后，两者所采用的编制方法不同。汇总财务报表主要采用简单加总方法编制；合并财务报表则必须采用抵销内部投资、内部交易、内部债权债务等内部会计事项对个别财务报表的影响后编制。

第二节　合并财务报表的合并范围

一、合并范围的确定

合并财务报表的合并范围是指纳入合并财务报表编报的子公司的范围，主要明确哪些子公司应当包括在合并报表编报范围之内，哪些子公司应当排除在合并财务报表编报范围之外。合并财务报表的合并范围应当以控制为基础予以确定。控制是指一个企业能够决定另一个企业的财务和经营政策，并能据以从另一个企业经营活动中获取利益的权力。控制通常具有以下特征：

（1）控制的主体是唯一的，不是两方或多方；

（2）控制的内容是另一个企业的日常生产经营活动的财务和经营政策，这些财务和经营政策一般是通过表决权来决定的；

（3）控制的目的是为了获取经济利益；

（4）控制的性质是一种权力。这种权力可以是法定权力，也可以是通过公司章程或协议、投资者之间的协议授予的权力。

二、纳入合并财务报表合并范围的子公司

（一）母公司拥有其半数以上表决权资本的被投资企业

母公司直接或通过子公司间接拥有被投资单位半数以上的表决权，表明母公司能够控制被投资单位，应当将该被投资单位认定为子公司，纳入合并财务报表的合并范围。但是，有证据表明母公司不能控制被投资单位的除外。

表决权资本是指对企业有投票权，能够据此参与企业经营管理决策的资本，如股份制企业中的普通股，有限责任公司中的投资者出资额等。当母公司拥有被投资企业50%以上股份时，母公司就拥有对该被投资企业的控制权，能够操纵该被投资企业的股东大会并对其生产经营活动实施控制。这种情况下，子公司实际上处在母公司的直接控制和管理下进行生产经营活动，子公司的生产经营活动成为事实上的母公司生产经营活动的一个组成部分，母公司与子公司生产经营活动一体化。拥有被投资企业半数以上表决权资本，是母公司对其拥有控制权的最明显的标志，因此应将其纳入合并财务报表的

合并范围。

母公司拥有被投资企业半数以上表决权资本，具体又包括以下三种情况：

（1）母公司直接拥有被投资企业半数以上表决权。如 A 公司直接拥有 B 公司发行的普通股总数的 50.1%，这种情况下，B 公司就成为 A 公司的子公司，A 公司编制合并财务报表时，必须将 B 公司纳入其合并范围。

（2）母公司间接拥有被投资企业半数以上表决权。间接拥有半数以上表决权资本，是指通过子公司而对子公司的子公司拥有半数以上表决权。例如，A 公司拥有 B 公司 70% 的股份，而 B 公司又拥有 C 公司 70% 的股份。在这种情况下，A 公司作为母公司通过其子公司 B 公司，间接拥有和控制 C 公司 70% 的股份，从而 C 公司也是 A 公司的子公司，A 公司编制合并财务报表时，也应当将 C 公司纳入其合并范围。这里必须注意的是，A 公司间接拥有和控制 C 公司的股份是以 B 公司为 A 公司的子公司作为前提的。

（3）母公司通过直接和间接方式合计拥有、控制被投资企业半数以上表决权。直接和间接方式合计拥有和控制半数以上表决权，是指母公司以直接方式拥有、控制某一被投资企业一定数量（半数以下）的表决权，同时又通过其他方式如通过子公司拥有、控制该被投资企业一定数量的表决权，两者合计拥有、控制该被投资企业超半数以上的表决权。例如，A 公司拥有 B 公司 70% 的股份，拥有 C 公司 35% 的股份；B 公司拥有 C 公司 30% 的股份。在这种情况下，B 公司为 A 公司的子公司，A 公司通过子公司 B 公司间接拥有、控制 C 公司 30% 的股份，与直接拥有、控制 35% 的股份合计，A 公司共拥有、控制 C 公司的股份合计为 65%，从而 C 公司属于 A 公司的子公司，A 公司编制合并财务报表时，也应当将 C 公司纳入其合并范围。

依上例，假定 B 公司只拥有 C 公司 14% 的股份，则 A 公司通过 B 公司间接控制 C 公司 14% 的股份，A 公司通过直接方式和间接方式合计只拥有 C 公司 49% 的股份。在这种情况下，A 公司则不能将 C 公司的财务报表纳入其合并范围。这里也必须注意的是，A 公司间接拥有、控制 C 公司的股份是以 B 公司为 A 公司的子公司作为前提的。在上例中，如果 A 公司只拥有 B 公司 40% 的股份时，则不能将 C 公司作为 A 公司的子公司处理，将其纳入 A 公司的合并范围。

（二）被母公司控制的其他被投资企业

在母公司通过直接和间接方式没有拥有和控制被投资企业的半数以上表决权的情况下，如果母公司通过其他方法对被投资企业的经营活动能够实施有效控制时，这些被母公司所能够控制的被投资企业，也应作为子公司纳入其合并范围。

通常情况下，母公司与被投资企业之间存在如下情况之一，就应当视为母公司能够对其实施控制，视为母公司的子公司，将其纳入合并财务报表的合并范围。

（1）通过与被投资单位其他投资者之间的协议，拥有被投资单位半数以上的表决权。这种情况是指母公司与其他投资者共同投资某企业，母公司与其中的某些投资者签订协议，受托管理和控制这一被投资企业，从而在被投资企业的股东大会上拥有该被投资企业半数以上表决权。在这种情况下，母公司对这一被投资企业的经营管理拥有控制权，使该被投资企业成为事实上的子公司，为此必须将其纳入合并范围。

（2）根据公司章程或协议，有权决定被投资单位的财务和经营政策。这种情况是指在被投资企业章程等文件中明确母公司对其财务和经营政策能够实施管理和控制。企业的财务和经营政策直接决定着企业的生产经营活动，决定着企业的未来发展。能够控制企业财务和经营政策也就是等于能控制整个企业生产经营活动。这样，也就使得该被投资企业成为事实上的子公司，从而应当纳入母公司的合并范围。

（3）有权任免被投资单位的董事会或类似机构的多数成员。这种情况是指母公司能够通过任免公司董事会的董事，从而控制被投资企业的生产经营决策权。此时，该被投资企业也处于母公司的控制下进行生产经营活动，被投资企业成为事实上的子公司，从而应当纳入母公司的合并范围。

（4）在被投资单位的董事会或类似机构占多数表决权。这种情况是指母公司能够控制董事会等权力机构的会议，从而操纵公司董事会的经营决策，使该公司的生产经营活动在母公司的间接控制下进行，使被投资企业成为事实上的子公司。因此，也应将其纳入母公司的合并范围。

需要注意的是，母公司在确定能否控制被投资单位时，应当考虑企业和其他企业持有的被投资企业发行在外的认股权证、可转换公司债券等潜在表决权因素。

三、不纳入合并财务报表合并范围的子公司

母公司应当将其全部子公司纳入合并财务报表的合并范围。即只要是由母公司控制的子公司，不论子公司的规模大小、子公司向母公司转移资金能力是否受到严格限制，也不论子公司的业务性质与母公司或企业集团内其他子公司是否有显著差别，都应当纳入合并财务报表的合并范围。需要说明的是，受所在国外汇管制及其他管制，资金调度受到限制的境外子公司，在这种情况下，该被投资单位的财务和经营政策仍然由母公司决定，母公司也能从其经营活动中获取利益，资金调度受到限制并不妨碍母公司对其实施控制，因此，应将其纳入合并财务报表的合并范围。

但由于一些特殊的原因，母公司的一些原子公司不再纳入合并范围，具体包括以下几种：

1. 已宣告被清理整顿的原子公司

已宣告被清理整顿的原子公司，是指在当期宣告被清理整顿的被投资单位，该被投资单位在上期是本公司的子公司。在这种情况下，根据 2005 年修订的《公司法》第 184 条的规定，被投资单位实际上在当期已经由股东、董事或股东大会确定的人员组成的清算组或人民法院指定的有关人员组成的清算组对被投资单位进行日常管理，在清算期间，被投资单位不得开展与清算无关的经营活动，因此，母公司不能再控制该被投资单位，不能将该被投资单位继续认定为母公司的子公司。

2. 已宣告破产的原子公司

已宣告破产的原子公司，是指在当期宣告破产的被投资单位，该被投资单位在上期是本公司的子公司。在这种情况下，根据《中华人民共和国企业破产法》（以下简称《企业破产法》）的规定，被投资单位的日常管理已转交到法院指定的管理人，母公司不

能控制该被投资单位，不能将该被投资单位认定为母公司的子公司。

3. 母公司不能控制的其他被投资单位

母公司不能控制的其他被投资单位，是指母公司不能控制的除上述两种情形以外的其他被投资单位，如联营企业等。

第三节　合并财务报表的编制前提及原则

一、合并财务报表的编制前提

合并财务报表的编制涉及数个法人企业实体，为了使编制的合并财务报表准确、全面反映企业集团的真实情况，必须做好一系列的前期准备事项。

（一）统一母子公司的会计政策

会计政策，是指企业在会计确认、计量和报告中所采用的原则、基础和会计处理方法。其中，原则是指企业按照企业会计准则制定的企业内部从事会计工作所采用的会计原则；基础是指企业按照企业会计准则制定的企业内部从事会计工作所采用的基础；会计处理方法是指企业按照企业会计准则在诸多可选择的会计处理方法中所选择的、适合于企业具体情形的会计处理方法。只有在财务报表各项目反映的内容一致的情况下，才能对其进行加总，编制合并财务报表。为此，在编制合并财务报表前，母公司应当统一子公司所采用的会计政策，使子公司采用的会计政策与母公司保持一致。子公司所采用的会计政策与母公司不一致的，应当按照母公司的会计政策对子公司财务报表进行必要的调整；或者要求子公司按照母公司的会计政策另行编报财务报表。

（二）统一母子公司的资产负债表日及会计期间

财务报表总是反映一定日期的财务状况和一定会计期间的经营成果的，母公司和子公司的个别财务报表只有在反映财务状况的日期和反映经营成果的会计期间一致的情况下，才能进行合并。为了编制合并财务报表，母公司应当统一子公司的会计期间，使子公司的会计期间与母公司保持一致。子公司的会计期间与母公司不一致的，应当按照母公司的会计期间对子公司财务报表进行调整；或者要求子公司按照母公司的会计期间另行编报财务报表。

（三）对子公司外币表示的财务报表进行折算

对母公司和子公司的财务报表进行合并，其前提必须是母子公司个别财务报表所采用的货币计量单位一致。在我国允许外币业务比较多的企业采用某一外币作为记账本位币，境外企业一般也是采用其所在国或地区的货币作为记账本位币。在将这些企业的财务报表纳入合并时，必须将其折算为母公司所采用的记账本位币表示的财务报表。

（四） 收集编制合并财务报表的相关资料

合并财务报表是在母公司和子公司个别财务报表的基础上，根据相关资料进行调整后编制的。因此，为编制合并财务报表，母公司应当要求子公司及时提供下列有关资料：

（1）子公司相应期间的财务报表；

（2）与母公司、其他子公司之间发生的内部购销交易、债权债务、投资及其产生的现金流量和未实现内部销售损益的期初、期末余额及变动情况等资料；

（3）子公司所有者权益变动和利润分配的有关资料；

（4）编制合并财务报表所需要的其他资料。

二、合并财务报表的编制原则

合并财务报表作为财务报表，必须符合财务报表编制的一般原则和基本要求。这些基本要求包括真实可靠、全面完整和编报及时。合并财务报表又与个别财务报表不同，它反映母公司和子公司组成的企业集团整体财务情况，反映的是若干法人共同形成的会计主体的财务情况。因此，合并财务报表的编制除遵循财务报表编制的一般原则和要求外，还应当遵循以下原则和要求：

1. 以个别财务报表为基础编制

合并财务报表并不是直接根据母公司和子公司账簿编制，而是利用母公司和子公司编制的反映各自财务状况、经营成果和现金流量的财务报表提供的数据，通过合并财务报表的特有方法进行编制。以纳入合并范围的个别财务报表为基础，可以说是客观性原则在合并财务报表编制时的具体体现。

2. 一体性原则

合并财务报表反映的是企业集团的财务状况、经营成果和现金流量，反映由多个法人企业组成的一个会计主体的财务情况，在编制合并财务报表时应当将母公司和所有子公司作为整体来看待，视为同一会计主体，母公司和子公司发生的经营活动都应当从企业集团这一整体的角度进行考虑。因此，在编制合并财务报表时，对于母公司与子公司、子公司相互之间发生的经济业务，应当视同同一会计主体内部业务处理，视同同一会计主体之下的不同核算单位的内部业务。

3. 重要性原则

与个别财务报表相比，合并财务报表涉及多个法人主体，涉及的经营活动的范围很广，母公司与子公司经营活动往往跨越不同行业界限，有时母公司与子公司经营活动甚至相差很大。这样，合并财务报表要综合反映这些会计主体的财务情况，必然要涉及重要性的判断问题。特别是在拥有众多子公司的情况下，更是如此。如一些项目在企业集团中的某一企业具有重要性，但对于整个企业集团则不一定具有重要性，在这种情况下根据重要性原则的要求对财务报表项目进行取舍，具有重要的现实意义。此外，母公司与子公司、子公司相互之间发生的经济业务，对整个企业集团财务状况、经营成果和现金流量影响不大时，为简化合并手续也应根据重要性原则进行取舍，可以不编制抵销分录而直接编制合并财务报表。

第四节 合并财务报表种类及编制程序

一、合并财务报表种类

合并财务报表主要包括合并资产负债表、合并利润表、合并现金流量表、合并所有者权益变动表和附注。

1. 合并资产负债表

合并资产负债表是反映母公司和子公司所形成的企业集团某一特定日期财务状况的会计报表。

2. 合并利润表

合并利润表是反映母公司和子公司所形成的企业集团某一特定期间内经营成果的会计报表。

3. 合并现金流量表

合并现金流量表是反映母公司和子公司所形成的企业集团在一定期间现金流入、流出量及现金净增减变动情况的会计报表。

4. 合并所有者权益变动表

合并所有者权益变动表是反映母公司和子公司所形成的企业集团在一定期间所有者权益变动情况的会计报表。

5. 合并财务报表的附注

除了应当包括一般会计报表附注的事项外，还应当包括下列内容：

（1）子公司清单，包括企业名称、注册地、业务性质、母公司的持股比例和表决权比例；

（2）母公司直接或通过其他子公司间接拥有被投资单位表决权不足半数但能对其形成控制的原因；

（3）母公司直接或通过其他子公司间接拥有被投资单位表决权半数以上表决权但未能对其形成控制的原因；

（4）子公司所采用的与母公司不一致的会计政策，编制合并财务报表的处理方法及影响；

（5）子公司与母公司不一致的会计期间，编制合并财务报表的处理方法及影响；

（6）本期增加子公司，按照《企业会计准则第 20 号——企业合并》的规定进行披露；

（7）本期不再纳入合并范围的原子公司，说明原子公司的名称、注册地、业务性质、母公司的持股比例和表决权比例，本期不再成为子公司的原因，其在处置日和上一会计期间资产负债表日资产、负债和所有者权益的金额以及本期期初至处置日的收入、费用和利润的金额；

（8）子公司向母公司转移资金的能力受到严格限制的情况；

（9）需要在附注中说明的其他事项。

二、合并财务报表编制程序

1. 编制合并工作底稿

合并工作底稿的作用是为合并财务报表的编制提供基础。在合并工作底稿中，对母公司和纳入合并范围的子公司的个别财务报表各项目的数额进行汇总和抵销处理，最终计算得出合并财务报表各项目的合并数。

将母公司、纳入合并范围的子公司个别资产负债表、利润表、现金流量表、所有者权益变动表各项目的数据录入合并工作底稿，并在合并工作底稿中对母公司和子公司财务报表各项目的数据进行加总，计算得出个别资产负债表、利润表、现金流量表、所有者权益变动表各项目合计数额。

2. 编制调整分录与抵销分录

在合并工作底稿中编制调整分录和抵销分录，将母公司与子公司、子公司相互之间发生的经济业务对个别财务报表有关项目的影响进行抵销处理。编制抵销分录，进行抵销处理是财务报表编制的关键和主要内容，其目的在于将个别财务报表各项目的加总数据中重复的因素予以抵销。但是，对属于非同一控制下企业合并中取得的子公司的个别财务报表进行合并时，还应当首先根据母公司为该子公司设置的备查簿的记录，以记录的该子公司各项可辨认的资产、负债及或有负债等在购买日的公允价值为基础，通过编制调整分录，对该子公司提供的个别财务报表进行调整，以使子公司的个别财务报表反映为在购买日公允价值基础上确定的可辨认资产、负债及或有负债在本期资产负债表日的金额。对于子公司所采用的会计政策与母公司不一致的和子公司的会计期间与母公司不一致的，也需要对子公司的个别财务报表进行调整。

3. 计算合并财务报表各项目的合并数额

在母公司和纳入合并范围子公司个别会计报表各项目加总数额的基础上，分别计算会计报表中的资产项目、负责项目、所有者权益项目、收入项目和费用项目的合并数。其计算方法如下：

（1）资产类各项目，其合并数根据该项目加总的数额，加上该项目抵消分录有关的借方发生额，减去该项目抵销分录有关的贷方发生额计算确定。

（2）负债类各项目和所有者权益类项目，其合并数根据该项目加总的数额，减去该项目抵销分录有关的借方发生额，加上该项目抵销分录有关的贷方发生额计算确定。对于合并非全资子公司资产负债表中的少数股东权益的数额，则视同抵销分录的借方发生额处理。

（3）收益类各项目，其合并数根据该项目加总的数额，减去该项目抵销分录借方发生额，加上该项目抵销分录的贷方发生额计算确定。

（4）成本费用类项目和利润分配的各项目，其合并数根据该项目加总数加上该项目抵销分录的借方发生额，减去该项目抵销分录的贷方发生额计算确定。

4. 填列合并财务报表

根据合并工作底稿中计算出的资产、负债、所有者权益、收入、成本费用类各项目的合并数，填列正式的合并财务报表。

复习思考题

【简答题】

1. 简述合并财务报表的含义、作用以及合并财务报表的种类。
2. 合并财务报表与个别财务报表和汇总财务报表相比有什么特点？
3. 合并财务报表的合并范围是怎么确定的，如何理解控制？
4. 简述合并财务报表编制的程序。

第三章

合并财务报表的编制

本章主要介绍了合并资产负债表、合并利润表、合并现金流量表、合并所有者权益变动表的基本格式、编制方法以及编制的全过程。

重要概念： 合并资产负债表　合并利润表　合并现金流量表　合并所有者权益变动表

第一节　合并资产负债表

合并资产负债表是反映企业集团在某一特定日期财务状况的财务报表，由合并资产、负债和所有者权益各项目组成。

一、对子公司的个别财务报表进行调整

在编制合并财务报表时，首先应对各子公司进行分类，分为同一控制下企业合并中取得的子公司和非同一控制下企业合并中取得的子公司两类。

（一）属于同一控制下企业合并中取得的子公司

对于属于同一控制下企业合并中取得的子公司的个别财务报表，如果不存在与母公司会计政策和会计期间不一致的情况，则不需要对该子公司的个别财务报表进行调整，即不需要将该子公司的个别财务报表调整为公允价值反映的财务报表，只需将对子公司长期股权投资与子公司所有者权益母公司所拥有的份额相抵销。

（二）属于非同一控制下企业合并中取得的子公司

对于属于非同一控制下企业合并中取得的子公司，除了存在与母公司会计政策和会计期间不一致的情况，需要对该子公司的个别财务报表进行调整外，还应当根据母公司为该子公司设置的备查簿的记录，以记录的该子公司的各项可辨认资产、负债及或有负债等在购买日的公允价值为基础，通过编制调整分录，对该子公司的个别财务报表进行调整，以使子公司的个别财务报表反映为在购买日公允价值基础上确定的可辨认资产、

负债及或有负债在本期资产负债表日的金额。

二、按权益法调整对子公司的长期股权投资

合并报表准则规定，合并财务报表应当以母公司和其子公司的财务报表为基础，根据其他有关资料，按照权益法调整对子公司的长期股权投资后，由母公司编制。

合并报表准则也允许企业直接在对子公司的长期股权投资采用成本法核算的基础上编制合并财务报表，但是所生成的合并财务报表应当符合合并报表准则的相关规定。

【例3-1】 假设A公司能够控制S公司，S公司为股份有限公司。20×7年12月31日，A公司个别资产负债表中对S公司的长期股权投资的金额为15 000万元，拥有S公司80%的股份。A公司在个别资产负债表中采用成本法核算该项长期股权投资。

20×7年1月1日，A公司用银行存款15 000万元购得S公司80%的股份（假定A公司与S公司的企业合并不属于同一控制下的企业合并）。A公司备查簿中记录的S公司在20×7年1月1日可辨认资产、负债及或有负债的公允价值的资料如表3-1所示。

表3-1 A公司备查簿

20×7年1月1日   单位：万元

项目	账面价值	公允价值	公允价值与账面价值的差额	合并报表调整	余额	备注
S公司：						
流动资产：	19 000	19 000				
非流动资产：	9 500	10 000				
其中：固定资产——T办公楼	3 000	3 500	500	(1) 25	3475	该办公楼的剩余折旧年限为20年，采用平均年限法计提折旧
资产总计	28 500	29 000				
流动负债	6 500	6 500				
非流动负债	4 500	4 500				
负债合计	11 000	11 000				
股本	10 000	10 000				
资本公积	7 500	8 000	500			
盈余公积	0	0				
未分配利润	0	0				
股东权益合计	17 500	18 000				
负债和股东权益总计	28 500	29 000				

20×7 年 1 月 1 日，S 公司股东权益总额为 17 500 万元，其中股本为 10 000 万元，资本公积为 7 500 万元，盈余公积为 0 元，未分配利润为 0 元。

20×7 年，S 公司实现净利润 5 000 万元，提取法定公积金 500 万元，向 A 公司分派现金股利 2 400 万元，向其他股东分派现金股利 600 万元，未分配利润 1 500 万元。S 公司因持有的可供出售金融资产的公允价值变动计入当期资本公积的金额为 500 万元。

20×7 年 12 月 31 日，S 公司股东权益总额为 20 000 万元，其中股本为 10 000 万元，资本公积为 8 000 万元，盈余公积为 500 万元，未分配利润为 1 500 万元。

A 公司与 S 公司个别资产负债表分别如表 3-2 和表 3-3 所示。

表 3-2　资产负债表（简表）　　　　　　　　　　会企 01 表

编制单位：A 公司　　　　　　　20×7 年 12 月 31 日　　　　　　　单位：万元

资产	期末余额	年初余额	负债和所有者权益（或股东权益）	期末余额	年初余额
流动资产：			流动负债：		
货币资金	5 000	15 000	应付票据	5 000	5 000
应收票据	7 000	5 000	应付账款	15 000	10 000
其中：应收 S 公司票据	2 000		预收账款	1 000	1 500
应收账款	9 000	6 500	其中：预收 S 公司账款	500	
其中：应收 S 公司账款	2 375		应付职工薪酬	5 000	10 500
预付账款	3 850		应交税费	4 000	5 000
存货	5 000	19 000	流动负债合计	30 000	32 000
其中：向 S 公司购入存货	5 000		非流动负债：		
流动资产合计	29 850	45 500	长期借款	10 000	10 000
非流动资产：			应付债券	3 000	3 000
可供出售金融资产			非流动负债合计	13 000	13 000
持有至到期投资	1 000	1 000	负债合计	43 000	45 000
其中：持有 S 公司债券	1 000	1 000			
长期股权投资	23 500	8 500	所有者权益（或股东权益）：		
其中：对 S 公司投资	15 000		实收资本（或股本）	20 000	20 000
固定资产	20 500	16 500	资本公积	4 000	4 000
其中:向 S 公司购入固定资产	1 000		盈余公积	5 000	3 660
无形资产	3 150	3 500	未分配利润	6 000	2 340
非流动资产合计	48 150	29 500	所有者权益合计	35 000	30 000
资产总计	78 000	75 000	负债和所有者权益总计	78 000	75 000

表 3-3　资产负债表（简表）　会企 01 表

编制单位：S公司　　　　　　　20×7 年 12 月 31 日　　　　　　　单位：万元

资产	期末余额	年初余额	负债和所有者权益	期末余额	年初余额
流动资产：			流动负债：		
货币资金	2 500	1 500	应付票据	2 000	1 500
应收票据	1 500	500	其中：应付票据——A公司	2 000	
应收账款	3 800	3 000	应付账款	2 500	2 000
预付账款	2 000		其中：应付A公司账款	2 500	
其中：预付A公司账款	500		预收账款		250
存货	5 500	14 000	应付职工薪酬	500	1 750
流动资产合计	15 300	19 000	应交税费	300	1 000
非流动资产：			流动负债合计	5 300	6 500
可供出售金融资产	4 000	3 500	非流动负债：		
持有至到期投资			长期借款	3 500	3 500
长期股权投资			应付债券	1 000	1 000
固定资产	10 500	6 000	其中：应付债券——A公司	1 000	1 000
其中：向A公司购入固定资产	540		非流动负债合计	4 500	4 500
无形资产			负债合计	9 800	11 000
非流动资产合计	14 500	9 500	股东权益：		
			股本	10 000	10 000
			资本公积	8 000	7 500
			其中：可供出售金融资产公允价值变动	500	
			盈余公积	500	0
			未分配利润	1 500	0
			股东权益合计	20 000	17 500
资产总计	29 800	28 500	负债和所有者权益总计	29 800	28 500

　　假定S公司的会计政策和会计期间与A公司一致，不考虑A公司和S公司及合并资产、负债的所得税影响。

　　《企业会计准则第2号——长期股权投资》规定，投资企业在确认应享有被投资单位净损益的份额时，应当以取得投资时被投资单位各项可辨认资产等的公允价值为基础，对被投资单位的净利润进行调整后确认。在本例中，A公司在编制合并财务报表时，应当首先根据A公司的备查簿中记录的S公司可辨认资产、负债在购买日（20×7年1月1日）的公允价值的资料（表3-1），调整S公司的净利润。按照A公司备查簿中的记录，在购买日，S公司可辨认资产、负债及或有负债的公允价值与账面价值存在差异仅有一项，即T办公楼，公允价值高于账面价值的差额为500（3 500－3 000）万元，按年限平均法每年应补计提的折旧额为25（500÷20）万元。假定T办公楼用于S

公司的总部管理。在合并工作底稿（表 3-4）中编制的调整分录为：

(1) 借：管理费用   250 000

     贷：固定资产——累计折旧   250 000

据此，以 S 公司 20×7 年 1 月 1 日各项可辨认资产等的公允价值为基础，重新确定的 S 公司 20×7 年的净利润为 4 975（5 000—25）万元。

在本例中，20×7 年 12 月 31 日，A 公司对 S 公司的长期股权投资的账面余额为 15 000 万元（假定未发生减值）。根据合并报表准则的规定，在合并工作底稿中将对 S 公司的长期股权投资由成本法调整为权益法。有关调整分录如 (2)、(3)、(4)。

(2) 确认 A 公司在 20×7 年 S 公司实现净利润 4 975 万元中所享有的份额 3 980 (4 975×80%) 万元，编制的调整分录为：

    借：长期股权投资——S 公司   39 800 000

     贷：投资收益——S 公司   39 800 000

(3) 确认 A 公司收到 S 公司 20×7 年分派的现金股利，同时抵销原按成本法确认的投资收益 2 400 万元，编制的调整分录为：

    借：投资收益——S 公司   24 000 000

     贷：长期股权投资——S 公司   24 000 000

(4) 确认 A 公司在 20×7 年 S 公司除净损益以外所有者权益的其他变动中所享有的份额 400 万元（资本公积的增加额 500 万元×80%），编制的调整分录为：

    借：长期股权投资——S 公司   4 000 000

     贷：资本公积——其他资本公积——S 公司   4 000 000

在连续编制合并财务报表的情况下，应编制如下调整分录：

    借：长期股权投资——S 公司   19 800 000

     贷：未分配利润——年初   15 800 000

       资本公积——其他资本公积——S 公司   4 000 000

三、编制合并资产负债表时应进行抵销处理的项目

合并资产负债表是以母公司和子公司的个别资产负债表为基础编制的。个别资产负债表则是以单个企业为会计主体进行会计核算的结果，它从母公司本身或从子公司本身的角度对自身的财务状况进行反映。这样，对于内部交易，从发生内部交易的企业来看，发生交易的各方都在其个别资产负债表中进行了反映。例如，企业集团母公司与子公司之间发生的赊购赊销业务，对于赊销企业来说，一方面确认营业收入、结转营业成本、计算营业利润，并在其个别资产负债表中反映为应收账款；而对于赊购企业来说，在内部购入的存货未实现对外销售的情况下，则在其个别资产负债表中反映为存货和应付账款。在这种情况下，资产、负债和所有者权益类各项目的加总金额中，必然包含有重复计算的因素。作为反映企业集团整体财务状况的合并资产负债表，必须将这些重复计算的因素予以扣除，对这些重复的因素进行抵销处理。这些需要扣除的重复因素，就是合并财务报表编制时需要进行抵销处理的项目。

编制合并资产负债表时需要进行抵销处理的，主要有如下项目。

（一）长期股权投资与子公司所有者权益的抵销处理

母公司对子公司进行的长期股权投资，一方面反映为长期股权投资以外的其他资产的减少，另一方面反映为长期股权投资的增加，在母公司个别资产负债表中作为资产类项目中的长期股权投资列示。子公司接受这一投资时，一方面增加资产，另一方面作为实收资本（或股本，下同）处理；在其个别资产负债表中一方面反映为实收资本的增加，另一方面反映为相对应的资产的增加。从企业集团整体来看，母公司对子公司进行的长期股权投资实际上相当于母公司将资本拨付下属核算单位，并不引起整个企业集团的资产、负债和所有者权益的增减变动。因此，编制合并财务报表时，应当在母公司与子公司财务报表数据简单相加的基础上，将母公司对子公司长期股权投资项目与子公司所有者权益项目予以抵销。

子公司所有者权益中不属于母公司的份额，即子公司所有者权益中抵销母公司所享有的份额后的余额，在合并财务报表中作为"少数股东权益"处理，"少数股东权益"项目应当在"所有者权益"项目下单独列示。

当母公司对子公司长期股权投资的金额与在子公司所有者权益中所享有的份额不一致时，应按其差额计入"商誉"项目。

【例3-2】　沿用【例3-1】，20×7年12月31日A公司对S公司长期股权投资经调整后的金额为16 980万元（投资成本15 000万元＋权益法调整增加的长期股权投资1 980万元）与其在S公司经调整的股东权益总额中所享有的金额16 380万元［（股东权益账面余额20 000万元＋T办公楼购买日公允价值高于账面价值的差额500万元—T办公楼购买日公允价值高于账面价值的差额按20年计提的折旧额25万元）×80％］之间的差额，为商誉。至于S公司股东权益中20％的部分，即4 095万元［（股东权益账面余额20 000万元＋T办公楼购买日公允价值高于账面价值的差额500万元—T办公楼购买日公允价值高于账面价值的差额按20年计提的折旧额25万元）×20％］则属于少数股东权益，在抵销处理时应作为少数股东权益处理。应编制的抵销分录为：

（5）借：股本　　　　　　　　　　　　　　　　　　　　100 000 000
　　　资本公积——年初　　　　　　　　　　　　　　　　80 000 000
　　　　　　　——本年　　　　　　　　　　　　　　　　 5 000 000
　　　盈余公积——年初　　　　　　　　　　　　　　　　　　　　 0
　　　　　　　——本年　　　　　　　　　　　　　　　　 5 000 000
　　　未分配利润——年末　　　　　　　　　　　　　　　14 750 000
　　　商誉　　　　　　　　　　　　　　　　　　　　　　 6 000 000
　　贷：长期股权投资　　　　　　　　　　　　　　　　　169 800 000
　　　少数股东权益　　　　　　　　　　　　　　　　　　 40 950 000

注：商誉600万元＝15 000万元—（S公司20×7年1月1目的所有者权益总额17 500万元＋S公司固定资产公允价值增加额500万元）×80％。

其合并工作底稿如表3-4所示。

合并报表准则规定，子公司持有母公司的长期股权投资、子公司相互之间持有的长期股权投资，也应当比照上述母公司对子公司的股权投资的抵销方法进行抵销处理。

表 3-4　合并工作底稿（简表）

20×7 年

单位：万元

项目	A公司 报表金额	A公司 借方	A公司 贷方	S公司 报表金额	S公司 借方	S公司 贷方	合计金额	抵销分录 借方	抵销分录 贷方	少数股东权益	合并金额
（利润表项目）											
营业收入	43 500			31 500			75 000	(11) 5 000 (13) 1 500 (17) 17 500			51 000
营业成本	22 250			22 850			45 100	(12) 1 000	(11) 5 000 (13) 1 350 (17) 17 500		22 250
营业税金及附加	1 500			625			2 125				2 125
销售费用	75			50			125				125
管理费用	500			60	(1) 25		585	(16) 5	(14) 50		540
财务费用	1 500			450			1 950		(18) 100		1 850
资产减值损失	125						125		(7) 125		0
投资收益	2 500	(3) 2 400	(2) 3 980				4 080	(18) 100 (19) 3 980			0
营业利润	20 050			7 465			29 070	29 085	24 125		24 110
营业外支出	50						50		(15) 50		0
利润总额	20 000			7 465			29 020	29 085	24 175		24 110
所得税费用	6 600			2 465			9 065				9 065
净利润	13 400			5 000			19 955	29 085	24 175		15 045
少数股东权益								(19) 995		995	995

续表

项目	A公司 报表金额	A公司 借方	A公司 贷方	S公司 报表金额	S公司 借方	S公司 贷方	合计金额	抵销分录 借方	抵销分录 贷方	少数股东权益	合并金额
归属于母公司所有者的净利润											14 050
（所有者权益变动表项目）											
未分配利润（年初）	2 340			0			2 340	(19) 0			2 340
归属于母公司所有者的净利润	9 740										14 050
利润分配	9 740			3 500			13 240		(19) 500 (19) 3 000		9 740
未分配利润（年末）	6 000	2 400	3 980	1 500	25		9 055	(5) 1 475 31 555	(19) 1 475 29 150		6 650
归属于少数股东的未分配利润（年初）										0	0
少数股东损益										995	995
对少数股东的利润分配										600	600
归属于少数股东的未分配利润（年末）										395	395
资本公积（年初）	4 000			7 500		500	12 000	(5) 8 000			4 000
可供出售金融资产公允价值变动净额				500			500	(5) 500			0
权益法下被投资单位其他所有者权益变动的影响			(4) 400				400				400

续表

项目	A公司 报表金额	A公司 借方	A公司 贷方	S公司 报表金额	S公司 借方	S公司 贷方	合计金额	抵销分录 借方	抵销分录 贷方	少数股东权益	合并金额
资本公积（年末）	4 000		400	8 000		500	12 900	8 500			4 400
盈余公积（年初）	3 660			0			3 660				3 660
提取盈余公积	1 340			500			1 840	（19）0	（19）500		1 340
盈余公积（年末）	5 000			500			5 500	0	500		5 000
（资产负债表项目）											
流动资产：											
货币资金	5 000			2 500			7 500				7 500
应收票据	7 000			1 500			8 500		（9）2 000		6 500
其中：应收S公司票据	2 000						2 000		（9）2 000		0
应收账款	9 000			3 800			12 800	（7）125	（6）2 500		10 425
其中：应收S公司账款	2 375			2 000			2 375	（7）125	（6）2 500		0
预付账款	3 850						5 850		（8）500		5 350
其中：预付A公司账款				500			500		（8）500		0
存货	5 000			5 500			10 500		（12）1 000		9 500
其中：向S公司购入存货	5 000						5 000		（12）1 000		4 000
流动资产合计	29 850			15 300			45 150	125	6 000		39 275
非流动资产：											
可供出售金融资产				4 000			4 000				4 000
持有至到期投资	1 000						1 000		（10）1 000		0
其中：持有S公司债券	1 000						1 000		（10）1 000		0

续表

项目	A公司 报表金额	A公司 借方	A公司 贷方	S公司 报表金额	S公司 借方	S公司 贷方	合计金额	抵销分录 借方	抵销分录 贷方	少数股东权益 权益	合并金额
长期股权投资	23 500	(2) 3 980 (4) 400	(3) 2 400				25 480		(5) 16 980		8 500
其中：对S公司投资	15 000	(2) 3 980 (4) 400	(3) 2 400				16 980		(5) 16 980		0
固定资产	20 500			10 500		(1) 25	31 475	(14) 50 (15) 50	(13) 150 (16) 5		31 420
其中：S公司—T办公楼	1 000				500	(1) 25	475	(15) 50	(16) 5		475
向S公司购入固定资产					500		1 000	(14) 50	(13) 150		900
向A公司购入固定资产				540			540	(15) 50	(16) 5		585
无形资产	3 150						3 150				3 150
商誉								(5) 600			600
非流动资产合计	48 150	4 380	2 400	14 500	500	25	65 105	700	18 135		47 670
资产总计	78 000	4 380	2 400	29 800	500	25	110 255	825	24 135		86 945
流动负债：											
应付票据	5 000			2 000			7 000				5 000
其中：应付票据——A公司				2 000			2 000	(9) 2 000	(9) 2 000		0
应付账款	15 000			2 500			17 500				15 000
其中：应付A公司账款				2 500			2 500	(6) 2 500	(6) 2 500		0
预收账款	1 000						1 000				500
其中：预收S公司账款	500						500	(8) 500	(8) 500		0

续表

项目	A公司 报表金额	A公司 借方	A公司 贷方	S公司 报表金额	S公司 借方	S公司 贷方	合计金额	抵销分录 借方	抵销分录 贷方	少数股东权益	合并金额
应付职工薪酬	5 000			500			5 500				5 500
应交税费	4 000			300			4 300				4 300
流动负债合计	30 000			5 300			35 300	5 000			30 300
非流动负债：											
长期借款	10 000			3 500			13 500				13 500
应付债券	3 000			1 000			4 000	(10) 1 000			3 000
其中：应付债券—A公司				1 000			1 000	(10) 1 000			0
非流动负债合计	13 000			4 500			17 500	1 000			16 500
负债合计	43 000			9 800			52 800	6 000			46 800
所有者权益：											
实收资本（或股本）	20 000			10 000			30 000	(5) 10 000			20 000
资本公积	4 000		(4) 400	8 000		500	12 900	(5) 8 500			4 400
其中：可供出售金融资产公允价值变动				500		500	500	500			0
盈余公积	5 000			500			5 500	(5) 500			5 000

续表

项目	A公司 报表金额	A公司 借方	A公司 贷方	S公司 报表金额	S公司 借方	S公司 贷方	合计金额	抵销分录 借方	抵销分录 贷方	少数股东权益	合并金额
未分配利润	6 000	(3) 2 400	(2) 3 980	1 500	(1) 25		9 055	(5) 1 475 (11) 5 000 (13) 1 500 (17) 17 500 (12) 1 000 (16) 5 (18) 100 (19) 3 980 (19) 995 (19) 0	(11) 5 000 (13) 1 350 (17) 17 500 (14) 50 (18) 100 (7) 125 (15) 50 (19) 500 (19) 3 000 (19) 1 475	(19) 995	6 650
								31 555	29 150		
少数股东权益										(5) 4 095	4 095
所有者权益合计	35 000	2 400	4 380	20 000	25	500	57 455	50 555	29 150	4 095	40 145
负债和所有者权益总计	78 000	2 400	4 380	29 800	25	500	110 255	56 555	29 150	4 095	86 945
(现金流量表项目)											
经营活动产生的现金流量:											
销售商品、提供劳务收到的现金	38 375			29 950			68 325		(21) 18 000		48 825
收到其他与经营活动有关的现金											
经营活动现金流入小计	38 375			29 950			68 325		19 500		48 825
购买商品、接受劳务支付的现金	7 100			15 850			22 950	(21) 18 000			4 950

续表

项目	A公司			S公司			合计金额	抵销分录		少数股东权益	合并金额
	报表金额	借方	贷方	报表金额	借方	贷方		借方	贷方		
支付给职工以及为职工支付现金	5 500			1 250			6 750				6 750
支付的各项税费	9 100			3 790			12 890				12 890
支付其他与经营活动有关的现金	225			110			335				335
经营活动现金流出小计	21 925			21 000			42 925	18 000			24 925
经营活动产生的现金流量净额	16 450			8 950			25 400	18 000	19 500		23 900
投资活动产生的现金流量：											
收回投资收到的现金											
取得投资收益收到的现金	2 500						2 500		(20) 2 500		0
处置固定资产、无形资产和其他长期资产收回的现金净额	600						600		(23) 600		0
处置子公司及其他营业单位收到的现金净额											
收到其他与投资活动有关的现金	3 100						3 100		3 100		0
投资活动现金流入小计	4 650			4 500			9 150	(22) 1 500 (23) 600			7 050
购建固定资产、无形资产和其他长期资产支付的现金											

续表

项目	A公司 报表金额	A公司 借方	A公司 贷方	S公司 报表金额	S公司 借方	S公司 贷方	合计金额	抵销分录 借方	抵销分录 贷方	少数股东权益	合并金额
投资支付的现金											
取得子公司及其他营业单位支付的现金净额	15 000						15 000				15 000
支付其他与投资活动有关的现金											
投资活动现金流出小计	19 650			4 500			24 150	2 100			22 050
投资活动产生的现金流量净额	−16 550			−4 500			−21 050	1 000			−22 050
筹资活动产生的现金流量:											
吸收投资收到的现金											
取得借款收到的现金											
收到其他与筹资活动有关的现金											
筹资活动现金流入小计											
偿还债务支付的现金											
分配股利、利润或偿付利息支付的现金	9 900			3 450			13 350	2 500			10 850
其中:子公司支付给少数股东的股利、利润											

续表

项目	A公司 报表金额	A公司 借方	A公司 贷方	S公司 报表金额	S公司 借方	S公司 贷方	合计金额	抵销分录 借方	抵销分录 贷方	少数股东权益	合并金额
支付其他与筹资活动有关的现金											
筹资活动现金流出小计	9 900			3 450			13 350	2 500			10 850
筹资活动产生的现金流量净额	−9 900			−3 450			−13 350	2 500			−10 850
现金及现金等价物净增加额	−10 000			1 000			−9 000				−9 000
年初现金及现金等价物余额	15 000			1 500			16 500				16 500
年末现金及现金等价物余额	5 000			2 500			7 500				7 500

（二）内部债权与债务的抵销处理

母公司与子公司、子公司相互之间的债权和债务项目，是指母公司与子公司、子公司相互之间因销售商品、提供劳务以及发生结算业务等原因产生的应收账款与应付账款、应收票据与应付票据、预付账款与预收账款、其他应收款与其他应付款、持有至到期投资与应付债券等项目。发生在母公司与子公司、子公司相互之间的这些项目，企业集团内部企业的一方在其个别资产负债表中反映为资产，而另一方则在其个别资产负债表中反映为负债。但从企业集团整体角度来看，它只是内部资金运动，既不能增加企业集团的资产，也不能增加负债。因此，为了消除个别资产负债表直接加总中的重复计算因素，在编制合并财务报表时应当将内部债权债务项目予以抵销。

1. 应收账款与应付账款的抵销处理

（1）初次编制合并财务报表时应收账款与应付账款的抵销处理。在应收账款计提坏账准备的情况下，某一会计期间坏账准备的金额是以当期应收账款为基础计提的。在编制合并财务报表时，随着内部应收账款的抵销，与此相联系也须将内部应收账款计提的坏账准备予以抵销。内部应收账款抵销时，其抵销分录为：借记"应付账款"项目，贷记"应收账款"项目；内部应收账款计提的坏账准备抵销时，其抵销分录为：借记"应收账款——坏账准备"项目，贷记"资产减值损失"项目。

【例3-3】　A公司20×7年个别资产负债表（表3-2）中应收账款2 375万元为20×7年向S公司销售商品发生的应收销货款的账面价值，A公司对该笔应收账款计提的坏账准备为125万元。S公司20×7年个别资产负债表（表3-3）中应付账款2 500万元系20×7年向A购进商品存货发生的应付购货款。

在编制合并财务报表时，应将内部应收账款与应付账款相互抵销；同时还应将内部应收账款计提的坏账准备予以抵销，应编制的抵销分录为：

（6）借：应付账款　　　　　　　　　　　　　　　　25 000 000

　　　　贷：应收账款　　　　　　　　　　　　　　　　　25 000 000

（7）借：应收账款——坏账准备　　　　　　　　　　 1 250 000

　　　　贷：资产减值损失　　　　　　　　　　　　　　　 1 250 000

其合并工作底稿如表3-4所示。

（2）连续编制合并财务报表时内部应收账款坏账准备的抵销处理。从合并财务报表来讲，内部应收账款计提的坏账准备的抵销是与抵销当期资产减值损失相对应的，上期抵销的坏账准备的金额，即上期资产减值损失抵减的金额，最终将影响到本期合并所有者权益变动表中的期初未分配利润金额的增加。由于利润表和所有者权益变动表是反映企业一定会计期间经营成果及其分配情况的财务报表，其上期期末未分配利润就是本期所有者权益变动表期初未分配利润（假定不存在会计政策变更和前期差错更正的情况）。本期编制合并财务报表是以本期母公司和子公司当期的个别财务报表为基础编制的，随着上期编制合并财务报表时内部应收账款计提的坏账准备的抵销，以母子公司个别财务报表中期初未分配利润为基础加总得出的期初未分配利润与上一会计期间合并所有者权益变动表中的未分配利润金额之间则将产生差额。为此，编制合并财务报表时，必须将上期因内部应收账款计提的坏账准备抵销而抵销的资产减值损失对本期期初未分配利润的影响予以抵销，调整本期期初未分配利润的金额。

在连续编制合并财务报表进行抵销处理时，首先，将内部应收账款与应付账款予以抵销，即按内部应收账款的金额，借记"应付账款"项目，贷记"应收账款"项目。其次，应将上期资产减值损失中抵销的内部应收账款计提的坏账准备对本期期初未分配利润的影响予以抵销，即按上期资产减值损失项目中抵销的内部应收账款计提的坏账准备的金额，借记"应收账款—坏账准备"项目，贷记"未分配利润——年初"项目。再次，对于本期个别财务报表中内部应收账款相对应的坏账准备增减变动的金额也应予以抵销，即按照本期个别资产负债表中期末内部应收账款相对应的坏账准备的增加额，借记"应收账款——坏账准备"项目，贷记"资产减值损失"项目，或按照本期个别资产负债表中期末内部应收账款相对应的坏账准备的减少额，借记"资产减值损失"项目，贷记"应收账款——坏账准备"项目。

在第三期编制合并财务报表的情况下，必须将第二期内部应收账款期末余额相应的坏账准备予以抵销，以调整期初未分配利润的金额。然后，计算确定本期内部应收账款相对应的坏账准备增减变动的金额，并将其增减变动的金额予以抵销。其抵销分录与第二期编制的抵销分录相同。

2. 其他债权与债务的抵销处理

【例 3-4】 A 公司 20×7 年个别资产负债表（表 3-2）中预收账款 500 万元为 S 公司预付账款；应收票据 2 000 万元为 S 公司 20×7 年向 A 公司购买商品 17 500 万元开具的票面金额为 2 000 万元的商业承兑汇票；S 公司应付债券 1 000 万元为 A 公司所持有。对此，在编制合并资产负债表时，应编制的抵销分录为：

（8）将内部预收账款与内部预付账款抵销时，应编制的抵销分录为：

借：预收款项　　　　　　　　　　　　　　5 000 000
　　贷：预付款项　　　　　　　　　　　　　　　5 000 000

（9）将内部应收票据与内部应付票据抵销时，应编制的抵销分录为：

借：应付票据　　　　　　　　　　　　　20 000 000
　　贷：应收票据　　　　　　　　　　　　　　20 000 000

（10）将持有至到期投资中债券投资与应付债券抵销时，应编制的抵销分录为：

借：应付债券　　　　　　　　　　　　　10 000 000
　　贷：持有至到期投资　　　　　　　　　　　10 000 000

其合并工作底稿如表 3-4 所示。

在某些情况下，债券投资企业持有的企业集团内部成员企业的债券并不是从发行债券的企业直接购进的，而是在证券市场上从第三方手中购进的。在这种情况下，持有至到期投资中的债券投资与发行债券企业的应付债券抵销时，可能会出现差额，应当计入合并利润表的投资收益或财务费用项目。

（三）存货价值中包含的未实现内部销售损益的抵销处理

存货价值中包含的未实现内部销售损益是由于企业集团内部商品购销、劳务提供活动所引起的。在内部购销活动中，销售企业将集团内部销售作为收入确认并计算销售利润。而购买企业则是以支付购货的价款作为其成本入账；在本期内未实现对外销售而形成期末存货时，其存货价值中也相应地包括两部分内容：一部分为真正的存货成本（即销售企业销售该商品的成本）；另一部分为销售企业的销售毛利（即其销售收入减去销售成本的差额）。对于期末存货价值中包括的这部分销售毛利，从企业集团整体来看，并不是真正实现的利润。因为从整个企业集团来看，集团内部企业之间的商品购销活动实际上相当于企业内部物资调拨活动，既不会实现利润，也不会增加商品的价值。正是从这一意义上来说，将期末存货价值中包括的这部分销售企业作为利润确认的部分，称为未实现内部销售损益。因此，在编制合并资产负债表时，应当将存货价值中包含的未实现内部销售损益予以抵销。编制抵销分录时，按照集团内部销售企业销售该商品的销售收入，借记"营业收入"项目，按照销售企业销售该商品的销售成本，贷记"营业成本"项目，按照当期期末存货价值中包含的未实现内部销售损益的金额，贷记"存货"项目。

1. 当期内部购进商品并形成存货情况下的抵销处理

在企业集团内部购进并且在会计期末形成存货的情况下，如前所述，一方面将销售企业实现的内部销售收入及其相对应的销售成本予以抵销，另一方面将内部购进形成的存货价值中包含的未实现内部销售损益予以抵销。

【例3-5】　S公司20×7年向A公司销售商品5 000万元，其销售成本为4 000万元，该商品的销售毛利率为20%。A公司购进的该商品20×7年全部未实现对外销售而形成期末存货。

在编制20×7年合并财务报表时，应编制的抵销分录为：

（11）借：营业收入　　　　　　　　　　　　　50 000 000
　　　　贷：营业成本　　　　　　　　　　　　　　　　　50 000 000
（12）借：营业成本　　　　　　　　　　　　　10 000 000
　　　　贷：存货　　　　　　　　　　　　　　　　　　　10 000 000

其合并工作底稿如表3-4所示。

2. 连续编制合并财务报表时内部购进商品的抵销处理

对于上期内部购进商品全部实现对外销售的情况下，由于不涉及内部存货价值中包含的未实现内部销售损益的抵销处理，在本期连续编制合并财务报表时不涉及到对其进行处理的问题。但在上期内部购进并形成期末存货的情况下，在编制合并财务报表进行抵销处理时，存货价值中包含的未实现内部销售损益的抵销，直接影响上期合并财务报表中合并净利润金额的减少，最终影响合并所有者权益变动表中期末未分配利润的金额的减少。由于本期编制合并财务报表时是以母公司和子公司本期个别财务报表为基础，而母公司和子公司个别财务报表中未实现内部销售损益是作为其实现利润的部分包括在其期初未分配利润之中，以母子公司个别财务报表中期初未分配利润为基础加总得出的期初未分配利润的金额就可能与上期合并财务报表中的期末未分配利润的金额不一致。因此，上期编制合并财务报表时抵销的内部购进存货中包含的未实现内部销售损益，也对本期的期初未分配利润产生影响，本期编制合并财务报表时必须在合并母子公司期初未分配利润的基础上，将上期抵销的未实现内部销售损益对本期期初未分配利润的影响予以抵销，调整本期期初未分配利润的金额。

在连续编制合并财务报表的情况下，首先必须将上期抵销的存货价值中包含的未实现内部销售损益对本期期初未分配利润的影响予以抵销，调整本期期初未分配利润的金额；然后再对本期内部购进存货进行抵销处理，其具体抵销处理程序和方法如下：

（1）将上期抵销的存货价值中包含的未实现内部销售损益对本期期初未分配利润的影响进行抵销。即按照上期内部购进存货价值中包含的未实现内部销售损益的金额，借记"未分配利润——年初"项目，贷记"营业成本"项目。

（2）对于本期发生内部购销活动的，将内部销售收入、内部销售成本及内部购进存货中未实现内部销售损益予以抵销。即按照销售企业内部销售收入的金额借记"营业收入"项目，贷记"营业成本"项目。

（3）将期末内部购进存货价值中包含的未实现内部销售损益予以抵销。对于期末内部购买形成的存货（包括上期结转形成的本期存货），应按照购买企业期末内部购入存货价值中包含的未实现内部销售损益的金额，借记"营业成本"项目，贷记"存货"项目。

（四）内部固定资产交易的抵销处理

内部固定资产交易是指企业集团内部发生交易的一方与固定资产有关的购销业务。对于企业集团内部固定资产交易，根据销售企业销售的是产品还是固定资产，可以将其划分为两种类型：第一种类型是企业集团内部企业将自身生产的产品销售给企业集团内的其他企业作为固定资产使用；第二种类型是企业集团内部企业将自身的固定资产出售给企业集团内的其他企业作为固定资产使用；此外，还有另一类型的内部固定资产交易，即企业集团内部企业将自身使用的固定资产出售给企业集团内的其他企业作为普通商品销售。这种类型的固定资产交易，在企业集团内部发生得极少，一般情况下发生的金额也不大。

在第一种类型的内部固定资产交易的情况下，即企业集团内部的母公司或子公司将自身生产的产品销售给企业集团内部的其他企业作为固定资产使用，这种类型的内部固定资产交易发生得比较多，也比较普遍。以下重点介绍这种类型的内部固定资产交易的抵销处理。

与存货的情况不同，固定资产的使用寿命较长，往往要跨越几个会计年度。对于内部交易形成的固定资产，不仅在该内部固定资产交易发生的当期需要进行抵销处理，而且在以后使用该固定资产的期间也需要进行抵销处理。固定资产在使用过程中是通过折旧的方式将其价值转移到产品价值之中，由于固定资产按原价计提折旧，在固定资产原价中包含未实现内部销售损益的情况下，每期计提的折旧费中也必然包含着未实现内部销售损益的金额，由此也需要对该内部交易形成的固定资产每期计提的折旧费进行相应的抵销处理。同样，如果购买企业对该项固定资产计提了固定资产减值准备，由于固定资产减值准备是按原价为基础进行计算确定的，在固定资产原价中包含未实现内部销售损益的情况下，对该项固定资产计提的减值准备中也必然包含着未实现内部销售损益的金额，由此也需要对该内部交易形成的固定资产计提的减值准备进行相应的抵销处理。

1. 内部交易形成的固定资产在购入当期的抵销处理

在这种情况下，购买企业购进的固定资产，在其个别资产负债表中以支付的价款作为该固定资产的原价列示，因此首先就必须将该固定资产原价中包含的未实现内部销售损益予以抵销。其次，购买企业对该固定资产计提了折旧，折旧费用计入相关资产的成本或当期损益。由于购买企业是以该固定资产的取得成本作为原价计提折旧，取得成本中包含未实现内部销售损益，在相同的使用寿命下，各期计提的折旧费要大于（或小于，下同）不包含未实现内部销售损益时计提的折旧费，因此还必须将当期多计提（或少计提，下同）的折旧额从该固定资产当期计提的折旧费用中予以抵销。其抵销处理程序如下：

（1）将与内部交易形成的固定资产相关的销售收入、销售成本以及原价中包含的未实现内部销售损益予以抵销。

（2）将内部交易形成的固定资产当期多计提的折旧费用和累计折旧予以抵销。从单个企业来说，对计提折旧进行会计处理时，一方面增加当期的费用或计入相关资产的成本，另一方面形成累计折旧。因此，对内部交易形成的固定资产当期多计提的折旧费抵销时，应按当期多计提的折旧额，借记"固定资产——累计折旧"项目，贷记"管理费用"等项目（为便于理解，本节有关内部交易形成的固定资产多计提的折旧费的抵销，均假定该固定资产为购买企业的管理用固定资产，通过"管理费用"项目进行抵销）。

【例3-6】 S公司以1 500万元的价格将其生产的产品销售给A公司，其销售成本为1 350万元。因该内部固定资产交易实现的销售利润150万元。A公司购买该产品作为管理用固定资产使用，按1 500万元入账。假设A公司对该固定资产按3年的使用寿命采用年限平均法计提折旧，预计净残值为0。该固定资产交易时间为20×7年1月1日，本章为简化抵销处理，假定A公司该内部交易形成的固定资产按12个月计提折旧。

本例有关抵销处理如下：

（13）与该固定资产相关的销售收入、销售成本以及原价中包含的未实现内部销售损益的抵销。

借：营业收入 15 000 000
　　贷：营业成本 13 500 000
　　　　固定资产——原价 1 500 000

（14）该固定资产当期多计提折旧额的抵销。

该固定资产折旧年限为3年，原价为1 500万元，预计净残值为0，当年计提的折旧额为500万元，而按抵销其原价中包含的未实现内部销售损益后的原价计提的折旧额为450万元，当期多计提的折旧额为50万元。本例中应当按50万元分别抵销管理费用和累计折旧。

借：固定资产——累计折旧　　　　　　　　　　　　　　　　　500 000
　　贷：管理费用　　　　　　　　　　　　　　　　　　　　　　　　500 000

通过上述抵销分录，在合并工作底稿中固定资产累计折旧额减少 50 万元，管理费用减少 50 万元，在合并财务报表中该固定资产的累计折旧为 450 万元，该固定资产当期计提的折旧费为 450 万元。

其合并工作底稿如表 3-4 所示。

2. 内部交易形成的固定资产在以后会计期间的抵销处理

在以后会计期间该内部交易形成的固定资产仍然以原价在购买企业的个别资产负债表中列示，因此必须将原价中包含的未实现内部销售损益的金额予以抵销；相应地销售企业以前会计期间由于该内部交易实现销售利润，形成销售当期的净利润的一部分并结转到以后会计期间，在其个别所有者权益变动表中列示，由此必须将期初未分配利润中包含的该未实现内部销售损益予以抵销，以调整期初未分配利润的金额。即按照原价中包含的未实现内部销售损益的金额，借记"未分配利润——年初"项目，贷记"固定资产——原价"项目。

其次，对于该固定资产在以前会计期间计提折旧而形成的期初累计折旧，由于将以前会计期间按包含未实现内部销售损益的原价为依据而多计提折旧的抵销，一方面必须按照以前会计期间累计多计提的折旧额抵销期初累计折旧；另一方面由于以前会计期间累计折旧抵销而影响到期初未分配利润，因此还必须调整期初未分配利润的金额。即按以前会计期间抵销该内部交易形成的固定资产多计提的累计折旧额，借记"固定资产——累计折旧"项目，贷记"未分配利润——年初"项目。

最后，该内部交易形成的固定资产在本期仍然计提了折旧，由于多计提折旧导致本期有关资产或费用项目增加并形成累计折旧，为此，一方面必须将本期多计提折旧而计入相关资产的成本或当期损益的金额予以抵销；另一方面将本期多计提折旧而形成的累计折旧额予以抵销。即按本期该内部交易形成的固定资产多计提的折旧额，借记"固定资产——累计折旧"项目，贷记"管理费用"等项目。

3. 内部交易形成的固定资产在清理期间的抵销处理

对于销售企业来说，因该内部交易实现的利润，作为期初未分配利润的一部分结转到以后的会计期间，直到购买企业对该内部交易形成的固定资产进行清理的会计期间为止。从购买企业来说，对内部交易形成的固定资产进行清理的期间，在其个别财务报表中表现为固定资产价值的减少；该固定资产清理收入减去该固定资产账面价值以及有关清理费用后的余额，则在其个别利润表中以营业外收入（或营业外支出）项目列示。

在这种情况下，购买企业内部交易形成的固定资产实体已不复存在，包含未实现内部销售损益在内的该内部交易形成的固定资产的价值已全部转移到用其加工的产品价值或各期损益中去了，因此不存在未实现内部销售损益的抵销问题。从整个企业集团来说，随着该内部交易形成的固定资产的使用寿命届满，其包含的未实现内部销售损益也转化为已实现利润。但是，由于销售企业因该内部交易所实现的利润，作为期初未分配利润的一部分结转到购买企业对该内部交易形成的固定资产进行清理的会计期间为止，为此，必须调整期初未分配利润。另外，在固定资产进行清理的会计期间，如果仍计提了折旧，本期计提的折旧费中仍然包含多计提的折旧额，因此需要将多计提的折旧额予以抵销。

在第二种类型的内部固定资产交易的情况下，即企业集团内部企业将其自用的固定资产出售给集团内部的其他企业。对于销售企业来说，在其个别资产负债表中表现为固定资产的减少，同时在其个别利润表中表现为固定资产处置损益，当处置收入大于该固定资产账面价值时，表现为本期营业外收入；当处置收入小于固定资产账面价值时，则表现为本期营业外支出。对于购买企业来说，在其个别资产负债表中则表现为固定资产的增加，其固定资产原价中既包含该固定资产在原销售企业中的账面价值，也包含销售企业因该固定资产出售所实现的损益。但从整个企业集团来看，这一交易属于集团内部固定资产调拨性质，它既不能产生收益，也不会发生损失，固定资产既不能增值也不会减值。因此，必须将销售企业因该内部交易所实现的固定资产处置损益予以抵销，同时将购买企业固定资产原价中包含的未实现内部销售损益的金额予以抵销。通过抵销后，使其在合并财务报表中该固定资产原价仍然以销售企业的原账面价值反映。

【例 3-7】　假设 A 公司将其账面价值为 650 万元某项固定资产以 600 万元的价格出售给 S 公司仍作为管理用固定资产使用。A 公司因该内部固定资产交易发生处置损失 50 万元。假设 S 公司以 600 万元作为该项固定资产的成本入账，S 公司对该固定资产按 5 年的使用寿命采用年限平均法计提折旧，预计净残值为 0。该固定资产交易时间为 20×7 年 6 月 29 日，S 公司该内部交易固定资产 20×7 年按 6 个月计提折旧。

本例有关抵销处理如下：

（15）该固定资产的处置损失与固定资产原价中包含的未实现内部销售损益的抵销。

借：固定资产——原价　　　　　　　　　　　　　　　　　　　　　500 000

　　贷：营业外支出　　　　　　　　　　　　　　　　　　　　　　　500 000

（16）该固定资产当期少计提折旧额的抵销。

该固定资产折旧年限为 5 年，原价为 600 万元，预计净残值为 0。20×7 年计提的折旧额为 60 万元，而按抵销其原价中包含的未实现内部销售损益后的原价计提的折旧额为 65 万元，当期少计提的折旧额为 5 万元。本例中应当按 5 万元分别抵销管理费用和累计折旧。

借：管理费用　　　　　　　　　　　　　　　　　　　　　　　　　　50 000

　　贷：固定资产——累计折旧　　　　　　　　　　　　　　　　　　　50 000

通过上述抵销分录，在合并工作底稿中固定资产累计折旧额增加 5 万元，管理费用增加 5 万元，在合并财务报表中该固定资产的累计折旧为 65 万元，该固定资产当期计提的折旧费为 65 万元。

其合并工作底稿如表 3-4 所示。

在连续编制合并财务报表时，应编制的抵销分录为：

借：未分配利润——年初　　　　　　　　　　　　　　　　　　　　　50 000

　　贷：固定资产——累计折旧　　　　　　　　　　　　　　　　　　　50 000

四、母公司在报告期内增减子公司在合并资产负债表中的反映

（一）母公司在报告期内增加子公司在合并资产负债表中的反映

母公司因追加投资等原因控制了另一个企业即实现了企业合并。根据《企业会计准则第 20 号——企业合并》的规定，企业合并形成母子公司关系的，母公司应当编制合并日或购买日的合并资产负债表。在企业合并发生当期的期末和以后会计期间，母公司应当根据合并报表准则的规定编制合并资产负债表。合并报表准则规定，在编制合并资产负债表时，应当区分同一控制下的企业合并增加的子公司和非同一控制下的企业合并增加的子公司两种情况。

（1）因同一控制下企业合并增加的子公司，编制合并资产负债表时，应当调整合并资产负债表的期初数。

（2）因非同一控制下企业合并增加的子公司，不应当调整合并资产负债表中的期初数。

（二）母公司在报告期内处置子公司在合并资产负债表中的反映

在报告期内，如果母公司失去了决定被投资单位的财务和经营政策的能力，不再能够从其经营活动中获取利益，则母公司不再控制被投资单位，被投资单位从本期开始不再是母公司的子公司，即母公司在报告期内处置子公司。母公司处置子公司可能因绝对或相对持股比例变化所产生的，如降低投资比例，也可能由于其他原因不再控制原先的子公司。比如，子公司被政府、人民法院等接管，母公司就失去了对该子公司的控制权。失去控制权也可能由于合同约定所导致，比如，通过法定程序修改原先的子公司的公司章程，限制了母公司对其财务和经营政策的主导权力，使母公司不能再单方面控制该子公司，原先的子公司从处置日开始不再是子公司，不应继续将其纳入合并财务报表的合并范围。

合并报表准则规定，母公司在报告期内处置子公司，编制合并资产负债表时，不应当调整合并资产负债表的期初数。

五、合并资产负债表的编制

为了便于理解和掌握合并资产负债表编制方法，了解合并资产负债表编制的过程，现就本节中合并资产负债表的编制举例综合说明如下：

【例 3-8】 沿用【例 3-1】、【例 3-2】、【例 3-3】、【例 3-4】、【例 3-5】、【例 3-6】和【例 3-7】。A 公司和 S 公司 20×7 年 12 月 31 日的个别资产负债表分别如表 3-2 和表 3-3 所示。

根据上述资料，A 公司首先应当设计合并工作底稿（表 3-4），将 A 公司、S 公司个别资产负债表的数据录入合并工作底稿，并计算资产负债表各项目的合计金额。其次，编制调整分录，按照 A 公司备查簿中所记录的 S 公司各项可辨认资产、负债及或有负债在购买日的公允价值的资料（表 3-1）调整 S 公司的财务报表，将 S 公司的财务报表调整成以购买日可辨认资产、负债及或有负债的公允价值为基础编制的财务报表，

再按照权益法调整 A 公司对 S 公司的长期股权投资。最后，编制抵销分录，将 A 公司与 S 公司之间的内部交易对合并资产负债表的影响予以抵销。

六、合并资产负债表的格式

合并资产负债表格式综合考虑了企业集团中一般工商企业和金融企业（包括商业银行、保险公司和证券公司等）的财务状况列报的要求，与个别资产负债表的格式基本相同，主要增加了四个项目：一是在"无形资产"项目之下增加了"商誉"项目，用于反映非同一控制下企业合并中取得的商誉，即在控股合并下母公司对子公司的长期股权投资（合并成本）大于其在购买日子公司可辨认净资产公允价值份额的差额。二是在所有者权益项目下增加了"归属于母公司所有者权益合计"项目，用于反映企业集团的所有者权益中归属于母公司所有者权益的部分，包括实收资本（或股本）、资本公积、库存股、盈余公积、未分配利润和外币报表折算差额等项目的金额。三是在所有者权益项目下，增加了"少数股东权益"项目，用于反映非全资子公司的所有者权益中不属于母公司的份额。四是在"未分配利润"项目之后，"归属于母公司所有者权益合计"项目之前，增加了"外币报表折算差额"项目，用于反映境外经营的资产负债表折算为人民币表示的资产负债表时所发生的折算差额中归属于母公司所有者权益的部分。合并资产负债表的一般格式如表 3-5 所示。

表 3-5　合并资产负债表

编制单位：A 公司　　　　　　　　20×7 年 12 月 31 日　　　　　　　　会合 01 表
单位：万元

资产	期末余额	年初余额	负债和所有者权益	期末余额	年初余额
流动资产：			流动负债：		
货币资金	7 500		短期借款		
结算备付金			向中央银行借款		
拆出资金			吸收存款及同业存放		
交易性金融资产			拆入资金		
应收票据	6 500		交易性金融负债		
应收账款	10 425		应付票据	5 000	
预付账款	5 350		应付账款	15 000	
应收保费			预收账款	500	
应收分保账款			卖出回购金融资产款		
应收分保合同准备金			应付手续费及佣金		
应收利息			应付职工薪酬	5 500	
其他应收款			应交税费	4 300	
买入返售金融资产			应付利息		
存货	9 500		其他应付款		
一年内到期非流动资产			应付分保账款		

续表

资产	期末余额	年初余额	负债和所有者权益	期末余额	年初余额
其他流动资产			保险合同准备金		
流动资产合计	39 275		代理买卖证券款		
非流动资产:			代理承销证券款		
发放贷款及垫款			一年内到期的非流动负债		
可供出售金融资产	4 000		其他流动负债		
持有至到期投资	0		流动负债合计	30 300	
长期应收款			非流动负债:		
长期股权投资	8 500		长期借款	13 500	
投资性房地产			应付债券	3 000	
固定资产	31 420		长期应付款		
在建工程			专项应付款		
工程物资			预计负债		
固定资产清理			递延所得税负债		
生产性生物资产			其他非流动负债		
油气资产			非流动负债合计	16 500	
无形资产	3 150		负债合计	46 800	
开发支出			所有者权益（或股东权益）:		
商誉	600		实收资本（或股本）	20 000	
长期待摊费用			资本公积	4 400	
递延所得税资产			减：库存股		
其他非流动资产			盈余公积	5 000	
非流动资产合计	47 670		一般风险准备		
			未分配利润	6 650	
			外币报表折算差额		
			归属于母公司所有者权益合计	36 050	
			少数股东权益	4 095	
			所有者权益合计	40 145	
资产总计	86 945		负债和所有者权益总计	86 945	

第二节　合并利润表

合并利润表是综合反映母公司及其所有子公司组成的企业集团在一定会计期间经营成果的财务报表，由合并收入、费用和利润各项目组成。

一、编制合并利润表时应进行抵销处理的项目

合并利润表应当以母公司和子公司的利润表为基础，在抵销母公司与子公司、子公司相互之间发生的内部交易对合并利润表的影响后，由母公司合并编制。

利润表作为以单个企业为会计主体进行会计核算的结果，分别从母公司本身和子公司本身反映其在一定会计期间经营成果。在以母子公司个别利润表为基础计算的收入和费用等项目的加总金额中，也必然包含有重复计算的因素。因此，编制合并利润表时，也需要将这些重复的因素予以剔除。

编制合并利润表时需要进行抵销处理的，主要有如下项目。

（一）内部营业收入和内部营业成本的抵销处理

内部营业收入是指企业集团内部母公司与子公司、子公司相互之间发生的商品销售（或劳务提供，下同）活动所产生的营业收入。内部营业成本是指企业集团内部母公司与子公司、子公司相互之间发生的销售商品的营业成本。

在企业集团内部母公司与子公司、子公司相互之间发生内部购销交易的情况下，母公司和子公司都从自身的角度，以自身独立的会计主体进行核算反映其损益情况。从销售企业来说，以其内部销售确认当期销售收入并结转相应的销售成本，计算当期内部销售商品损益。从购买企业来说，其购进的商品可能用于对外销售，也可能是作为固定资产、工程物资、在建工程、无形资产等资产使用。在购买企业将内部购进的商品用于对外销售时，可能出现以下三种情况：第一种情况是内部购进商品全部实现对外销售；第二种情况是内部购进的商品全部未实现销售，形成期末存货；第三种情况是内部购进的商品部分实现对外销售、部分形成期末存货。在购买企业将内部购进的商品作为固定资产、工程物资、在建工程、无形资产等资产使用时，则形成其固定资产、工程物资、在建工程、无形资产等资产。因此，对内部销售收入和内部销售成本进行抵销时，应分别不同的情况进行处理。

1. 母公司与子公司、子公司相互之间销售商品，期末全部实现对外销售

在这种情况下，从销售企业来说，销售给企业集团内其他企业的商品与销售给企业集团外部企业的情况下的会计处理相同，即在本期确认销售收入、结转销售成本、计算销售商品损益，并在其个别利润表中反映；对于购买企业来说，一方面要确认向企业集团外部企业的销售收入，另一方面要结转销售内部购进商品的成本，在其个别利润表中分别作为营业收入和营业成本反映，并确认销售损益。这也就是说，对于同一购销业务，在销售企业和购买企业的个别利润表中都作了反映。但从整个企业集团来看，这一购销业务只是实现了一次对外销售，其销售收入只是购买企业向企业集团外部企业销售该产品的销售收入，其销售成本只是销售企业向购买企业销售该商品的成本。销售企业向购买企业销售该商品实现的收入属于内部销售收入，相应地，购买企业向企业集团外部企业销售该商品的销售成本则属于内部销售成本。因此在编制合并利润表时，就必须将重复反映的内部营业收入与内部营业成本予以抵消。

【例3-9】 假设 A 公司 20×7 年利润表的营业收入中有 17 500 万元，系向 S 公司销售

产品取得的销售收入，该产品销售成本为 15 000 万元。S 公司在本期将该产品全部售出，其销售收入为 25 000 万元，销售成本为 17 500 万元，并分别在其利润表中表示。

对此，编制合并利润表将内部销售收入和内部销售成本予以抵销时，应编制的抵销分录为：

(17)　借：营业收入　　　　　　　　　　　　　　　　　175 000 000

　　　　贷：营业成本　　　　　　　　　　　　　　　　　　175 000 000

其合并工作底稿如表 3-4 所示。

2. 母公司与子公司、子公司相互之间销售商品，期末未实现对外销售而形成存货的抵销处理

在内部购进的商品未实现对外销售的情况下，其抵销处理参见第一节有关"存货价值中包含的未实现内部销售损益的抵销处理"的内容。

3. 母公司与子公司、子公司相互之间销售商品，期末部分实现对外销售、部分形成期末存货的抵销处理

即内部购进的商品部分实现对外销售、部分形成期末存货的情况，可以将内部购买的商品分解为两部分来理解：一部分为当期购进并全部实现对外销售；另一部为当期购进但未实现对外销售而形成期末存货。【例 3-9】介绍的就是前一部分的抵销处理；【例 3-5】介绍的则是后一部分的抵销处理。

将【例 3-9】和【例 3-5】的抵销处理合在一起，就是第三种情况下的抵销处理。其抵销处理为：

借：营业收入　　　　　　　　　　　　　　　　　225 000 000

　　贷：营业成本　　　　　　　　　　　　　　　　　　225 000 000

借：营业成本　　　　　　　　　　　　　　　　　10 000 000

　　贷：存货　　　　　　　　　　　　　　　　　　　10 000 000

（二）购买企业内部购进商品作为固定资产、无形资产等资产使用时的抵销处理

企业集团内母公司与子公司、子公司相互之间将自身的产品销售给其他企业作为固定资产（作为无形资产等的处理原则类似）使用的抵销处理，参见本章第一节有关"内部交易形成的固定资产在购入当期的抵销处理"的内容。

（三）内部应收款项计提的坏账准备等减值准备的抵销处理

编制合并资产负债表时，需要将内部应收账款与应付账款相互抵销，与此相适应需要将内部应收账款计提的坏账准备予以抵销。相关抵销处理，参见本章第一节有关"应收账款与应付账款的抵销处理"的内容。

（四）内部投资收益（利息收入）和利息费用的抵销处理

企业集团内部母公司与子公司、子公司相互之间可能发生相互提供信贷，以及相互之间持有对方债券的内部交易。在内部提供信贷的情况下，提供贷款的企业（金融企业）确认利息收入，并在其利润表反映为营业收入（利息收入）；而接受贷款的企业则支付利息费用，在其利润表反映为财务费用（本章为了简化合并处理，假定所发生的利息费用全部计入当期损益，不存在资本化的情况）。在持有母公司或子公司发行的企业债券（或公司债券，下同）的情况下，发行债券的企业支付的利息费用作为财务费用处理，并在其个别利润表"财务费用"项目中列示；而持有债券的企业，将购买的债券在其个别资产负债表"持有至到期投资"（本章为简化合并处理，假定购买债券的企业将该债券投资归类为持有至到期投资）项目中列示，当期获得的利息收入则作为投资收益处理，并在其个别利润表"投资收益"项目中列示。在编制合并财务报表时，应当在抵销内部发行的应付债券和持有至到期投资等内部债权债务的同时，将内部应付债券和持有至到期投资相关的利息费用与投资收益（利息收入）相互抵销，即将内部债券投资收益与内部发行债券的利息费用相互抵销。

【例 3-10】　沿用【例 3-4】。假设 S 公司 20×7 年确认的应向 A 公司支付的债券利息费用总额为 100 万元（假定该债券的票面利率与实际利率相差较小）。

在编制合并利润表时，应将内部债券投资收益与应付债券利息费用相互抵销，其抵销分录为：

（18）借：投资收益　　　　　　　　　　　　　　　　　　1 000 000
　　　　　贷：财务费用　　　　　　　　　　　　　　　　　　　　1 000 000

其合并工作底稿如表 3-4 所示。

（五）母公司与子公司、子公司相互之间持有对方长期股权投资的投资收益的抵销处理

内部投资收益是指母公司对子公司或子公司对母公司、子公司相互之间的长期股权投资的收益，即母公司对子公司的长期股权投资在合并工作底稿中按权益法调整的投资收益，实际上就是子公司当期营业收入减去营业成本和期间费用、所得税费用等后的余额与其持股比例相乘的结果。在子公司为全资子公司的情况下，母公司对某一子公司在合并工作底稿中按权益法调整的投资收益，实际上就是该子公司当期实现的净利润。编制合并利润表时实际上是将子公司的营业收入、营业成本和期间费用视为母公司本身的营业收入、营业成本和期间费用同等看待，与母公司相应的项目进行合并，是将子公司的净利润还原为营业收入、营业成本和期间费用，也就是将投资收益还原为合并利润表中的营业收入、营业成本和期间费用处理。因此，编制合并利润表时，必须将对子公司长期股权投资收益予以抵销。

由于合并所有者权益变动表中的本年利润分配项目是站在整个企业集团角度，反映对母公司股东和子公司的少数股东的利润分配情况，因此，子公司的个别所有者权益变动表中本年利润分配各项目的金额，包括提取盈余公积、对所有者（或股东）的分配和期末未分配利润的金额都必须予以抵销。在子公司为全资子公司的情况下，子公司本期净利润就是母公司本期对子公司长期股权投资按权益法调整的投资收益。假定子公司期初未分配利润为零，子公司本期净利润就是子公司本期可供分配的利润，是本期子公司

利润分配的来源，而子公司本期利润分配［包括提取盈余公积、对所有者（或股东）的分配等］的金额与期末未分配利润的金额则是本期利润分配的结果。母公司对子公司的长期股权投资按权益法调整的投资收益正好与子公司的本年利润分配项目相抵销。在子公司为非全资子公司的情况下，母公司本期对子公司长期股权投资按权益法调整的投资收益与本期少数股东损益之和就是子公司本期净利润，同样假定子公司期初未分配利润为零，母公司本期对子公司长期股权投资按权益法调整的投资收益与本期少数股东损益之和，正好与子公司本期利润分配项目相抵销。

至于子公司个别所有者权益变动表中本年利润分配项目中的"未分配利润——年初"项目，作为子公司以前会计期间净利润的一部分，在全资子公司的情况下已全额包括在母公司以前会计期间按权益法调整的投资收益之中，从而包括在母公司按权益法调整的本期期初未分配利润之中。为此，也应将其予以抵销。从子公司个别所有者权益变动表来看，其期初未分配利润加上本期净利润就是其本期利润分配的来源；而本期利润分配和期末未分配利润则是利润分配的结果。母公司本期对子公司长期股权投资按权益法调整的投资收益和子公司期初未分配利润正好与子公司本年利润分配项目相抵销。在子公司为非全资子公司的情况下，母公司本期对子公司长期股权投资按权益法调整的投资收益、本期少数股东损益和期初未分配利润与子公司本年利润分配项目也正好相抵销。

【例 3-11】 沿用【例 3-1】，假设 A 公司和 S 公司 20×7 年度所有者权益变动表如表 3-6 所示。

S 公司为非全资子公司，A 公司拥有其 80％的股份。在合并工作底稿中 A 公司按权益法调整的 S 公司本期投资收益为 1 580（4 975×80％—2 400）万元。S 公司本期少数股东损益为 395（4 975×20％—600）万元。S 公司年初未分配利润为 0 元，S 公司本期提取盈余公积 500 万元、分派现金股利 3 000 万元、未分配利润 1 475（1 500—25）万元。为此，进行抵销处理时，应编制的抵销分录为：

（19）借：投资收益　　　　　　　　　　　　　　39 800 000
　　　　少数股东损益　　　　　　　　　　　　　9 950 000
　　　　未分配利润——年初　　　　　　　　　　　　　　0
　　　贷：提取盈余公积　　　　　　　　　　　　　5 000 000
　　　　　对所有者（或股东）的分配　　　　　　30 000 000
　　　　　未分配利润——年末　　　　　　　　　14 750 000

其合并工作底稿如表 3-4 所示。

需要说明的是，在将母公司投资收益等项目与子公司本年利润分配项目抵销时，应将子公司个别所有者权益变动表中提取盈余公积的金额全额抵销，即通过贷记"提取盈余公积"、"对所有者（或股东）的分配"和"未分配利润——年末"项目，将其全部抵销。在当期合并财务报表中不需要再将已经抵销的提取盈余公积的金额调整回来。

会企04表

单位：万元

表 3-6 所有者权益变动表（简表）

20×7年度

项目	A公司 实收资本（或股本）	资本公积	盈余公积	未分配利润	所有者权益合计	S公司 实收资本（或股本）	资本公积	盈余公积	未分配利润	所有者权益合计
一、上年年末余额	20 000	4 000	3 660	2 340	30 000	10 000	7 500	0	0	17 500
加：会计政策变更										
加：前期差错更正										
二、本年年初余额	20 000	4 000	3 660	2 340	30 000	10 000	7 500	0	0	17 500
三、本年增减变动金额（减少以"—"号填列）										
（一）净利润				13 400	13 400				5 000	5 000
（二）直接计入所有者权益的利得和损失							500			500
（三）可供出售金融资产公允价值变动净额										
（四）利润分配			1 340	−9 740	−8 400			500	−3 500	−3 000
1. 提取盈余公积			1 340	−1 340	0			500	−500	0
2. 对所有者（或股东）的分配				−8 400	−8 400				−3 000	−3 000
四、本年年末余额	20 000	4 000	5 000	6 000	35 000	10 000	8 000	500	1 500	20 000

二、母公司在报告期内增减子公司在合并利润表中的反映

（一）母公司在报告期内增加子公司在合并利润表中的反映

母公司因追加投资等原因控制了另一个企业即实现了企业合并。根据《企业会计准则第 20 号——企业合并》的规定，企业合并形成母子公司关系的，母公司应当编制合并日的合并利润表。在企业合并发生当期的期末和以后会计期间，母公司应当根据合并报表准则的规定编制合并利润表。合并报表准则规定，在编制合并利润表时，应当区分同一控制下的企业合并增加的子公司和非同一控制下的企业合并增加的子公司两种情况。

（1）因同一控制下企业合并增加的子公司，在编制合并利润表时，应当将该子公司合并当期期初至报告期末的收入、费用、利润纳入合并利润表。

（2）因非同一控制下企业合并增加的子公司，在编制合并利润表时，应当将该子公司购买日至报告期末的收入、费用、利润纳入合并利润表。

（二）母公司在报告期内处置子公司在合并利润表中的反映

母公司在报告期内处置子公司，应当将该子公司期初至处置日的收入、费用、利润纳入合并利润表。

三、合并利润表的编制

为了便于理解和掌握合并利润表编制方法，了解合并利润表编制的全过程，现就本节中合并利润表的编制举例综合说明如下：

【例 3-12】　沿用【例 3-1】、【例 3-3】、【例 3-5】、【例 3-6】、【例 3-7】、【例 3-9】、【例 3-10】和【例 3-11】。A 公司与 S 公司 20×7 年度个别利润表的资料如表 3-7 所示。

表 3-7　利润表（简表）　　　　会企 02 表
20×7 年度　　　　单位：万元

项　目	A 公司	S 公司
一、营业收入	43 500	31 500
减：营业成本	22 250	22 850
营业税金及附加	1 500	625
销售费用	75	50
管理费用	500	60
财务费用	1 500	450
资产减值损失	125	
加：公允价值变动收益（损失以"－"号填列）		
加：投资收益（损失以"－"号填列）	2 500	
二、营业利润（亏损以"－"号填列）	20 050	7 465

续表

项 目	A 公司	S 公司
加：营业外收入		
减：营业外支出	50	
三、利润总额（亏损总额以"－"号填列）	20 000	7 465
减：所得税费用	6 600	2 465
四、净利润（净亏损以"－"号填列）	13 400	5 000

根据上述资料，A 公司首先应当设计合并工作底稿（见表 3-4），将 A 公司、S 公司个别利润表的数据录入合并工作底稿，并计算利润表各项目的合计金额。其次，编制调整分录，按照 A 公司备查簿中所记录的 S 公司可辨认资产、负债及或有负债在购买日的公允价值的资料（表 3-1）调整 S 公司的财务报表，将 S 公司的财务报表调整成以购买日可辨认资产、负债及或有负债的公允价值为基础编制的财务报表，按照权益法调整 A 公司对 S 公司的长期股权投资。最后，编制抵销分录，将 A 公司与 S 公司之间的内部交易对合并利润表的影响予以抵销。

四、合并利润表基本格式

合并利润表的格式综合考虑了企业集团中一般工商企业和金融企业（包括商业银行、保险公司和证券公司）的经营成果列报的要求，与个别利润表的格式基本相同，主要增加了两个项目，即在"净利润"项目下增加"归属于母公司所有者的净利润"和"少数股东损益"两个项目，分别反映净利润中由母公司所有者所享有的份额和非全资子公司当期实现的净利润中属于少数股东权益的份额，即不属于母公司享有的份额。在属于同一控制下企业合并增加的子公司当期的合并利润表中还应在"净利润"项目之下增加"其中：被合并方在合并前实现的净利润"项目，用于反映同一控制下企业合并中取得的被合并方在合并日以前实现的净利润。合并利润表的一般格式如表 3-8 所示。

表 3-8 合并利润表　　　　　　　　　　　　　　　　　　会合 02 表

编制单位：A 公司　　　　　　　　　　20×7 年度　　　　　　　　　　单位：万元

项目	本年金额	上年金额
一、营业总收入	51 000	
其中：营业收入	51 000	
利息收入		
保费净收入		
手续费及佣金收入		
二、营业总成本	26 890	
其中：营业成本	22 250	
利息支出		
手续费及佣金支出		

续表

项 目	本年金额	上年金额
退保金		
赔付支出净额		
提取保费责任准备金净额		
保单红利支出		
分保费用		
营业税金及附加	2 125	
销售费用	125	
管理费用	540	
财务费用	1 850	
资产减值损失	0	
加：公允价值变动收益（损失以"－"号填列）		
投资收益（损失以"－"号填列）	0	
其中：对联营企业和合营企业的投资收益		
汇兑收益（损失以"－"号填列）		
三、营业利润（亏损以"－"号填列）	24 110	
加：营业外收入		
减：营业外支出	0	
其中：非流动资产处置损失		
四、利润总额（亏损总额以"－"号填列）	24 110	
减：所得税费用	9 065	
五、净利润（净亏损以"－"号填列）	15 045	
归属于母公司所有者的净利润	14 050	
少数股东损益	995	
六、每股收益		
（一）基本每股收益		
（二）稀释每股收益		

根据上述合并工作底稿（表 3-4）的合并金额，可编制该企业集团 20×7 年合并利润表（表 3-8）。

五、子公司发生超额亏损在合并利润表中的反映

合并报表准则规定，子公司少数股东分担的当期亏损超过了少数股东在该子公司期初所有者权益中所享有的份额，其余额应当分别下列情况进行处理：

（1）公司章程或协议规定少数股东有义务承担，并且少数股东有能力予以弥补的，该项余额应当冲减少数股东权益。

（2）公司章程或协议未规定少数股东有义务承担的，该项余额应当冲减母公司的所有者权益。该子公司以后期间实现的利润，在弥补了由母公司所有者权益所承担的属于少数股东的损失之前，应当全部归属于母公司的所有者权益。

第三节 合并现金流量表

合并现金流量表是综合反映母公司及其所有子公司组成的企业集团在一定会计期间现金和现金等价物流入和流出的报表。现金流量表作为一张主要报表已经为世界上一些主要国家的会计事务所采用，合并现金流量表的编制也成各国会计实务的重要内容。

现金流量表要求按照收付实现制反映企业经济业务所引起的现金流入和流出，其编制方法有直接法和间接法两种。《企业会计准则第31号——现金流量表》明确规定企业应当采用直接法列示经营活动产生的现金流量。在采用直接法的情况下，以合并利润表有关项目的数据为基础，调整得出本期的现金流入和现金流出，分为经营活动产生的现金流量、投资活动产生的现金流量、筹资活动产生的现金流量三大类，反映企业集团在一定会计期间的现金流量情况。

需要说明的是，某些现金流量在进行抵销处理后，需站在企业集团的角度，重新对其进行分类。比如，母公司持有子公司向其购买商品所开具的商业承兑汇票向商业银行申请贴现，母公司所取得现金在其个别现金流量表反映为经营活动的现金流入，在将该内部商品购销活动所产生的债权与债务抵销后，母公司向商业银行申请贴现取得的现金在合并现金流量表中应重新归类为筹资活动的现金流量列示。

合并现金流量表的编制原理、编制方法和编制程序与合并资产负债表、合并利润表的编制原理、编制方法和编制程序相同。即首先，编制合并工作底稿，将母公司和所有子公司的个别现金流量表各项目的数据全部过入同一合并工作底稿；然后根据当期母公司与子公司以及子公司相互之间发生的影响其现金流量增减变动的内部交易，编制相应的抵销分录，通过抵销分录将个别现金流量表中重复反映的现金流入量和现金流出量予以抵销；最后，在此基础上计算出合并现金流量表的各项目的合并金额，并填制合并现金流量表。

合并现金流量表补充资料，既可以以母公司和所有子公司的个别现金流量表为基础，在抵销母公司与子公司、子公司相互之间发生的内部交易对合并现金流量表的影响后进行编制，也可以直接根据合并资产负债表和合并利润表进行编制。

一、编制合并现金流量表时应进行抵销处理的项目

现金流量表作为以单个企业为会计主体进行会计核算的结果，分别从母公司本身和子公司本身反映其在一定会计期间现金流入和现金流出。在以其个别现金流量表为基础计算的现金流入和现金流出项目的加总金额中，也必然包含有重复计算的因素，因此，编制合并现金流量表时，也需要将这些重复的因素予以剔除。

编制合并现金流量表时需要进行抵销处理的项目，主要有如下项目。

（一）企业集团内部当期以现金投资或收购股权增加所产生的现金流量的抵销处理

母公司直接以现金对子公司进行的长期股权投资或以现金从子公司的其他所有者（即企业集团内的其他子公司）处收购股权，表现为母公司现金流出，在母公司个别现金流量表作为投资活动现金流出列示。子公司接受这一投资（或处置投资）时，表现为现金流入，在其个别现金流量表中反映为筹资活动的现金流入（或投资活动的现金流入）。从企业集团总体来看，母公司以现金对子公司进行的长期股权投资实际上相当于母公司将资本拨付下属核算单位，并不引起整个企业集团的现金流量的增减变动。因此，编制合并现金流量时，应当在母公司与子公司现金流量表数据简单相加的基础上，将母公司当期以现金对子公司长期股权投资所产生的现金流量予以抵销。

（二）企业集团内部当期取得投资收益收到的现金与分配股利、利润或偿付利息支付的现金的抵销处理

母公司对子公司进行的长期股权投资和债权投资，在持有期间收到子公司分派的现金股利（利润）或债券利息，表现为现金流入，在母公司个别现金流量表中作为取得投资收益收到的现金列示。子公司向母公司分派现金股利（利润）或支付债券利息，表现为现金流出，在其个别现金流量表中反映为分配股利、利润或偿付利息支付的现金。从整个企业集团来看，这种投资收益的现金收支，并不引起整个企业集团的现金流量的增减变动。因此，编制合并现金流量表时，应当在母公司与子公司现金流量表数据简单相加的基础上，将母公司当期取得投资收益收到的现金与子公司分配股利、利润或偿付利息支付的现金予以抵销。

【例 3-13】　沿用【例 3-1】和【例 3-10】。A 公司应编制的抵销分录为：

（20）借：分配股利、利润或偿付利息支付的现金　　　　　25 000 000

　　　　　贷：取得投资收益收到的现金　　　　　　　　　　　　　25 000 000

其合并工作底稿如表 3-4 所示。

（三）企业集团内部以现金结算债权与债务所产生的现金流量的抵销处理

母公司与子公司、子公司相互之间当期以现金结算应收账款或应付账款等债权与债务，表现为现金流入或现金流出，在母公司个别现金流量表中作为收到其他与经营活动有关的现金或支付其他与经营活动有关的现金列示，在子公司个别现金流量表中作为支付其他与经营活动有关的现金或收到其他与经营活动有关的现金列示。从整个企业集团来看，这种现金结算债权与债务，并不引起整个企业集团的现金流量的增减变动。因此，编制合并现金流量表时，应当在母公司与子公司现金流量表数据简单相加的基础上，将母公司与子公司、子公司相互之间当期以现金结算债权与债务所产生的现金流量予以抵销。

（四）企业集团内部当期销售商品所产生的现金流量的抵销处理

母公司向子公司当期销售商品（或子公司向母公司销售商品或子公司相互之间销售商品，下同）所收到的现金，表现为现金流入，在母公司个别现金流量表中作为销售商品、提供劳务收到的现金列示。子公司向母公司支付购货款，表现为现金流出，在其个别现金流量表中反映为购买商品、接受劳务支付的现金。从整个企业集团来看，这种内部商品购销现金收支，并不会引起整个企业集团的现金流量的增减变动。因此，编制合并现金流量表时，应当在母公司与子公司现金流量表数据简单相加的基础上，将母公司与子公司、子公司相互之间当期销售商品所产生的现金流量予以抵销。

【例 3-14】　沿用【例 3-4】、【例 3-5】和【例 3-9】。假设 A 公司 20×7 年向 S 公司销售商品的价款 17 500 万元中实际收到 S 公司支付的银行存款 13 000 万元，同时 S 公司还向 A 公司开具了票面金额为 2 000 万元的商业承兑汇票。S 公司 20×7 年向 A 公司销售商品 5 000 万元的价款全部收到。应编制的抵销分录为：

(21) 借：购买商品、接受劳务支付的现金　　　　　　　　180 000 000
　　　　贷：销售商品、提供劳务收到的现金　　　　　　　　　180 000 000

其合并工作底稿如表 3-4 所示。

【例 3-15】　沿用【例 3-6】。假设 S 公司 20×7 年 1 月 1 日向 A 销售商品 1 500 万元的价款全部收到。应编制的抵销分录为：

(22) 借：购建固定资产、无形资产和其他长期资产支付的现金
　　　　　　　　　　　　　　　　　　　　　　　15 000 000
　　　　贷：销售商品、提供劳务收到的现金　　　　　　　　　15 000 000

其合并工作底稿如表 3-4 所示。

（五）企业集团内部处置固定资产等收回的现金净额与购建固定资产等支付的现金的抵销处理

母公司向子公司处置固定资产等非流动资产，表现为现金流入，在母公司个别现金流量表中作为处置固定资产、无形资产和其他长期资产收回的现金净额列示。子公司表现为现金流出，在其个别现金流量表中反映为购建固定资产、无形资产和其他长期资产支付的现金。从整个企业集团来看，这种固定资产处置与购置的现金收支，并不会引起整个企业集团的现金流量的增减变动。因此，编制合并现金流量表时，应当在母公司与子公司现金流量表数据简单相加的基础上，将母公司与子公司、子公司相互之间处置固定资产、无形资产和其他长期资产收回的现金净额与购建固定资产、无形资产和其他长期资产支付的现金相互抵销。

【例 3-16】　沿用【例 3-7】。假设 A 公司向 S 公司出售固定资产的价款 600 万元全部收到。应编制的抵销分录为：

(23) 借：购建固定资产、无形资产和其他长期资产支付的现金
　　　　　　　　　　　　　　　　　　　　　　　6 000 000

　　贷：处置固定资产、无形资产和其他长期资产收回的现金　　6 000 000
其合并工作底稿如表3-4所示。

二、母公司在报告期内增减子公司在合并现金流量表中的反映

（一）母公司在报告期内增加子公司在合并现金流量表中的反映

　　母公司因追加投资等原因控制了另一个企业即实现了企业合并。根据《企业会计准则第20号——企业合并》的规定，企业合并形成母子公司关系的，母公司应当编制合并日的合并现金流量表。在企业合并发生当期的期末和以后会计期间，母公司应当根据合并报表准则的规定编制合并现金流量表。合并报表准则规定，在编制合并现金流量表时，应当区分同一控制下的企业合并增加的子公司和非同一控制下的企业合并增加的子公司两种情况。

　　（1）因同一控制下企业合并增加的子公司，在编制合并现金流量表时，应当将该子公司合并当期期初至报告期末的现金流量纳入合并现金流量表。

　　（2）因非同一控制下企业合并增加的子公司，在编制合并现金流量表时，应当将该子公司购买日至报告期末的现金流量纳入合并现金流量表。

（二）母公司在报告期内处置子公司在合并现金流量表中的反映

　　母公司在报告期内处置子公司，应将该子公司期初至处置日的现金流量纳入合并现金流量表。

三、合并现金流量表中有关少数股东权益项目的反映

　　合并现金流量表编制与个别现金流量表相比，一个特殊的问题就是在子公司为非全资子公司的情况下，涉及子公司与其少数股东之间的现金流入和现金流出的处理问题。

　　对于子公司与少数股东之间发生的现金流入和现金流出，从整个企业集团来看，也影响到其整体的现金流入和流出数量的增减变动，必须在合并现金流量表中予以反映。子公司与少数股东之间发生的影响现金流入和现金流出的经济业务包括：少数股东对子公司增加权益性投资、少数股东依法从子公司中抽回权益性投资、子公司向其少数股东支付现金股利或利润等。为了便于企业集团合并财务报表使用者了解掌握企业集团现金流量的情况，有必要将与子公司少数股东之间的现金流入和现金流出的情况单独予以反映。

　　对于子公司的少数股东增加在子公司中的权益性投资，在合并现金流量表中应当在"筹资活动产生的现金流量"之下的"吸收投资收到的现金"项目下"其中：子公司吸收少数股东投资收到的现金"项目反映。

　　对于子公司向少数股东支付现金股利或利润，在合并现金流量表中应当在"筹资活动产生的现金流量"之下的"分配股利、利润或偿付利息支付的现金"项目下"其中：子公司吸收少数股东投资收到的现金"项目反映。

对于子公司的少数股东依法抽回在子公司中的权益性投资，在合并现金流量表应当在"筹资活动产生的现金流量"之下的"支付其他与筹资活动有关的现金"项目反映。

四、合并现金流量表的编制

为了便于理解和掌握合并现金流量表编制方法，了解合并现金流量表编制的全过程，现就本节中合并现金流量表的编制举例综合说明如下：

【例3-17】　沿用【例3-13】、【例3-14】、【例3-15】和【例3-16】。A公司与S公司20×7年度个别现金流量表的资料如表3-9所示。

根据上述资料，A公司首先应当设计合并工作底稿（表3-4），将A公司、S公司个别现金流量表的数据录入合并工作底稿，并计算现金流量表各项目的合计金额。其次，编制抵销分录，将A公司与S公司之间的内部交易对合并现金流量表的影响予以抵销。

表3-9　现金流量表（简表）　　　　　　　　　　　会企03表

20×7年度　　　　　　　　　　　　　　　　　　单位：万元

项目	A公司	S公司
一、经营活动产生的现金流量：		
销售商品、提供劳务收到的现金	38 375	29 950
收到的税收返还		
收到其他与经营活动有关的现金		
经营活动现金流入小计	38 375	29 950
购买商品、接受劳务支付的现金	7 100	15 850
支付给职工以及为职工支付现金	5 500	1 250
支付的各种税费	9 100	3 790
支付其他与经营活动有关的现金	225	110
经营活动现金流出小计	21 925	21 000
经营活动产生的现金流量净额	16 450	8 950
二、投资活动产生的现金流量：		
收回投资收到的现金		
取得投资收益收到的现金	2 500	
处置固定资产、无形资产和其他长期资产收回的现金净额	600	
处置子公司及其他营业单位收到的现金净额		
收到其他与投资活动有关的现金		
投资活动现金流入小计	3 100	
购建固定资产、无形资产和其他长期资产支付的现金	4 650	4 500
投资支付的现金		

续表

项目	A公司	S公司
取得子公司及其他营业单位支付的现金净额	15 000	
支付其他与投资活动有关的现金		
投资活动现金流出小计	19 650	4 500
投资活动产生的现金流量净额	−16 550	−4 500
三、筹资活动产生的现金流量：		
吸收投资收到的现金		
取得借款收到的现金		
收到其他与筹资活动有关的现金		
筹资活动现金流入小计		
偿还债务支付的现金		
分配股利、利润或偿付利息支付的现金	9 900	3 450
支付其他与筹资活动有关的现金		
筹资活动现金流出小计	9 900	3 450
筹资活动产生的现金流量净额	−9 900	−3 450
四、汇率变动对现金的影响额		
五、现金及现金等价物净增加额	−10 000	1 000
加：年初现金及现金等价物余额	15 000	1 500
六、年末现金及现金等价物余额	5 000	2 500

五、合并现金流量表格式

合并现金流量表的格式综合考虑了企业集团中一般工商企业和金融企业（包括商业银行、保险公司和证券公司）的现金流入和现金流出列报的要求，与个别现金流量表的格式基本相同，主要增加了反映金融企业行业特点和经营活动现金流量项目。合并现金流量表的一般格式如表3-10所示。

根据上述合并工作底稿（表3-4）的合并金额，可编制该企业集团20×7年度合并现金流量表（表3-10）。

表3-10　合并现金流量表　　　　　　　　　　　　　　　会企03表

编制单位：A公司　　　　　　　　　　20×7年度　　　　　　　　　　单位：万元

项　目	本年金额	上年金额
一、经营活动产生现金流量：		
销售商品、提供劳务收到的现金	48 825	
客户存款和同业存放款项净增加额		
向中央银行借款净增加额		

续表

项 目	本年金额	上年金额
向其他金融机构拆入资金净增加额		
收到原保险合同保费取得的现金		
收到再保险业务现金净额		
保户储金及投资款净增加额		
处置交易性金融资产净增加额		
收到利息、手续费及佣金净增加额		
拆入资金净增加额		
回购业务资金净增加额		
收到的税费返还		
收到其他与经营活动有关的现金		
经营活动现金流入小计	48 825	
购买商品、接受劳务支付的现金	4 950	
客户贷款及垫款净增加额		
存放中央银行和同业款项净增加额		
支付原保险合同赔付款项的现金		
支付利息、手续费及佣金的现金		
支付保单红利的现金		
支付给职工以及为职工支付的现金	6 750	
支付的各项税费	12 890	
支付其他与经营活动有关的现金	335	
经营活动现金流出小计	24 925	
经营活动产生的现金流量净额	23 900	
二、投资活动产生的现金流量：		
收回投资收到的现金		
取得投资收益收到的现金	0	
处置固定资产、无形资产和其他长期资产收回的现金净额	0	
处置子公司及其他营业单位收到的现金净额		
收到其他与投资活动有关的现金		
投资活动现金流入小计	0	
购建固定资产、无形资产和其他长期资产支付的现金	7 050	
投资支付的现金		
质押贷款净增加额		
取得子公司及其他营业单位支付的现金净额	15 000	
支付其他与投资活动有关的现金		

续表

项　目	本年金额	上年金额
投资活动现金流出小计	22 050	
投资活动产生的现金流量净额	−22 050	
三、筹资活动产生的现金流量：		
吸收投资收到的现金		
其中：子公司吸收少数股东投资收到的现金		
取得借款收到的现金		
发行债券收到的现金		
收到其他与投资活动有关的现金		
筹资活动现金流入小计		
偿还债务支付的现金		
分配股利、利润或偿付利息支付的现金	10 850	
其中：子公司支付给少数股东的股利、利润	600	
支付其他与筹资活动有关的现金		
筹资活动现金流出小计	10 850	
筹资活动产生的现金流量净额	−10 850	
四、汇率变动对现金的影响		
五、现金及现金等价物净增加额	−9 000	
加：年初现金及现金等价物余额	16 500	
六、年末现金及现金等价物余额	7 500	

第四节　合并所有者权益变动表

　　合并所有者权益变动表是反映构成企业集团所有者权益的各组成部分当期的增减变动情况的财务报表。

　　合并报表准则规定，合并所有者权益变动表应当以母公司和子公司的所有者权益变动表为基础，在抵销母公司与子公司、子公司相互之间发生的内部交易对合并所有者权益变动表的影响后，由母公司合并编制。合并所有者权益变动表也可以根据合并资产负债表和合并利润表进行编制。

　　所有者权益变动表作为以单个企业为会计主体进行会计核算的结果，分别从母公司本身和子公司本身反映其在一定会计期间所有者权益构成及其变动情况。在以母子公司个别所有者权益变动表为基础计算的各所有者权益构成项目的加总金额中，也必然包含重复计算的因素，因此，编制合并所有者权益变动表时，也需要将这些重复的因素予以剔除。

编制单位：A公司

合合04表

单位：万元

表3-11　合并所有者权益变动表

20×7年度

项目	本年金额 归属于母公司所有者权益 实收资本（或股本）	资本公积	减：库存股	盈余公积	一般风险准备	未分配利润	其他	少数股东权益	所有者权益合计	上年金额 归属于母公司所有者权益 实收资本（或股本）	资本公积	减：库存股	盈余公积	一般风险准备	未分配利润	其他	少数股东权益	所有者权益合计
一、上年年末余额	20 000	4 000		3 660		2 340			30 000									
加：会计政策变更								3 600	3 600									
加：前期差错更正																		
二、本年年初余额	20 000	4 000		3 660		2 340		3 600	33 600									
三、本年增减变动金额（减少以"—"号填列）		400		1 340		4 310		495	6 545									
（一）净利润						14 050		995	15 045									
（二）直接计入所有者权益的利得和损失		400						100	500									
1. 可供出售金融资产公允价值变动净额								100	100									
2. 权益法下被投资单位其他所有者权益变动的影响		400						400	400									
3. 与计入所有者权益项目相关的所得税影响																		
4. 其他																		

续表

项目	本年金额									上年金额								
	归属于母公司所有者权益							少数股东权益	所有者权益合计	归属于母公司所有者权益							少数股东权益	所有者权益合计
	实收资本（或股本）	资本公积	减：库存股	盈余公积	一般风险准备	未分配利润	其他			实收资本（或股本）	资本公积	减：库存股	盈余公积	一般风险准备	未分配利润	其他		
上述（一）和（二）小计		400				14 050		1 095	15 545									
（三）所有者投入和减少资本																		
1. 所有者投入资本																		
2. 股份支付计入所有者权益金额																		
3. 其他																		
（四）利润分配				1 340		-9 740		-600	-9 000									
1. 提取盈余公积				1 340		-1 340												
2. 提取一般风险准备																		
3. 对所有者（或股东）的分配						-8 400		-600	-9 000									
4. 其他																		
（五）所有者权益内部结转																		
1. 资本公积转增资本（或股本）																		
2. 盈余公积转增资本（或股本）																		
3. 盈余公积弥补亏损																		
4. 其他																		
四、本年末余额	20 000	4 400		5 000		6 650		4 095	40 145									

编制合并所有者权益变动表时需要进行抵销处理的项目，主要有如下项目：①母公司对子公司的长期股权投资与母公司在子公司所有者权益中所享有的份额相互抵销，其抵销处理参见本章第一节有关"长期股权投资与子公司所有者权益的抵销处理"的内容；②母公司与子公司、子公司相互之间持有对方长期股权投资的投资收益应当抵销等，其抵销处理参见本章第二节"母公司与子公司、子公司相互之间持有对方长期股权投资的投资收益抵销处理"的内容。

一、合并所有者权益变动表的编制

为了便于理解和掌握合并所有者权益变动表编制方法，了解合并所有者权益变动表编制的全过程，现就本节中合并所有者权益变动表的编制举例综合说明如下：

【例3-18】 沿用【例3-1】和【例3-11】。A公司与S公司20×7年度个别所有者权益变动表如表3-6所示。

根据上述资料，A公司首先应当设计合并工作底稿（表3-4），将A公司、S公司个别所有者权益变动表的数据录入合并工作底稿，并计算所有者权益变动各项目的合计金额。其次，编制抵销分录，将A公司与S公司之间的内部交易对所有者权益变动表的影响予以抵销。

二、合并所有者权益变动表格式

合并所有者权益变动表的格式与个别所有者权益变动表的格式基本相同。所不同的只是在子公司存在少数股东的情况下，合并所有者权益变动表增加"少数股东权益"栏目，用于反映少数股东权益变动的情况。合并所有者权益变动表的一般格式如表3-11所示。

复习思考题

【简答题】

1. 首次编制合并资产负债表、合并利润表是有哪些企业集团内部经济往来业务需要抵销？为什么？如何进行抵销？

2. 以后各期编制合并资产负债表、合并利润表是有哪些企业集团内部经济往来业务需要抵销？为什么？如何进行抵销？

3. 合并商誉是怎样产生的？应如何处理？

4. 编制合并现金流量表、合并所有者权益变动表时需要抵销哪些项目？

【计算分析题】

A股份有限公司（以下简称A公司）于20×7年1月1日以货币资金投资7 100万元，取得B公司90％的股权。A公司和B公司所得税均采用债务法核算，适用的所得税税率均为33％。A公司和B公司属于非同一控制下的两个公司，均按净利润的10％提取法定盈余公积。有关资料如下：

(1) 20×7 年 1 月 1 日，B 公司账面股东权益为 7 700 万元，其中股本为 5 000 万元，资本公积为 700 万元，盈余公积 200 万元，未分配利润 1 800 万元。

20×7 年 1 月 1 日，B 公司除一台固定资产和一项无形资产的公允价值和账面价值不同外，其他资产和负债的公允价值与账面价值相同。该项固定资产的公允价值为 500 万元，账面价值为 300 万元，预计尚可使用年限为 10 年，采用年限平均法计提折旧，无残值；该项无形资产的公允价值为 300 万元，账面价值为 200 万元，预计尚可使用年限为 5 年，采用直线法摊销，无残值。20×7 年 1 月 1 日，B 公司可辨认净资产的公允价值为 8000 万元。

(2) 20×7 年和 20×8 年 B 公司有关资料如下：

20×7 年实现净利润 340 万元，分派 20×6 年现金股利 100 万元；20×8 年实现净利润 440 万元，分派 20×7 年现金股利 200 万元，20×8 年 12 月 1 日出租的一项投资性房地产采用公允价值进行后续计量，其公允价值大于账面价值的差额为 100 万元。除上述事项外，B 公司的所有者权益未发生其他增减变化。

要求：

(1) 在合并财务报表中分别编制 20×7 年和 20×8 年对子公司个别报表进行调整的会计分录，假定合并日固定资产、无形资产的公允价值与账面价值的差额均通过"资本公积"调整。

(2) 分别编制 20×7 年和 20×8 年母公司按权益法进行调整的会计分录。

(3) 分别编制 20×7 年和 20×8 年与合并财务报表有关的抵销分录。

第四章

合伙企业会计

本章主要介绍了合伙企业的概念、特征和种类，合伙企业的会计处理及清算。

重要概念：合伙企业　合伙企业会计　经营核算

第一节　合伙企业概述

一、合伙企业的概念

（一）民法上的合伙概念

合伙制度起源于罗马法。在罗马法上，合伙是一种合意契约，根据该契约，两人以上相互承担义务将物品或者劳作集中在一起，以实现某一合法的且具有共同功利的目的。

法国民法典将合伙定义为："合伙，为二人或数人约定以财产或技艺共集一处，以便分享由此产生的利益及自经营所得利益的契约"。

德国民法典将合伙定义为："根据合伙合同，各个合伙人互相负有以由合同规定的方式促进达到共同目的，特别是提供约定的出资的义务"。

（二）商法上的合伙概念

在民商分立的大陆法国家，存在着民事合伙与商事合伙之分。英美法不存在民事合伙的概念，凡是合伙均属于商事合伙，由单行法专门规定。

商事合伙不同于民事合伙之处在于：

（1）商事合伙必须以盈利为目的，而民事合伙则不必以盈利为目的；

（2）商事合伙必须从事商业活动并达到一定的程度和规模，而民事合伙则不一定以经商为业或者不以经商为主业或者常业；

（3）商事合伙必须拥有自己的商号，并且在商号的名义下进行活动，而民事合伙则不受此限制。

由此可见，商事合伙的团体人格比民事合伙更为重要和显著。

现代商法是从"商事组织"的角度认识合伙的，其有关合伙的法律制度要贯彻"强化企业组织"的原则。这种实用主义的思维方法，与传统民法着眼合伙的契约性质，并由"合伙是契约"而推论"合伙无人格"的思维方法显然是不同的。因此，在现代商法上，合伙作为商事组织的一种，其法律上的团体人格得到了越来越充分的重视。

当然合伙的团体人格与法人的团体人格有所不同。法人的团体人格与法人成员的个人人格是完全分开的。一个股份公司可以完全不受其股东变动（增减、更换和死亡等）的影响。股东对公司债务负有有限责任，因而针对公司的诉讼程序或者破产程序不直接涉及股东。而合伙的团体人格没有与合伙成员的个人人格完全分开。合伙人变动对合伙的人格存续有着直接的影响。合伙人对合伙债务负无限责任，因而，针对合伙的诉讼和破产程序直接涉及各合伙人。

由于合伙组织形式简单，集资迅速灵活，创办手续简便且费用很低；合伙内部关系紧密，成员较稳定，内部凝聚力较强；合伙人负无限责任，虽增大了个人风险，但有利于刺激合伙成员的责任心和巩固合伙组织的信用；合伙不是纳税主体，也较少受政府的干预和法规限制，所以合伙成为一种经久不衰和广受欢迎的企业模式。在现代，合伙不仅是个人集资创办企业的形式，而且是企业之间联合经营的形式。在一些发达国家，合伙被广泛运用于企业间的商事联合体。在我国《民法通则》中，不仅个人合伙得到了肯定，而且合伙型联营体也获得了承认。

合伙企业，是指依照本法在中国境内设立的由各合伙人订立合伙协议，共同出资、合伙经营、共享收益、共担风险，并对合伙企业债务承担无限连带责任的营利性组织。

合伙企业的设立，是指准备设立合伙企业的人员依照法律规定的条件和程序向合伙企业登记机关申请设立合伙企业的行为。设立合伙企业应当具备一定的条件，为此《中华人民共和国合伙企业法》（以下简称《合伙企业法》）规定：设立合伙企业，应当具备下列条件：

（1）有两个以上合伙人，并且都是依法承担无限责任者；

（2）有书面合伙协议；

（3）由各合伙人实际缴付的出资；

（4）有合伙企业的名称；

（5）有经营场所和从事合伙经营的必要条件。

同时合伙人应当为具有完全民事行为能力的人。

法律、行政法规禁止从事营利性活动的人，不得成为合伙企业的合伙人。

为了防止国有企业或上市公司参与合伙而承担无限连带责任，给国家和公共利益造成损失，《合伙企业法》规定：国有独资企业、国有企业、上市公司以及公益性的事业单位、社会团体不得成为普通合伙人。

二、合伙企业的特征

1. 书面合伙协议

合伙协议是合伙企业成立前合伙人之间就合伙有关事项协商一致订立的、用以调整合伙人之间关系，规范企业及合伙人行为规则的基本文件。

合伙协议是合伙企业设立的基础，是合伙企业最重要的法律文件，也是确定合伙人之间 权利义务关系的基本依据。合伙协议应当载明：合伙企业的名称和主要经营场所的地点；合伙目的和合伙企业的经营范围；合伙人的姓名及其住所；合伙人出资的方式、数额和缴付出资的期限；利润分配和亏损分担办法；合伙企业事务的执行；入伙与退伙；合伙企业的解散与清算；违约责任。合伙协议可以载明合伙企业的经营期限和合伙人争议的解决方式。

2. 无限责任

合伙企业的合伙人对合伙企业债务承担的是无限责任，即当合伙人投入企业的资产不足于偿付债务时，合伙人还要以自己其他的资产来继续偿付，直至偿清为止，如其财产仍不足以偿付债务的，要引起合伙人的破产。

3. 共同出资、合伙经营、共享收益、共担风险

共同出资，即各合伙人必须按照协议规定的比例向企业投入经营资本，以保证企业经营的正常需要。合伙经营，是指各合伙人都要平等地参与企业经营。共享收益和共担风险，合伙企业的利润和亏损，由合伙人依照合伙协议约定的比例分配和分担；合伙协议未约定利润分配和亏损分担比例的，由各合伙人平均分配和分担。

4. 互为代理

各合伙人对执行合伙企业事务享有同等的权利，可以由全体合伙人共同执行合伙企业事务，也可以由合伙协议约定或者全体合伙人决定，委托一名或者数名合伙人执行合伙企业事务。执行合伙企业事务的合伙人，对外代表合伙企业。由一名或者数名合伙人执行合伙企业事务的，应当依照约定向其他不参加执行事务的合伙人报告事务执行情况以及合伙企业的经营状况和财务状况，其执行合伙企业事务所产生的收益归全体合伙人，所产生的亏损或者民事责任，由全体合伙人承担。

5. 无合伙企业所得税

合伙企业对其经营所得和其他所的不缴纳所得税。按照国家有关税收规定，合伙企业的净收益被分配后成为为各合伙人的应税收入。

三、合伙的种类

（一）普通合伙

普通合伙就是全体合伙人共同出自、共同经营、共享利润和共负亏损，全体合伙人对合伙债务承担无限责任的合伙。我国《合伙企业法》在"普通合伙企业"中增加了"特殊的普通合伙"，即有限责任合伙，限定了特殊普通合伙人免除连带责任的范围。一个合伙人或者数个合伙人在执业活动中因故意或者重大过失造成合伙企业债务的，应当

承担无限责任或者无限连带责任，其他合伙人以其在合伙企业中的财产份额为限承担责任。合伙人在执业活动中非因故意或者重大过失造成的合伙企业债务以及合伙企业其他债务，由全体合伙人承担无限连带责任。由于特殊普通合伙限定了合伙人对合伙企业债务承担无限责任的范围，客观上需要增加对客户和第三人的补充保护制度。为此，特殊普通合伙企业应当建立执业风险基金、办理职业保险制度，用于偿付由合伙人执业活动造成的债务。

（二）有限合伙

有限合伙指由普通合伙人和有限合伙人组成的合伙，普通合伙人对合伙企业债务承担无限连带责任，有限合伙人以其认缴的出资额为限对合伙企业债务承担责任。

有限合伙，是一名以其中普通合伙人执行合伙事务，对外代表合伙组织，并对合伙债务承担无限责任。有限合伙人不执行合伙事务，不对外代表合伙组织，只按出资比例分享利润和分担亏损，并仅以出资额为限对合伙债务承担清偿责任。有限合伙是英美法上的一种独立的合伙形态。其优点是：

（1）企业由少数普通合伙人经营管理并承担无限责任，可以保持合伙组织的结构简单、管理费用低、内部关系紧密和决策效率高等特点。

（2）能够以有限责任吸引他人入伙，有利于广开资金来源，扩大企业规模，这是优于普通合伙之处。所以，有限合伙有利于在保持合伙企业原有内部关系稳定的前提下吸收新的投资，扩大经营规模，同时也可以鼓励那些不愿承担无限责任的人向合伙企业投资，是一种有利于中小企业发展壮大的企业形式。

第二节　合伙企业的初始投资与经营核算

一、合伙企业的初始投资

（一）权益账户的设置

合伙企业与公司在会计上的最大区别在于对所有者权益的处理上。为了保护债权人的合法权益，公司的股东权益分为股本、资本公积和留存收益。合伙企业则为无限责任企业，法律对合伙企业的利润分配也没有限制，只要合伙人同意，合伙人可随意抽出资本，不受法律的约束。

相对于公司，合伙企业会计在净收益或净损失的分配以及权益分类账户的持续记录上有所不同。尽管每个合伙人只用一个权益账户就可能保持合伙企业的会计记录，但通常的做法是设置三种类型的会计账户。这些所有者权益账户包括："资本"账户、"提款"账户和"借款"或"贷款"账户。

每位合伙人的原始投资都借记资产账户，贷记由合伙企业承担的负债，并以投入的净资产（资产—负债）的当前公允价格贷记合伙人的资本账户。在初始投资后，合伙人的权益因额外投资和净收入分配而增加，合伙人的权益因抽回现金或其他资产和净损失分配而减少。

合伙人原始资产投资记入"资本"账户的贷方,合伙人参加净收益分配提现或被认为是工资补贴的提现记入"提款"账户的借方。然而,被认为对某一合伙人所有者权益的永久性减少的大额提款则直接记入该合伙人"资本"账户的借方。

合伙企业可设置"收益汇总"账户,反映损益的形成和分配或亏损弥补,在每个会计期末,收益汇总账户的净收入或净损失按合伙契约规定转入各合伙人的"资本"账户。"提款"账户期末贷方余额结转至合伙人"资本"账户。

(二) 合伙企业的初始投资的核算

合伙人签订了合伙契约后,便可投资组建一家合伙企业。合伙人可以用货币、实物、知识产权、土地使用权或者其他财产权利出资,也可以用劳务出资。合伙人以实物、知识产权、土地使用权或者其他财产权利出资,需要评估作价的,可以由全体合伙人协商确定,也可以由全体合伙人委托法定评估机构评估。合伙人以劳务出资的,其评估办法由全体合伙人协商确定,并在合伙协议中载明。合伙人投资于企业便享有了相应的权益。"资本"账户应按各合伙人分设明细账,以反映各合伙人的投资以及由本期收入、费用账户结转来的净收益和净损失。合伙人如果是以现金投资,应按实际收到的款项入账;如果是以非现金资产作为投资,应按实际收到的资产,以公允市价计价并经全体合伙人认可后方能入账。其基本的会计处理是借记"资产"账户,贷记"资本"账户。此外,有的合伙人可能未以现金或其他资产出资而以劳务代之,对于这种情况应视其劳务的性质,作为企业的开办费、专利权或者预付费用处理。

【例 4-1】 合伙人马某和宁某订立合伙协议,开设 MN 合伙企业,生产冰箱零配件。依照协议,马某和宁某分别投入现金 40 000 元和 20 000 元,宁某又投入原材料 1 500元和价值 28 500 元的房屋一幢,投资时应编制的会计分录为:

借:库存现金	60 000	
原材料	1 500	
固定资产	28 500	
贷:资本——马某		40 000
——宁某		50 000

由于马某掌握了生产零配件的精良技术,且声誉卓著,双方同意作价 10 000 元,作为无形资产投入企业,应编制的会计分录为:

借:无形资产	10 000	
贷:资本—马某		10 000

合伙人也可以约定以劳务投资。例如,宁某在合伙企业筹建期间,曾多方奔走,对企业开办有突出贡献,同意将其劳务作价 2 000 元,作为其对企业的投资,应编制的会计分录为:

借:长期待摊费用	2 000	
贷:资本—宁某		2 000

二、合伙企业的损益分配

如何在合伙人之间分配损益是合伙企业管理中最具挑战性的方面之一。合伙人在合伙企业净资产中的权益可能与其损益的分配比率有所不同。合伙企业损益分配的方法通常在合伙协议中约定，若未作约定，合伙人则平均分配损益。除平均分配损益外，还有多种损益分配方法可供选择。

（一）按照约定比例分配

在考虑了各合伙人出资额多少及其对合伙企业的贡献大小等因素之后，由合伙人事先约定损益分配比率，并在合伙协议中加以规定的一种损益分配办法。

【例 4-2】　假定甲、乙、丙三个合伙人合伙经营一家企业，合伙协议中约定损益分配比率为 2：5：3，本年净收益为 60 000 元，可计算甲、乙、丙三人的分配额分别是 12 000元、30 000 元、18 000 元。

根据上述计算结果，应编制的会计分录为：

借：损益汇总　　　　　　　　　　　　　　　　　　　60 000
　贷：资本——甲　　　　　　　　　　　　　　　　　　　12 000
　　　　——乙　　　　　　　　　　　　　　　　　　　30 000
　　　　——丙　　　　　　　　　　　　　　　　　　　18 000

（二）按照投入资本分配

根据合伙人投入资本的比例，作为合伙人分配损益的依据，在那些大量投资是企业成功的主要因素的合伙企业中很合理。必须注意，为避免异议，在合伙协议中必须明确其具体计算依据，包括按照期初资本分配、按照期末资本分配、按照平均资本分配三种。

1. 按照期初资本分配

这种方法是以合伙人期初资本余额的比例作为损益分配的标准。

【例 4-3】　A、B 两人 20×9 年初组建 AB 合伙企业，合伙人 A 于 1 月 1 日投入 40 000 元，于 4 月 1 日又投入 10 000 元。合伙人 B 于 1 月 1 日投入 80 000 元，于 7 月 1 日提款 5 000 元。该企业本年实现净收益 30 000 元。本年净收益的分配情况如下：

A：$30\ 000 \times 40\ 000/(40\ 000 + 80\ 000) = 10\ 000$ 元
B：$30\ 000 \times 80\ 000/(40\ 000 + 80\ 000) = 20\ 000$ 元

应编制的会计分录为：

借：损益汇总　　　　　　　　　　　　　　　　　　　30 000
　贷：资本——A　　　　　　　　　　　　　　　　　　　10 000
　　　　——B　　　　　　　　　　　　　　　　　　　20 000

这种方法计算比较简便，但未能考虑到合伙人在经营期内提款、取用商品以及应归合伙人而暂由企业使用的款项和合伙人增减资本等因素，从而使损益分配不够合理。

2. 按照期末资本分配

这种方法是以合伙人期末资本余额的比例作为损益分配的标准。

【例 4-4】　仍以 AB 企业为例。本年净收益的分配情况如下：

A：$30\,000 \times 50\,000 / (50\,000 + 75\,000) = 12\,000$ 元

B：$30\,000 \times 75\,000 / (50\,000 + 75\,000) = 18\,000$ 元

应编制的会计分录为：

借：损益汇总　　　　　　　　　　　　　　　　　　　30 000

　　贷：资本——A　　　　　　　　　　　　　　　　　　　12 000

　　　　　——B　　　　　　　　　　　　　　　　　　　18 000

这种方法的优点是既考虑了原始投资，又考虑了会计期内各合伙人的增资、减资，以及合伙企业与合伙人间的往来款项。但是增减资本的时间不可能均衡发生，各合伙人与企业的往来款项也不会同时发生，所以增、减资本以及往来款项影响企业实际使用资本的期限是不同的。早期提款和晚期提款对企业资本的使用也有不等的影响。然而，这一方法对这些因素均未加以考虑，从而在一定程度上也影响了利润分配的合理性。

3. 按照平均资本分配

这种方法是以合伙人在损益分配当年内平均资本额的比率，作为损益分配的依据。此法不但考虑到合伙人投资额的大小，而且重视资本投放于企业的持续性。投资数额大，供企业使用时间长的，所分配的损益自然大，反之则较小。

【例 4-5】　仍以 AB 企业为例。

A 资本平均余额为：$40\,000 \times 12/12 + 10\,000 \times 9/12 = 47\,500$ 元

B 资本平均余额为：$80\,000 \times 6/12 + 75\,000 \times 6/12 = 77\,500$ 元

本年净收益的分配情况如下：

A：$30\,000 \times 47\,500 / (47\,500 + 77\,500) = 11\,400$ 元

B：$30\,000 \times 77\,500 / (47\,500 + 77\,500) = 18\,600$ 元

应编制的会计分录为：

借：损益汇总　　　　　　　　　　　　　　　　　　　30 000

　　贷：资本——A　　　　　　　　　　　　　　　　　　　11 400

　　　　　——B　　　　　　　　　　　　　　　　　　　18 600

（三）按照投入资本和完成的工作量分配

不考虑合伙人的投入资本，其中合伙人可能为企业完成了更多的工作。即使在那些服务时间相等的合伙人中，一个人的卓越的经验和知识也使他能要求更多地分享收益。为了给勤奋工作或更有价值的人以奖励，损益分配方式可以以投入资本和完成的工作量共同作为依据。

【例 4-6】　A 和 B 建立了一个合伙企业，其中 A 投资 60 000 元，B 投资 40 000 元，共 100 000 元。B 为合伙企业投入了更多的时间并取得更多的薪金。据此，合伙人双方协议，按如下方法分配利润。

（1）合伙企业的利润在 50 000 元（含）以内的部分，以合伙人投入企业的资本为依据进行分配。

（2）合伙企业的利润在 50 000 元～110 000 元（含）之间的部分，以完成的工作量为依据进行分配，在这 60 000 元中，A 可取得 24 000 元，B 可取得 36 000 元。

（3）仍有剩余的利润额平均分配。

假设该合伙企业 20×9 年的净利润为 125 000 元，合伙人分配利润的计算如表 4-1 所示。

表 4-1　合伙人分配利润的计算表　　　　　　　　　　单位：元

项目	A	B	合计
净利润总额			125 000
以投入资本为依据，分配净收益中不超过 50 000 的部分			
A [50 000×（60 000/100 000）]	30 000		
B [50 000×（40 000/100 000）]		20 000	
合　计			50 000
待分配的净利润			75 000
以完成工作量为依据，分配净利润中 50 000～110 000 的部分			
A	24 000		
B		36 000	
合　计			60 000
待分配的净利润			15 000
平均分配剩余部分			
A（15 000/2）	7 500		
B（15 000/2）		7 500	
合　计			15 000
待分配净利润			0
向合伙人分配的净利润	61 500	63 500	125 000

根据分配结果编制的会计分录为：

借：损益汇总　　　　　　　　　　　　　　　　　　125 000
　　贷：资本——A　　　　　　　　　　　　　　　　　　61 500
　　　　　——B　　　　　　　　　　　　　　　　　　63 500

（四）按照薪金和利息分配

合伙人对企业的服务和投入资本可以通过其他方式取得回报。在一项分配计划中，合伙人可以按分配的薪金加上以他们的资本余额计算的利息进行分配。

【例 4-7】　A 和 B 建立了一个信息咨询合伙企业，在 20×9 年初，两人的资本余额分别是 80 000 元和 100 000 元。合伙协议约定分配的年薪分别是 43 000 元和 35 000 元。分配年薪后，A、B 可根据其年初资本余额获得 8% 的利息。仍有剩余的净利润平均分配。

假设该合伙企业 20×9 年的净利润为 96 000 元，合伙人分配利润的计算如表 4-2 所示。

表 4-2 合伙人分配利润的计算表 单位：元

项目	A	B	合计
净利润总额			96 000
薪金：			
A	43 000		
B		35 000	
合计			78 000
待分配的净利润			18 000
初始资本余额利息：			
A（80 000×0.08）	6 400		
B（100 000×0.08）		8 000	
合计			14 400
待分配净收益			3 600
平均分配剩余利润：			
A（3 600×1/2）	1 800		
B（3 600×1/2）		1 800	
合计			3 600
待分配净利润			0
向合伙人分配净利润	51 200	44 800	96 000

在以上列示中，净利润超过薪金和利息总额。如果合伙企业的利润小于分配的薪金和利息的总额，在分配过程中的某个步骤就会出现负的剩余额。即使如此，合伙人仍采用同样的方法来达到分配的目的。

假设该合伙企业 20×9 年只取得 82 000 的净利润，合伙人分配利润的计算如表 4-3 所示。

表 4-3 合伙人分配利润的计算表 单位：元

项目	A	B	合计
净利润总额			82 000
薪金：			
A	43 000		
B		35 000	
合计			78 000
待分配的净利润			4 000
A（80 000×0.08）	6 400		
B（100 000×0.08）		8 000	
合计			14 400

续表

项目	A	B	合计
待分配净利润			(10 400)
平均分配剩余利润:			
A (10 400×1/2)	(5 200)		
B (10 400×1/2)		(5 200)	
合计			(10 400)
待分配净利润			0
向合伙人分配的净利润	44 200	37 800	82 000

企业如发生净损失，应按与上述净利润相同的方式分配给 A 和 B。分配程序从净损失开始，然后向合伙人分配薪金、利息和其他特定金额。

应当指出的是，合伙人分配损益的依据可以是约定的比例、投入资本、工作量（或服务量）、资本利息或者这些要素的任何组合，合伙企业可根据企业实际情况来确定损益分配方法。

三、合伙人提款

合伙协议通常允许合伙人从企业中提取现金或其他资产，以满足合伙人个人生活开支或其他需要。进行会计处理时，借记"提款"账户，贷记"库存现金"等资产账户，在会计期末，将"提款"账户必须结清，结账分录为借记"资本"账户，贷记"提款"账户。

第三节 合伙权益变动的核算

一、新合伙人入伙

合伙企业在创办后，若有局外人加入合伙组织，成为新的合伙人，则称为入伙。有新合伙人入伙时，常需修订或重新订立合伙协议。如果是变换合伙人，原合伙人必须在征得其他合伙人同意后，方可将自己的一部分或全部权益转让给合伙企业以外的第三方。新合伙人向合伙企业投资入伙，也需经全体合伙人同意。新合伙人对入伙前合伙企业所负的债务，可与原合伙人共负无限连带责任，或负有限责任，这需在新合伙协议中载明。新合伙人可以采取下列两种方式入伙。

（一）通过购买合伙人的权益入伙

一个人可以通过取得合伙企业原合伙人的部分或全部合伙权益，在征得原合伙人全体一致同意后，将现有权益的一部分或全部转让给新合伙人，但合伙企业的资本总额并未发生增减变化，新旧合伙人间的权益转让行为，与合伙组织的资产、权益并无关系，但需作变更合伙人的分录。

【例 4-8】　某合伙商店由甲、乙两人合伙设立，两人共出资 16 000 元，今征得甲合伙人同意，乙以其原有权益 8 000 元，作价 9 600 元转让给丙，乙虽可多得 1 600 元，但这一交易并不影响合伙企业的资产和权益，应编制的会计分录为：

借：资本——乙　　　　　　　　　　　　　　　　　　　8 000
　　贷：资本——丙　　　　　　　　　　　　　　　　　　　　8 000

（二）通过对合伙企业投资入伙

新合伙人投入资本，取得合伙权益。即原合伙人并不减少出资额，而由新合伙人投资加入合伙企业。这时，合伙企业的资产和权益发生变动，故合伙企业要予以记录。

由于原合伙企业已经过一段时期的经营；各项资产的账面价值与入伙时的公允价格往往不一致。为使新合伙人避免因合伙企业资产或负债账面价值与公允价格不一致而遭受损失，或不当得利，在入伙时，需对资产和负债进行确认和评估。有以下三种评估结果：

（1）原合伙企业净资产账面价值等于其公允价格；

（2）原合伙企业净资产账面价值小于其公允价格，说明原合伙企业资产升值；

（3）原合伙企业净资产账面价值大于其公允价格，说明原合伙企业资产贬值。

入伙使原有合伙关系中止，新的合伙关系成立，为了公允地反映新的合伙人间的联合关系，应当将资产账面价值调整为当时的公允价格。新合伙人与原合伙人经过谈判和协商，最终会按下面三种情况之一取得新合伙企业的权益：

（1）以等于公允价格的代价取得部分权益；

（2）以高于公允价格的代价取得部分权益，表明原合伙企业有商誉；

（3）以低于公允价格的代价取得部分权益，表明新合伙人有商誉，或原合伙企业有负商誉。

根据上述三种情况，讨论新合伙人投入资产、取得合伙权益的会计处理。第一种情况会计处理较为简单，但在第二、三种情况下，关键在于是否应在账面上确认商誉的问题。处理这一问题的会计方法有商誉法和红利法两种。

1. 商誉法

商誉法强调合伙企业所有权结构变更在法律上的重要性。从法律的观点看，新合伙人入伙导致原有合伙企业的解散，并创造出新的合伙企业，既然如此，转移到新的合伙企业的资产应当以其公允价格入账。因而新的合伙企业所取得的有形资产和无形资产，包括原合伙企业或新合伙人所创造的商誉，均应确认入账。举例说明如下。

【例 4-9】　假定 AB 合伙企业在 C 入伙前的有关资料如表 4-4 所示。

表 4-4　AB 合伙企业资本及损益分配情况表

合伙人	资本余额（元）	损益分配比例（%）
A	48 000	50
B	84 000	50
合计	132 000	100

在 C 入伙时，应对原合伙企业的资产和负债进行重新确认和评估。假定 AB 合伙企业其他资产项目的账面价值与公允价格一致，负债亦无变化，只有原材料、固定资产两个项目的公允价格与账面价值有所不同。与账面价值比较，原材料增值 1 600 元，固定资产增值 10 400 元，增值合计 12 000 元。

资产的增值或贬值应由原合伙人 A、B 按损益比例予以分配，调整资本，应编制的会计分录为：

借：原材料   1 600
  固定资产   10 400
 贷：资本——A   6 000
    ——B   6 000

将上述分录记入有关账户后，A 和 B 的资本分别为 54 000 元和 90 000 元，其各自的资本份额为 37.5%和 62.5%。

现 C 以 50 000 元现金，取得新合伙企业权益的 25%，依照合伙协议约定，按三分之一的比例分享损益。根据 C 以现金 50 000 元取得新合伙企业权益 25%的权益这一经济事项，可以推断出新合伙企业的权益总额为 200 000 元（50 000/25%）。但新合伙企业净资产的公允价格为 194 000 元（54 000＋90 000＋50 000）。权益总额 200 000 元与合伙企业净资产公允价格 194 000 元的差额 6 000 元为原合伙企业的商誉，应归 A、B 两个原合伙人所有，并按损益分配比例在他们之间加以分配，分别记入两合伙人各自的资本账户。应编制的会计分录为：

借：商誉   6 000
 贷：资本——A   3 000
    ——B   3 000
借：库存现金   50 000
 贷：资本——C   50 000

上述两笔分录记入有关账户后，A、B 和 C 三人的资本余额分别为 57 000 元、93 000 元和 50 000 元，合计 200 000 元。合伙权益总额的 25%为 50 000 元，即为 C 的投资。

假定上例改为 C 投资 44 000 元取得新合伙企业的 25%权益，由于原合伙企业权益的公允价格加上 C 投资的公允价格后共为 188 000 元（54 000＋90 000＋44 000），C 以 44 000 元取得 25%权益，这表明 C 存在商誉。假设商誉为 X，计算如下：

$(144\ 000＋44\ 000＋X)\ ×25\%＝44\ 000＋X$

$X＝4\ 000$ 元

根据以上计算结果，C 投资的会计分录为：

借：库存现金   44 000
  商誉   4 000
 贷：资本——C   48 000

将上述分录记入有关账户后，合伙人 A、B、C 权益份额分别为 54 000 元、90 000 元、48 000 元。

2. 红利法

红利法在新合伙人入伙时，不确认商誉，只按交易本身来调整有关合伙人的资本。此法的要点是：

（1）按原合伙企业权益和新合伙人投资数计算，确定新合伙企业的权益总额；

（2）在入伙后，新合伙人伙权按其占新合伙企业的权益总额的份额来确定而不是按其实际投资数确定；

（3）账面上不确认入伙所隐含的商誉。

【例 4-10】 以【例 4-9】资料，资产、负债的确认和重估后 A 和 B 的资本分别为 54 000 元和 90 000 元，所占的资本比例分别为 37.5％和 62.5％。C 以 50 000 元现金取得新合伙企业权益总额的 25％。

在 C 将 50 000 元现金投入合伙企业后，新合伙企业的权益总额为 194 000 元（54 000＋90 000＋50 000），25％的权益总额应为 48 500 元（194 000×25％），C 多付了 1 500 元（50 000—48 500），意味着原合伙企业有未记录的商誉，于是 C 多付的 1 500 元，应按损益分配比例转为 A 和 B 的资本，相当于给原合伙人红利。C 投资时应编制的会计分录为：

```
借：库存现金                          50 000
    贷：资本——A                              750
        ——B                              750
        ——C                           48 500
```

将上述分录记入有关账户之后，A、B、C 三人的资本分别为 54 750 元、90 750 元和 48 500 元，新合伙企业权益总额为 194 000 元，其 25％为 48 500 元，即为 C 的投资数。

假定 C 以 44 000 元现金取得新合伙企业权益的 25％时，新合伙企业的权益总额为 188 000 元（54 000＋90 000＋44 000），188 000 元的 25％为 47 000 元，而 C 仅支付现金 44 000 元，这意味着 C 存在着隐含的商誉 3 000 元（47 000-44 000），原合伙人 A 和 B 应按损益分配比例将其资本转给 C，分别为 1 500 元，相当于原合伙人分给新合伙人 C 红利。C 投资时应编制的会计分录为：

```
借：库存现金                          44 000
    资本——A                          1 500
        ——B                          1 500
    贷：资本——C                           47 000
```

将上述分录记入有关账户后，合伙人 A、B、C 权益份额分别为 52 500 元、88 500 元、47 000 元。

应当说明的是，当一个新合伙人投资额大于所获权益的份额时，这一交易可以支付给原合伙人红利形式记录，红利法遵循历史成本原则，并认为企业是持续经营的。而商誉法确认了新合伙人入伙这一事项所隐含的商誉，表示以一项资产估计的先行公允价格来代替在成本基础上的估价。新合伙人的投资额可能受到许多因素的影响，其中的一些从性质上与其说是经济的不如说是人为的。除了此类商誉确认的有疑问的理论基础外，还有其他实践上的困难，以这种方法产生的商誉的列示会引起对合伙企业财务报表的批评，这类批评可能会导致合伙企业注销商誉。同样，如果合伙企业发生清算，商誉将会作为损失而注销。

二、合伙人退伙

（一）退伙的含义

在某些情况下，现有合伙人可能退出合伙组织，称为退伙。依照《合伙企业法》规定，合伙协议约定合伙企业的经营期限的，有下列情形之一时，合伙人可以退伙：

（1）合伙协议约定的退伙事由出现；

（2）经全体合伙人同意退伙；

（3）发生合伙人难于继续参加合伙企业的事由；

（4）其他合伙人严重违反合伙协议约定的义务。

同时，《合伙企业法》还规定，合伙人有下列情形之一的，当然退伙：

（1）死亡或者被依法宣告死亡；

（2）被依法宣告为无民事行为能力人；

（3）个人丧失偿债能力；

（4）被人民法院强制执行在合伙企业中的全部财产份额。

合伙人退伙除了须征得其他合伙人同意之外，还需在退伙时对原合伙企业的债务负偿还的责任。退伙有两种方式，一种是将合伙权益出售给其他合伙人（包括新合伙人），一种是从合伙企业撤出资本。

在许多情况下，退出合伙人的实际权益可能与其账面上的资本余额不等，主要有以下原因：存在着会计误差；资产、负债的公允价格与账面价值之间存在着差异；存在着未入账的资产，如商誉。

会计误差一经发现，应当按损益分配比例调整合伙人的权益账户；确认公允价格与账面价值差异的方法与入伙时相同，也应调整合伙人的权益账户；对于可能存在的商誉，在退伙时也应予以考虑，除非合伙协议另有规定。将这些因素考虑在内，并调整有关权益账户，就能较合理地解决合伙人之间的利益分配问题。

（二）退伙的会计处理

1. 退伙人将合伙权益出售给其他合伙人

出售给其他合伙人只涉及合伙人间的权益交易，不涉及合伙企业资产和资本的增减变化，只需作反映变更合伙人的明细分录。

2. 退伙人从合伙企业撤出资本

从合伙企业抽回资本，即使合伙企业的资产减少，又使其权益减少，其会计处理也有前述商誉法和红利法两种。在退伙时，商誉法还可采用确认退伙人部分的商誉和确认全部商誉两种方法。下面举例说明各种方法。

【例 4-11】 假定 D、E、F 三人合办的合伙企业在 F 退出前的有关资料如表 4-5 所示。

表 4-5 DEF 合伙企业资本及损益分配情况表

合伙人	资本余额（元）	损益分配比例（%）
D	76 800	40
E	43 200	40
F	30 000	20
合计	150 000	100

在 F 退伙时，假设并无会计误差，但库存商品增值 2 400 元，固定资产增值 14 400 元，其他项目不变。按合伙人各自的损益分配，将资产增值记入投资，应编制的会计分录为：

借：库存商品   2 400
　　固定资产   14 400
　　贷：资本——D   6 720
　　　　——E   6 720
　　　　——F   3 360

将上述分录记入有关账户后，合伙人 D、E 和 F 的资本余额分别为 83 520 元、49 920 元和 33 360 元。因 F 退伙，在征得其他合伙人同意后，合伙企业向 F 支付现金 36 000 元。如果确认退伙人部分的商誉，则应编制的会计分录为：

借：商誉   2 640
　　贷：资本——F   2 640
借：资本——F   36 000
　　贷：库存现金   36 000

第一笔分录商誉 2 640 元是合伙企业支付给 F 的 36 000 元和账面上属于 F 的投资 33 360 元的差额。从整个企业角度看，F 的损益分配比例为 20%，这部分商誉为 2 640 元。所以，退伙行为隐含着该合伙企业存在商誉 13 200 元（2 640/20%），商誉应按损益分配比例增加合伙人的投资，D、E 和 F 每人分得的数额分别为 5 280 元、5 280 元和 2 640 元。于是，F 退伙的会计分录可改为：

借：商誉   13 200
　　贷：资本——D   5 280
　　　　——E   5 280
　　　　——F   2 640
借：资本——F   36 000
　　贷：库存现金   36 000

就上述两种方法而言，确认部分商誉的做法较为合理。在合伙企业，是否存在商誉，往往与合伙人个人有着密切的关系。各合伙人退伙时企业付给的金额比例未必与投资额一致，因为各合伙人情况不一，仅仅从某一合伙人退伙这一事项中推断出整个企业的商誉未必合乎情理。本例也可改用红利法处理，采用红利法，不确认商誉，只根据退伙行为调整合伙人权益。应编制的会计分录为：

借：资本——D   1 320

          ——E   1 320

          ——F   33 360

   贷：库存现金   36 000

这一会计分录表明，合伙企业多付给 F 的现金，按 D、E 二人的损益分配比例从其投资账户中减少，即由剩余的合伙人共同负担。

第四节　合伙企业清算

一、合伙企业清算的条件和步骤

（一）合伙企业清算的条件

合伙企业的清算是指合伙企业符合合伙人约定或法律规定的终止、解散条件或者合伙企业出现其他客观事实状态时，清算人依法对合伙企业的财产及债权债务进行清理、清偿和分配的行为。

根据我国《合伙企业法》规定，合伙企业有下列情形之一的，应当解散。

（1）合伙协议约定的经营期限届满，合伙人不愿再继续经营的；

（2）合伙协议约定的解散事由出现；

（3）全体合伙人决定解散；

（4）合伙人已不具备法定人数；

（5）合伙目的已经实现或无法实现；

（6）被依法吊销营业执照的；

（7）出现法律、行政法规规定解散的其他原因。

（二）合伙企业清算的步骤

合伙企业解散清算时，如果清理工作不当，很可能会引起合伙人之间的利益纠纷，因此，必须确定既合法又合理的清算步骤，以确保清算工作的顺利进行。合伙企业清算工作通常包括以下五个步骤：

（1）对合伙企业的财产、债权、债务进行全面清查，编制资产负债表、财产目录和债权债务清单。

（2）将各项非货币性资产转换成现金。

（3）将变现过程中发生的损益，按契约中规定的办法分配记入各合伙人的资本账户。

（4）清偿企业债务。如果资不抵债，合伙人要以个人财产进行清偿。如某个合伙人无力清偿其应负担的份额，其他合伙人要负连带清偿责任，会计处理上应相应调整各合伙人资本账户。

（5）将资产变现、负债清偿后的留剩现金按各合伙人资本账户的余额进行分配，结束清算程序。

二、合伙企业清算的会计处理

合伙企业可设置"清算损益"账户，反映企业在清算过程中所发生的费用、财产变现损益以及债权债务清理损益，其余额应按比例转入合伙人的有关资本账户。

根据清算的不同方式，清算可分为一次总付清算和分次付款清算。合伙企业可根据实际情况，确定其中一种方法。

（一）一次付款清算

所谓一次付款清算，是指将全部资产变卖，并收回了债权，偿付了所有债务后，将剩余资产按资产比例一次分配给合伙人的清算办法。这种方法要求所有资产在分配给合伙人前先变现，从而避免了合伙资产过早分配导致不足以偿付债务的可能性。

【例 4-12】 假定 AB 合伙企业在 20×8 年 5 月 1 日决定解散，当期编制的试算表如表 4-6 所示。

表 4-6　AB 合伙企业资产负债表

20×8 年 5 月 1 日　　　　　　　　　　　　单位：元

资产	期末数	负债及所有者权益	期末数
货币资金	18 000	应付账款	13 000
应收账款	11 800	短期借款	24 000
存货	7 200	资本—A	40 000
固定资产	80 000	资本—B	40 000
资产合计	117 000	负债及所有者权益合计	117 000

其他有关资料如下：

（1）损益分配比例为 1∶1；

（2）发生清算费用 2 000 元，应在分配给合伙人前付清；

（3）资产变现日期及变现数（折旧略），如表 4-7 所示；

表 4-7　资产变现日期及变现价值表　　　　　　　　　单位：元

变现日期	变现项目	账面价值	变现价格	变现损益
5 月 8 日	机器设备	50 000	46 000	（4 000）
6 月 3 日	存货	7 200	7 500	300
7 月 16 日	房屋	30 000	32 000	2 000

（4）变现损益按损益分配比例分摊；

（5）债权于 7 月 12 日全部收回，金额为 12 000 元（已提坏账准备 200 元）；

（6）债务于 5 月 3 日和 5 月 9 日分两次偿还；

（7）A、B 两合伙人的个人财产均可抵付个人债务。

该合伙企业清算过程的会计处理如下：

(1) 5 月 3 日清偿部分债务，偿还应付账款 13 000 元：

借：应付账款　　　　　　　　　　　　　　　　　　　　　　13 000

　　贷：库存现金　　　　　　　　　　　　　　　　　　　　　　　　13 000

(2) 5 月 8 日机器设备变现，金额 46 000 元：

借：库存现金　　　　　　　　　　　　　　　　　　　　　　46 000

　　清算损益　　　　　　　　　　　　　　　　　　　　　4 000

　　贷：固定资产　　　　　　　　　　　　　　　　　　　　　　　　50 000

(3) 5 月 9 日偿付短期借款 24 000 元：

借：短期借款　　　　　　　　　　　　　　　　　　　　　　24 000

　　贷：库存现金　　　　　　　　　　　　　　　　　　　　　　　　24 000

(4) 6 月 3 日存货变现，金额 7500 元：

借：库存现金　　　　　　　　　　　　　　　　　　　　　　7 500

　　贷：存货　　　　　　　　　　　　　　　　　　　　　　　　　　7 200

　　　　清算损益　　　　　　　　　　　　　　　　　　　　　　　　　300

(5) 7 月 12 日收回全部债权 12 000 元：

借：库存现金　　　　　　　　　　　　　　　　　　　　　　12 000

　　坏账准备　　　　　　　　　　　　　　　　　　　　　　　200

　　贷：应收账款　　　　　　　　　　　　　　　　　　　　　　　　12 000

　　　　清算损益　　　　　　　　　　　　　　　　　　　　　　　　　200

(6) 7 月 16 日房屋变现，金额 32 000 元：

借：库存现金　　　　　　　　　　　　　　　　　　　　　　32 000

　　贷：固定资产　　　　　　　　　　　　　　　　　　　　　　　　30 000

　　　　清算损益　　　　　　　　　　　　　　　　　　　　　　　　2 000

(7) 7 月 18 日，支付全部清理费用 2 000 元：

借：清算损益　　　　　　　　　　　　　　　　　　　　　　2 000

　　贷：库存现金　　　　　　　　　　　　　　　　　　　　　　　　2 000

(8) 结清清算损益账户：

借：资本——A　　　　　　　　　　　　　　　　　　　　　1 750

　　　——B　　　　　　　　　　　　　　　　　　　　　　1 750

　　贷：清算损益　　　　　　　　　　　　　　　　　　　　　　　　3 500

(9) 将 76 500 元现金平均分给 A、B 两合伙人：

借：资本——A　　　　　　　　　　　　　　　　　　　　　38 250

　　　——B　　　　　　　　　　　　　　　　　　　　　　38 250

　　贷：库存现金　　　　　　　　　　　　　　　　　　　　　　　　76 500

AB 合伙企业清算完毕，全部账户均已结平。

（二）分次付款清算

一次付款清算要求全部资产变现后方可向合伙人分配财产，但有时清算过程较长，如采用一次付款清算，则全部还款和分配剩余财产工作须所有资产变现之后方可进行。这样会造成资产闲置，不利于合伙人及时取得资本金转投于其他项目。因此，可在清算过程中，分次付款给债权人和合伙人。采用此法分配剩余财产时，必须事先估计所有负债，可能的变现损失和清算费用。为此，需要编制现金付款计划，确定每一次的可分配数。在现金付款计划中，应当做到以下几点：

（1）要求预计全部可能发生的负债和费用；

（2）假定尚未变现的资产预计没有价值，相应的损失要按损益分配比例予以分摊；

（3）如有合伙人资本账户出现借方余额，应视为不能收回该款项，由有资本贷方余额的合伙人分摊；

（4）扣除上述各项目后的余额方可分配给合伙人。

【例4-13】　以【例4-12】资料加以说明。在5月1日宣告清算时，合伙企业的现金余额只有18 000元，而债务总额达37 000元，尚不足以付清全部债务，因而不能向合伙人分配财产。5月3日偿付13 000元债务，现金余额为5 000元，负债余额24 000元，待5月8日将机器设备变卖得到现金46 000元时，现金已达51 000元，付清24 000元银行借款后现金余额为27 000元。这时，需考虑以下因素后方可向合伙人分配财产：合伙企业确已不存在其它债务；要预留估计的清算费用，假定为2 000元；要考虑可能发生的存货和房屋变现损失（本例估计这两个项目不会发生变现损失）。

因此，第一次可分配给合伙人的现金为25 000元（27 000-2 000），A、B两人各得现金12 500元，编制的会计分录为：

借：资本——A　　　　　　　　　　　　　　　　　　12 500
　　　　——B　　　　　　　　　　　　　　　　　　12 500
　　贷：库存现金　　　　　　　　　　　　　　　　　　　25 000

6月3日存货变现时，又增加现金7 500元，则可进行第二次分配，各得3 750元，编制的会计分录为：

借：资本——A　　　　　　　　　　　　　　　　　　3 750
　　　　——B　　　　　　　　　　　　　　　　　　3 750
　　贷：库存现金　　　　　　　　　　　　　　　　　　　7 500

7月12日收回债权12 000元，可进行第三次分配，各得现金6 000元，会计分录如下：

借：资本——A　　　　　　　　　　　　　　　　　　6 000
　　　　——B　　　　　　　　　　　　　　　　　　6 000
　　贷：库存现金　　　　　　　　　　　　　　　　　　　12 000

7月16日房屋变现时，收回现金32 000元，这已是最后一笔变现收入，由于尚未支付清算费用，为审慎起见，可暂缓分配，待支付清算费用后，再向合伙人分配剩余现金。发生清算费用的会计分录为：

借：清算损益　　　　　　　　　　　　　　　　　　2 000

贷：库存现金　　　　　　　　　　　　　　　　　　　　2 000

在支付清算费用以后，尚余现金 32 000 元，可进行第四次分配。A、B 两人各得16 000 元，编制的会计分录为：

借：资本——A　　　　　　　　　　　　　　　　　16 000

——B　　　　　　　　　　　　　　　　　16 000

贷：库存现金　　　　　　　　　　　　　　　　　　　32 000

清偿债务，收回债权，以及资产变现的会计分录仍与一次付款清算中的分录相同，不再赘述。最终合伙人 A、B 各分得 38 250 元，此外已无剩余财产可供分配。

可见，分次付款清算是一种较为审慎的清算方式，既能避免过早、过多付款所引起的现金不足，又能避免现金的闲置浪费。如果合伙人中有人出现资本借方余额，则应在分配前先由其他合伙人予以弥补，以防止过度分配导致侵害债权人利益。

复习思考题

【简答题】

1. 合伙人对合伙企业的债权与公司股东对公司的债权性质上有何不同？

2. 如果合伙企业的利润不足以按资本、劳动贡献等因素加以分配，应该如何进行分配？

3. 在合伙协议中确定损益分配比例时，应考虑哪些因素？

4. 何谓所有权变更？它与中止营业有何不同？所有权变更有哪些原因？

5. 如何确定归属于新合伙人或原合伙人的商誉？

6. 简述合伙企业资产在清算时的分配顺序？

【计算分析题】

1. 孔维和徐俊建立一个合伙企业，分别投资 40 000 元和 70 000 元，根据以下不同情况，确定他们应分配的净损益。

（1）净损失 44 000 元，且合伙人未签订书面合伙协议。

（2）净利润 66 000 元，且合伙协议规定合伙人按他们的投入资本分配损益。

（3）净损失 77 000 元，且合伙协议中规定合伙人按投入资本比例分配利润。

（4）净利润 125 000 元。起始的 60 000 元按合伙人投入资本分配，其余的 45 000元按照合伙人完成的服务量分配，孔得 30%，徐得 70%，仍有剩余的部分平均分配。

2. 赵涛被接受加入一个合伙企业，在入伙前，原合伙企业李路的资本余额为100 000 元，王朝的资本余额为 50 000 元。在如下不同的情况下，计算新合伙企业每个合伙人的权益。

（1）赵涛支付 60 000 元购买王朝的权益。赵涛的付款不是向合伙企业的投资，而是直接付给王朝的。

（2）赵涛投资 50 000 元取得合伙企业 1/4 的权益。

（3）赵涛投资 70 000 元取得合伙企业 1/4 的权益。

3. 结账后，刘东和吴达的合伙企业的资产负债表上列示的资本：刘东 60 000 元，吴达 70 000 元。刘东打算退出企业。合伙人同意合伙企业资产减值 40 000 元，他们按照刘东 1/3，吴达 2/3 的比例分配损益。如果合伙协议规定退伙合伙人可以取得与所有者权益账面价值等值的资产，刘东可以取得多少资产？吴达将以独资企业的形式继续经营，在其独资企业账簿上，吴达的初始资本是多少？

第五章

分支机构会计

本章主要介绍分支机构及其会计系统、总部与分支机构往来核算、分支机构的其他会计业务核算和联合财务报表的编制。

重要概念： 分支机构　分支机构会计　联合财务报表

第一节　分支机构概述

一、分支机构的概念及性质

随着市场经济的纵深发展，企业与外界的联系日趋紧密。为了有效地开展生产经营活动，更大范围地开拓市场，更好地满足不同地区、不同层次的客户的需要，企业常常需要在本地区或其他地区设立分支机构，或者扩充相同的业务，或者开展多种经营，这样就出现了企业的分支机构，随之也便产生了分支机构会计。

（一）分支机构的含义

分支机构是指企业（总公司、总厂或总部）设立的，不具备法人资格，经营管理受企业控制的业务经营单位。总部及分支机构经营形式遍布于各个行业，在不同行业其称谓也不相同。零售企业的分支机构一般称为分店，制造业的分支结构称为分厂，金融业的分支机构称为分行、分公司或营业部，公司制企业的分支机构称为分公司。分支机构可以开设在总部所在地以外的城市地区，也可选址于总部所在的城市地区。

分支机构的类型及规模通常取决于企业的业务特点和管理的需求，有些企业分支机构的规模和业务类似于一个独立的公司，而有些企业分支机构则业务可能人员较少，仅执行公司某项业务办事机构的功能。对于分支机构的管理，往往考虑责任的划分和业绩的计量及评价，如有些企业将业务单一的、规模小的分支机构作为成本中心管理，而将一些独立性较大的、业务链比较完整的分支机构以利润中心或投资中心来管理。

（二）分支机构的性质

1. 分支机构是非法人主体

我国目前规定企业在设立分支机构时需要向当地工商行政管理部门申请登记，领取营业执照，并且应当自领取营业执照之日起 30 日内由总机构持《税务登记表》、《税务登记证（副本）》，到其主管税务局，申请办理非独立核算分支机构税务登记。经总机构主管地方税务分局审核后，核发《注册税务登记证》。虽然设立分支机构需要在工商部门及税务部门进行必要的注册登记，但是《中华人民共和国公司法》明确规定："公司可以设立分公司，分公司不具备企业法人资格，其民事责任由公司承担"。可见，分支机构是企业的一个组成部分，只是企业法人的延伸，而非法人实体。

2. 分支机构受控于总部

分支机构与总部其实是同一个经营整体内部的不同层次，分支机构与总部之间业务往来其实属于一个法律主体内部的业务，不是对外业务。分支机构的资金主要靠总部拨给，同时分支机构不能单独地承担民事责任，从而不能以自己的名义向外筹集资金或对外进行投资等。在层次分级上分支机构的经营方针等方面要受控于企业总部。

3. 分支机构是相对独立的会计主体

分支机构虽然不独立承担民事责任，但是以分散制的分支机构来看，这类分支机构需要独立设立账户、独立核算自己能控制和负责的经济业务、独立编制对内会计报表。可见在会计核算上分支机构具有相对的独立性。

二、分支机构的会计系统

根据总部在资金和商品购销上对分支机构的控制程度不同，分支机构可分为分散制分支机构和集中制分支机构两类。

（一）分散制分支机构及其会计系统

分散制分支机构具有如下特征：分支机构所需资金完全依赖总部供给，执行总部统一经营方针和管理方针，在总部的管辖下，这类公司拥有相对独立的业务经营自主权，在业务上完全类似于独立的子公司，分支机构可以自己名义独立开立银行往来账户，取得的销售收入作为分支机构的存款，各项营业开支自行支付；分支机构可拥有完备的商品库存，其货源大部分由总部供给，也可以从别处购进；分支机构可全权支配营运资金，自行决定实行赊销的客户和赊销的额度，并由分支机构直接向客户交货取款，分支机构单独核算其盈亏等。通常情况下分散制分支机构被总部作为利润中心或投资中心来管理。

分散制分支机构完全是一个独立的会计主体，需要设置一套完备的会计系统，以记录分支机构的各项业务。会计期末这样的分支机构通常应计算盈亏，并编制会计报表，向总部报告。但这些报表仍然属于企业内部财务报告，最终要纳入到公司整体的对外报告中。特别说明的是，分支机构与总部以外的主体进行交易，应由分支机构按既定会计程序记录。即分支机构应对自己能控制的会计事务进行正常的会计核算，如应收账款和销售费用等。至于分支机构不能控制的会计事务，诸如固定资产和折旧费用等，往往集中在总部进行核算和管理。

（二）集中制分支机构及其会计系统

集中制分支机构通常规模较小，或者在管理上作为成本中心来管理。这类分支机构的主要特点是：不设置正式账簿，日常收支可能采取预付现金等方式，只有简单的辅助或备查账记录日常收支业务，提供分支机构业绩考核所需要的相关数据资料、会计事项或收支凭证随时报送总部，由总部并入自己的账簿，或通过计算机联网，根据交易的有关原始凭证直接登录总部的会计系统。或者分支机构虽设有正式账簿，但仍将一部分账项，如应收账款、应付账款和固定资产等，划归总部直接处理和登记，而在分支机构账簿上不予记录。集中制可以节省会计处理成本，并能保持总部及各分支机构会计处理一致性。但是由于各项凭证寄送时，容易遗失或延误，影响会计报表编报的实效性和正确性，实际工作中很少采用。因此，本章主要介绍分散制下的分支机构会计核算。

三、分支机构与销售代理处及子公司

（一）分支机构与销售代理处

销售代理处与分支机构不同，两者的主要区别在于其经营自主权的大小。一般来说销售代理处不具有独立经营的自主权，一切听从总部的安排，而分支机构则可以独立从事商品购销业务。在具体操作上销售代理处本身没有商品存货，也不经营商品购销业务，通常只有陈列样品以供客户挑选。客户来代理处看样订货后，代理处即将购户订单转交总部，由总部决定客户能否享受赊销及其赊销额度，并由总部直接向客户交货，应收账款也由总部登记入账并负责催收。销售代理处内需要设置定额备用金，由总部拨款以应付日常开支，将近用完时向总部报销补足，除此之外，代理处不经办其他现金收支业务。而分支机构则不同，从前文的表述可以看出分支机构具有相对独立的经营自主权。

相比较而言，销售代理处会计比分支机构会计简单，一般只需设置一本现金登记簿，用以记载从总部处取得的备用金收入及支出。至于总部如果不需要销售代理处的详细资料，总部则不单独确认代理处的净收益。在这种情况下总部只需要做好相关备用金业务的核算及交付代理处样品存货的核算即可。

（二）分支机构与子公司

子公司与分支机构不同，母公司是子公司的投资人，二者因控股而存在财务关联关系，他们即是分别完全独立核算的会计主体也是分别完全独立的法人，二者存在着平等的民事行为关系。实质上子公司是母公司所能控制的另一个法律主体，在法律上子公司具有与母公司平等的独立地位，即母子公司可以独自承担法律责任。而总部与分支机构则并非各自独立的实体，分支机构实质上是总部的派出机构，它完全受控于总部，分支机构与总部存在着紧密的资金核算关系。

在会计核算上，一般总部只报出一个联合财务报表。而母子公司则要报出个别财务报表和合并财务报表，关于母公司与子公司的会计核算相关章节已经介绍本章不再赘述。

第二节　分支机构与总部往来核算

由于业务特点的不同，不同企业分支机构会计日常业务与会计事项可能会有一些不同，但由于分支机构与总部的隶属关系一致，处理与总部之间的业务往来是分支机构会计事项的相同内容。分支机构涉及与总部往来的业务主要包括：接受总部的资金或资产的调拨、分支机构与总部企业内部交易、接受总部向分支机构的费用分配等。与其相对应，处理同分支机构业务往来是总部会计系统的一项重要内容，如总部拨付资金或其他资产供分支机构开展日常业务，与分支机构的商品交易及费用分配等。总部与分支机构往来的交易主要发生在成立新分支机构、总部与分支机构之间转移商品存货以及总部向分支机构分配费用等环节。

一、分支机构的成立

设立分支结构时，总部需要为分支机构提供其经营活动所必要的经济资源，如现金、办公场所和相关的固定资产等。这些形成总部对分支机构的投资，相应地总部提供的资源成为分支机构的资金来源，即分支机构的权益。这些都应在总部和分支机构账上加以记录，分支机构会计的特点主要表现为账户设置的对应性。

（一）总部会计账户设置

在总部账上设置"分支机构往来"账户，该账户用来反映总部投资于分支机构的净资产价值。当总部向分支机构拨付现金、商品存货或其他资产时在该账户的借方记录，当总部由分支机构拨回的现金、商品存货和其他资产时在该账户的贷方记录，每期结账时，总部根据分支机构报来的财务报表，将其净收益或净损失计入账户的借方或贷方。如果一个企业有许多分支机构，总部可以设置一个控制账户，在控制账户下按分支机构设置明细账户。"分支机构往来"账户内容如表 5-1 所示。

表 5-1　分支机构往来

借	贷
转移给分支机构的资产 分支机构的净收益	从分支机构收到的资产 分支机构的净损失

（二）分支机构会计账户设置

在分支机构账上设置"总部往来"账户，反映总部对分支机构净资产的权益。凡收到总部拨来的现金、商品存货或其他资产时，均贷记该账户，凡向总部拨回现金、商品存货或其他资产时，则借记该账户，每期结账时，分支机构所获得的净收益或净损失都转入该账户的贷方或借方。"总部往来"账户内容如表5-2所示。

表 5-2 总部往来

借	贷
转移总部的资产	从总部收到的资产
分支机构的净损失	分支机构的净收益

"总部往来"与"分支机构往来"这两个账户类似于母公司的"对子公司投资"与子公司的"股东权益"账户，它们是一对既相互对应又相反的账户，称为相对账户，两者代表分支机构的资产和相应权益。这种对应关系是持续的，只要总部增加（借记）"分支机构往来"账户，其分支机构也会增加（贷记）"总部往来"账户；反之亦然。

从分支机构立场看，"总部往来"账户即可看作所有者权益账户，也可看作负债账户；从总部立场看，"分支机构往来"账户即可看作长期股权投资账户，也可看作应收项目账户。如果两个账户能都及时记账，其余额应是一致的。当编制公司对外财务报表时，必须将总部的财务报表与分支机构的财务报表进行汇总合并，在汇总时"总部往来"与"分支机构往来"这一对账户将相互抵消，不会出现在对外财务报表上。

（三）分支机构成立的会计处理

【例 5-1】   由于业务需要 M 市食品加工公司在 N 城设立了一家销售中心，公司总部提供现金 50 000 元、办公设备一套价值 60 000 元、送货车一辆价值 120 000 元，合计 230 000 元。销售中心设立当天公司总部开出转账支票将款项存入 N 城销售中心银行账户，且办公设备和送货车全部运抵销售中心。

发生上面业务时，公司总部应编制的会计分录为：

借：分支机构往来——N 城销售中心　　　　　　　　　　　 230 000
　　贷：银行存款　　　　　　　　　　　　　　　　　　　　 50 000
　　　　固定资产—办公设备　　　　　　　　　　　　　　　 60 000
　　　　固定资产—送货车　　　　　　　　　　　　　　　　120 000

N 城销售中心则应编制的会计分录为：

借：银行存款　　　　　　　　　　　　　　　　　　　　　　 50 000
　　固定资产—办公设备　　　　　　　　　　　　　　　　　 60 000
　　固定资产—送货车　　　　　　　　　　　　　　　　　　120 000
　　贷：总部往来　　　　　　　　　　　　　　　　　　　　230 000

二、分支机构与总部之间转移存货的交易

分支机构可以与总部以外的企业发生交易，不过大多数情况下分支机构的商品存货往往由总部集中购买，再发交给分支机构。当分支机构从外部购买部分商品存货时，其

账务处理程序同一般的商品购销业务会计处理一样。当总部购买商品存货再发交给分支机构出售时，发交给分支机构的商品存货可以按成本计价，也可以按高于成本即成本加成或零售价计价。一般来说，根据内部管理的需要，为区分企业内部各分部之间的责任和业绩评价，总部与分支机构商品交易通常多按成本加成或零售价计价，这样成本与交易价格之间的差额属于企业的内部利润。

（一）调运存货按成本计价

总部按成本向分支机构调运存货时，总部需要设置"库存商品——发送分支机构"明细账户记录拨付给分支机构商品的成本；分支机构则需要设置"库存商品——总部发送"明细账户反映从总部拨入的商品成本。同时总部还需在"分支机构往来"账户登记总部向分支机构调运商品而增加的对分支机构的投资，相对应分支机构则需在"总部往来"账户登记因此而增加的总部的权益。

【例 5-2】　假设 M 市食品加工公司向 N 城销售中心发运一批速冻食品，该批商品成本为 12 000 元，同时以现金支付运费 300 元。

总部在发运商品时编制的会计分录为：

借：分支机构往来——N 城销售中心　　　　　　　　　　　　　　　12 300
　　贷：库存商品——发送 N 城销售中心　　　　　　　　　　　　　　12 000
　　　　库存现金　　　　　　　　　　　　　　　　　　　　　　　　　　300

N 城销售中心收到此笔商品时编制的会计分录为：

借：库存商品—总部发送　　　　　　　　　　　　　　　　　　　　12 000
　　库存商品—运费　　　　　　　　　　　　　　　　　　　　　　　　300
　　贷：总部往来　　　　　　　　　　　　　　　　　　　　　　　　12 300

（二）调运存货按成本加成计价

在实务中，许多公司按成本加成计价向分支机构发货。这样做法的原因在于，将收入平均分配于各分支机构，或是为了对分支机构保密，不让其知悉实际的边际利润等。当总部按成本加成计价拨付商品给分支机构时，账务上是将成本和加成部分各设账户分别记账。对于内部未实现利润通常设置"存货加价"账户记录。期末总部要对加价部分对分支机构利润的影响进行调整。

【例 5-3】　假设 N 城销售中心期初存货 9 600 元，全部来自于公司总部 M 市食品加工公司，本期又接受公司总部发来商品 14 400 元，期末存货为 5 800 元，其中 1 000 元由外界供应商购入，总部对分支机构的销货均按成本加成 20% 计算。

本期公司总部在发运商品时所做编制的会计分录为：

借：分支机构往来——N 城销售中心　　　　　　　　　　　　　　　14 400
　　贷：库存商品——发送 N 城销售中心　　　　　　　　　　　　　　12 000
　　　　存货加价　　　　　　　　　　　　　　　　　　　　　　　　2 400

而销售中心本期收到存货时编制的会计分录为：

借：库存商品——总部发送　　　　　　　　　　　　　　　　　　14 400

　　贷：总部往来　　　　　　　　　　　　　　　　　　　　　　　　　14 400

通过此例题可以看出，在此种核算方法下，公司总部的"分支机构往来"账户与分支机构"总部往来"账户数额相等，但总部的"库存商品—发送 N 城销售中心"与分支机构的"库存商品—总部发送"账户记录数额不等，其差额为公司内部利润。当分支机构收到以成本加成为转移价格的商品时，分支机构的销货成本将高估而利润却低估。而总部无论增加"分支机构往来"账户还是记录分支机构损益，均应以分支机构报告的利润数为基础，因此总部登记的分支机构利润也同样被低估，但总部账上"分支机构利润"的低估可由年底调整分录更正，调整分录将减少"存货加价"余额，以反映在此期间由分支机构对外销售存货而实现的利润。以此例为例，总部期末编制的调整分录如下：

借：存货加价　　　　　　　　　　　　　　　　　　　　　　　　　3 200

　　贷：分支机构利润－N 城销售中心利润　　　　　　　　　　　　　　3 200

{注：3 200 元＝期初和本期购进存货中未实现利润－期末存货中未实现利润＝[9 600－9 600/(1＋20％)]＋[14 400－14 400/(1＋20％)]－[(5 800－1 000)-(5 800－1 000)/(1＋20％)]＝1 600＋2 400－800}

（三）调运存货按零售价计价

基于与按成本加成计价相同的出发点，总部向分支机构调运的商品也可以按零售价计价记账，总部以零售价计价登记"库存商品—发送分支机构"账户，这样该账户与分支机构的"库存商品—总部发送"账户记录的金额相等。在会计期末分支机构内部调拨存货尚余存货的情况下，计算成本时应将销售中心存货中包含的未实现利润加以剔除。

【例 5-4】　以**【例 5-3】**为例对于该交易若公司总部以零售价 14 400 元向分支机构调拨商品，并以零售价登记调拨商品。则公司总部在收到调拨商品时编制的会计分录为：

借：分支机构往来——N 城销售中心　　　　　　　　　　　　　　14 700

　　贷：库存商品——发送 N 城销售中心　　　　　　　　　　　　　　14 400

　　　　库存现金　　　　　　　　　　　　　　　　　　　　　　　　　300

而销售中心收到存货时编制的会计分录为：

借：库存商品——总部发送　　　　　　　　　　　　　　　　　　14 400

　　库存商品——运费　　　　　　　　　　　　　　　　　　　　　300

　　贷：总部往来　　　　　　　　　　　　　　　　　　　　　　　　14 700

这样公司总部的"库存商品——发送 N 城销售中心"账户与销售中心的"库存商品——总部发送"这一对应账户的金额相等。对公司总部的"库存商品——发送 N 城销售中心"账户包含的加成，在会计期末应加以调整，一方面将该账户调整至商品成本，另一方面将已实现的利润加回至销售中心的利润中去。期末公司总部的调整分录为：

借：库存商品——发送分支机构　　　　　　　　　　　　　　　　2 400

　　贷：存货加价　　　　　　　　　　　　　　　　　　　　　　　　2 400

借：存货加价　　　　　　　　　　　　　　　　　　　　　3 200

　　贷：分支机构利润—N 城销售中心利润　　　　　　　　　　　3 200

总部调运存货无论是按成本加成法计价还是按零售价计价，其意义在于使总部可合理分配毛利。然而，这种方法使分支机构的利润少计，而整个公司的期末存货则多计，因此，在编制联合报表时，总部应对存货计价超过成本的部分加以抵消。

三、总部向分支机构分配费用的核算

由于总部与分支机构存在着管理与被管理、服务与被服务的关系，所以总部与各分支机构间存在着费用分配的问题。分配费用对于正确计量企业各分支机构的利润是必需的。常见需要分配的费用包括广告费、一般管理费用、总部支付的退休金及员工福利费等。当厂房资产的记录是由总部集中处理时，折旧费也应作费用的分摊。分配费用总部需通过"分支机构往来"、分支机构需要通过"总部往来"这一对应账户来核算。

【例 5-5】　假设 20×9 年 M 市食品加工公司向 N 城销售中心分配全年广告费 30 000元，行政管理费 10 000 元，退休保险费 20 000 元，

M 市食品加工公司编制的会计分录为：

借：分支机构往来——N 城销售中心　　　　　　　　　　60 000

　　贷：销售费用——广告费　　　　　　　　　　　　　　30 000

　　　　管理费用——行政管理费　　　　　　　　　　　　10 000

　　　　管理费用——退休保险费　　　　　　　　　　　　20 000

N 城销售中心编制的会计分录为：

借：销售费用——广告费　　　　　　　　　　　　　　　30 000

　　管理费用——行政管理费　　　　　　　　　　　　　10 000

　　管理费用——退休保险费　　　　　　　　　　　　　20 000

　　贷：总部往来　　　　　　　　　　　　　　　　　　60 000

【例 5-6】　假设 20×9 年 N 城销售中心发生广告费 40 000 元，由总部 M 市食品加工公司与其进行平均分摊。

N 城销售中心编制的会计分录为：

借：总部往来　　　　　　　　　　　　　　　　　　　　20 000

　　贷：销售费用——广告费　　　　　　　　　　　　　　20 000

总部编制的会计分录为：

借：销售费用——广告费　　　　　　　　　　　　　　　20 000

　　贷：分支机构往来——N 城销售中心　　　　　　　　　20 000

上述分录举例仅说明总部与分支机构部分费用分摊的基本方法，其他费用的分摊可比照上述方法处理。如果总部采取不分配共同费用的管理方式，则不存在总部向分支机构的费用分配。

第三节 分支机构的其他会计业务核算

除了与总部发生内部交易事项外，分支机构也会发生一些其他的会计业务。这些业务主要包括分支机构从总部以外的企业单位购入资产业务、支付费用业务、各分支机构间往来业务以及总部与分支机构的账户余额的调整等。分支机构从总部以外的企业单位购入资产业务较为简单，一方面借记"存货"等资产类等账户，一方面贷记"银行存款"或"应付账款"等账户，与其他单位的购货业务没有区别。本节主要介绍分支机构支付各种费用及总部与分支机构的账户余额的调整等业务的处理。

一、分支机构日常管理费用、销售费用的处理

分支机构涉及的管理费用、销售费用一般包括运费、房租费、固定资产折旧费及水电费等。分支机构确认的本期费用应计入各费用账户，待会计期终了时将损益结转至总部。

【例 5-7】 假设 20×9 年 M 市食品加工公司的分支机构 N 城销售中心发生如下业务：

（1）租用营业房一间，月租金 2 000 元，以银行存款预付租金 12 000 元，编制的会计分录为：

借：预付账款　　　　　　　　　　　　　　　　　　　12 000
　贷：银行存款　　　　　　　　　　　　　　　　　　　　　12 000

（2）以现金支付各种办公费 500 元，编制的会计分录为：

借：管理费用——办公费　　　　　　　　　　　　　　　500
　贷：库存现金　　　　　　　　　　　　　　　　　　　　　500

（3）计提本期应承担的水电费 1200 元，编制的会计分录为：

借：管理费用——水电费　　　　　　　　　　　　　　1 200
　贷：应付账款　　　　　　　　　　　　　　　　　　　　1 200

（4）将租用营业房预付租金年末通过调整程序，计入当期销售费用，编制的会计分录为：

借：销售费用——房租费　　　　　　　　　　　　　　12 000
　贷：预付账款　　　　　　　　　　　　　　　　　　　　12 000

（5）计提该年度送货车和办公设备折旧，送货车折旧 3 000 元，办公设备折旧 2 000 元，编制的会计分录为：

借：销售费用——折旧费　　　　　　　　　　　　　　5 000
　贷：累计折旧　　　　　　　　　　　　　　　　　　　　5 000

（6）年终结账将费用账户结转至公司总部，编制的会计分录为：

借：总部往来　　　　　　　　　　　　　　　　　　18 700
　贷：管理费用——办公费　　　　　　　　　　　　　　　500
　　　管理费用——水电费　　　　　　　　　　　　　　1 200
　　　销售费用——房租费　　　　　　　　　　　　　　12 000
　　　销售费用——折旧费　　　　　　　　　　　　　　5 000

二、分支机构的运费处理

总部向分支机构拨付存货时必然会发生运费，运费可以由总部来承担，也可由分支机构来承担，但最终分支机构承担的运费应随同损益汇总到总部。衡量分支机构的存货和销售成本时，应将总部向分支机构发货的运费包括在内。但若运费由分支机构支付的，则此运费不体现在总部账面上。以下举例说明。

【例5-8】 假设20×9年M市食品加工公司将其成本为20 000元的商品按成本加20％的价格发给其分支机构N城销售中心。同时N城销售中心以现金300元支付运费。

总部编制的会计分录为：

借：分支机构往来　　　　　　　　　　　　　　　　　　24 000
　　贷：库存商品——发送N城销售中心　　　　　　　　　　20 000
　　　　存货加价　　　　　　　　　　　　　　　　　　　　4 000

N城销售中心会计分录为：

借：库存商品——总部发送　　　　　　　　　　　　　　24 000
　　库存商品—运费　　　　　　　　　　　　　　　　　　300
　　贷：总部往来　　　　　　　　　　　　　　　　　　　24 000
　　　　库存现金　　　　　　　　　　　　　　　　　　　　300

年底若N城销售中心还有一半商品没有出售，则其报告的销货成本为12 150元，存货成本为12 150元（即成本12 000元加上运费150元）。通过【例5-8】可见当运费由公司分支机构支付时，则分支机构的销货成本及存货成本依然不变，而总部账上并不记录这笔支付运费的业务。即分支机构与总部反映的销货成本及存货成本是不一致的。但是如果运费由总部支付时分支机构与总部反映的销货成本及存货成本则是一致的，如【例5-2】所示。

在探讨运费问题时还应当注意到一点就是总部与分支机构之间以及各分支机构之间拨付商品所发生的超额运费不应包括在商品成本之中。这里所谓的超额运费是指由于管理失误等原因所造成的多支付的运费。超额运费除了会发生在总部和分支机构之间外还会发生在各分支机构之间。对于超额运费总部应设置"管理费用——超额运费损失"账户加以反映。超额运费损失最终冲减企业的净收益。

【例5-9】 仍沿用【例5-8】资料假设20×9年M市食品加工公司将其成本为20 000元的商品按成本加20％的价格发给其分支机构N城销售中心后，N城销售中心发现该商品中50％存在着较严重的质量问题，经决定当即退回这部分商品，N城销售中心支付发回运费150元，又知当时M市食品加工公司发来商品时支付运费300元。则M市食品加工公司在收到发回商品时编制的会计分录为：

借：库存商品——发送N城销售中心　　　　　　　　　　10 000
　　存货加价　　　　　　　　　　　　　　　　　　　　2 000
　　管理费用——超额运费损失　　　　　　　　　　　　　300
　　贷：分支机构往来　　　　　　　　　　　　　　　　　12 300

N 城销售中心收到发回商品时编制的会计分录为：

借：总部往来　　　　　　　　　　　　　　　　　　　　12 300

　　贷：库存商品——总部发送　　　　　　　　　　　　　12 000

　　　　库存商品—运费　　　　　　　　　　　　　　　　　150

　　　　库存现金　　　　　　　　　　　　　　　　　　　　150

此例中超额运费 300 元是由以下两个部分构成的：一是 M 市食品加工公司错发有质量问题商品所应承担的部分运费 150 元；二是 N 城销售中心返回有质量问题商品所支付的运费 150 元。这两项运费是由于管理失误而造成的，所以不应视为正常的经营费用或正常运费。超额运费不但会出现在总部与分支机构之间，同样也会出现在各分支机构之间。

三、分支机构间往来的核算

各分支机构间也存在往来的业务，为了便于总部的控制，一般情况下，分支机构间不设往来账，各分支机构往来业务由总部处理。

【例 5-10】　假设 20×9 年 5 月 M 市食品加工公司将其成本为 20 000 元的商品按成本发给其分支机构 N 城销售中心，并支付运费 300 元。几天后，因另一分支机构 W 城销售中心缺货，将这批商品由 N 城销售中心运往 W 城销售中心，N 城销售中心支付运费 700 元，若这批商品直接由 M 市食品加工公司运往 W 城销售中心所需运费为 900 元。则相关会计分录为：

（1）商品由 M 市食品加工公司运到 N 城销售中心时

M 市食品加工公司编制的会计分录为：

借：分支机构往来——N 城销售中心　　　　　　　　　20 300

　　贷：库存商品——发送 N 城销售中心　　　　　　　　20 000

　　　　库存现金　　　　　　　　　　　　　　　　　　　300

N 城销售中心编制的会计分录为：

借：库存商品——总部发送　　　　　　　　　　　　　20 000

　　库存商品—运费　　　　　　　　　　　　　　　　　300

　　贷：总部往来　　　　　　　　　　　　　　　　　　20 300

（2）记录将商品转运到 W 城销售中心时

M 市食品加工公司编制的会计分录为：

借：分支机构往来——W 城销售中心　　　　　　　　　20 900

　　管理费用——超额运费损失　　　　　　　　　　　　　100

　　库存商品——发送 N 城销售中心　　　　　　　　　20 000

　　贷：分支机构往来——N 城销售中心　　　　　　　　21 000

　　　　库存商品——发送 W 城销售中心　　　　　　　　20 000

N 城销售中心编制的会计分录为：

借：总部往来　　　　　　　　　　　　　　　　　　　21 000

　贷：库存商品——总部发送　　　　　　　　　　　　　　　　　　　20 000

　　　库存商品——运费　　　　　　　　　　　　　　　　　　　　　　300

　　　库存现金　　　　　　　　　　　　　　　　　　　　　　　　　　700

W 城销售中心编制的会计分录为：

　借：库存商品——总部发送　　　　　　　　　　　　　　　　　　　20 000

　　　库存商品——运费　　　　　　　　　　　　　　　　　　　　　　900

　贷：总部往来　　　　　　　　　　　　　　　　　　　　　　　　20 900

　　通过上述例题可以看出在分支机构之间互相调拨商品的过程中除需要调整"总部往来"、"分支机构往来"及"库存商品——发送分支机构"、"库存商品——总部发送"账户，此外运费账户也应调整，以此题为例，运费支出总额为 1 000 元，即前后两次运费之和，但其中 900 元属于合理的部分，应当计入存货成本或销货成本。因为如果直接由 M 市食品加工公司运往 W 城销售中心仅需运费 900 元。超额的运费 100 元属于管理失误造成的，应列为总部的损失。因此，在 W 城销售中心账上，仅将 900 元合理的运费包括在存货成本中。

四、总部与分支机构账户余额的调整

　　"分支机构往来"账户与"总部往来"账户是一对相对应而又相反的账户，二者账户余额应该相等。这两个账户余额如有差异，一般原因有两个：一是记账时间不一致导致一方已记录，而另一方未记录；二是会计记录错误。为了真实地反映企业的财务情况及经营情况，也为了满足公司对外编制会计报告的需要，需要对总部的"分支机构往来"账户与分支机构的"总部往来"账户进行调整，以弄清楚账户不相等的原因。调节总部及分支机构往来账户的方法类似于银行存款余额调节表的编制方法。

【例 5-11】　20×9 年 12 月 31 日 N 城销售中心"总部往来"账户余额 100 300 元，而 M 市食品加工公司"分支机构往来——N 城销售中心"账户余额 120 000 元，相差 19 700 元。经过双方核对发现以下未达账项和记账差错：

　　（1）20×9 年 12 月 28 日，M 市食品加工公司将成本为 8 000 元的商品按 10 000 元转移价格运给 N 城销售中心，N 城销售中心尚未收到。

　　（2）20×9 年 12 月 31 日，N 城销售中心将一张 6 000 元支票送往 M 市食品加工公司，M 市食品加工公司尚未收到。

　　（3）M 市食品加工公司多分摊给 N 城销售中心费用 3 700 元。

　　根据上述业务编制账项调整表如表 5-3 所示。

表 5-3　N 城销售中心与 M 市食品加工公司未达账项及差错调整表　　　　单位：元

项　目	分支机构往来——N 城销售中心	总部往来——M 市食品加工公司
调整前各自账户的余额	120 000	100 300
加：在途商品		10 000
减：在途支票	6 000	
减：账务错误更正	3 700	
调整后余额	110 300	110 300

根据调整表双方编制以下调整分录：

① N 城销售中心登记总部调拨在途商品时编制的会计分录为：

借：库存商品——总部发送——在途　　　　　　　　　　10 000

　　贷：总部往来　　　　　　　　　　　　　　　　　　　　　10 000

② M 市食品加工公司登记在途支票时编制的会计分录为：

借：银行存款——在途支票　　　　　　　　　　　　　　6 000

　　贷：分支机构往来——N 城销售中心　　　　　　　　　　　6 000

③ M 市食品加工公司更正记账差错时编制的会计分录为：

借：销售费用——广告费　　　　　　　　　　　　　　　3 700

　　贷：分支机构往来——N 城销售中心　　　　　　　　　　　3 700

通过上述分录，M 市食品加工公司"分支机构往来——N 城销售中心"账户与 N 城销售中心的"总部往来"账户余额相等，都为 110 300 元。

第四节　联合财务报表

一、个别财务报表与联合财务报表

总部与分支机构个别财务报表是反映总部及各分支机构经营成果和财务状况的文件。其编制主体是总部及各分支机构。总部与分支机构的个别财务报表属于内部报表，主要是为了满足企业管理人员评价总部及各分支机构经营成果和财务状况的需要。

总部与分支机构个别财务报表与企业财务报表格式及反映的内容大致相同，不同之处体现在分支机构财务报表略为特殊一些。具体说如果总部运交分支机构的商品按成本计价，则利润表无特殊问题；如果按零售价计算，则分支机构的利润表将会出现损失。分支机构的资产负债表唯一特殊之处，在于以"总部往来"账户代替"所有者权益"账户。

联合财务报表也可称为合总财务报表，会计期末由总部来编制。其编制目的是为了便于公司投资者、债权人及其他报表阅读者了解企业的会计信息，总部应在总部及各分支机构个别财务报表的基础上编制联合财务报表。

二、联合财务报表的编制程序

（一）总部编制抵销分录

联合财务报表编制与合并财务报表编制程序相似，首先需要将总部和各分支机构中相对应而又相反的项目消除，这些项目具体包括总部账册上的"分支机构往来"账户的借方余额与分支机构账册上"总部往来"账户的贷方余额，以及反映总部与分支机构之间的资产转移、内部债权债务等账户余额；其次消除公司内部交易未实现的利润。最后合并相同项目。

抵销"分支机构往来"账户与"总公司往来"账户的会计分录是：

借：总部往来

　　贷：分支机构往来

消除公司内部交易未实现的利润可以从各个方面进行：一是期初存货中包含的未实现利润；二是本期运送分支机构存货中包含的未实现利润；三是期末存货中包含的未实现利润。

如果期初及本期运送分支机构存货已实现销售的话，则抵销其中包含的未实现利润，其会计分录是：

借：存货加价

　　贷：主营业务成本

抵销期末存货中包含的未实现利润的会计分录是：

借：主营业务成本

　　贷：存货

值得说明的是一般情况下编制抵销分录只是为了编制联合财务报表而编制，并不需要正式记入总部或分支机构的账册。

（二）编制联合财务报表工作底稿

编制联合财务报表工作底稿的依据是总部及其分支机构结账前的试算表。

（三）编制总部和分支机构结账和调整分录

1. 分支机构结账业务

编制好联合财务报表工作底稿后各分支机构应进行结账，即将损益类账户发生额结转至"总部往来"账户。分支机构结账时的会计分录应是：

借：主营业务收入

　　贷：主营业务成本

　　　　销售费用等

　　　　总部往来

2. 总部调整分录及结账

总部调整分录有两个：一是根据分支机构会计报表提供的净利润，登记"分支机构往来"和"分支机构利润"；二是调整"存货加价"和"分支机构利润"。具体会计处理为：

对分支机构利润进行登记，并调整"分支机构往来"的会计分录为：

借：分支机构往来

　　贷：分支机构利润

对"分支机构利润"及"存货加价"账户调整的会计分录为：

借：存货加价

　　贷：分支机构利润

结账会计分录为：

借：主营业务收入等

　　　　分支机构利润

　　　贷：主营业务成本等

　　　　　未分配利润

（四）编制联合财务报表

　　联合财务报表是以总部及各分部个别财务报表为基础编制的，除上述调整项目及抵销项目外，其他项目均以总部和各分支机构报表数据相加的合计数填列在联合财务报表的各个项目内。联合财务报表也可以采用简便的做法，即从总部和分支机构的调整后试算表开始，编制联合财务报表工作底稿。

三、联合财务报表编制举例

【例 5-12】　　M 市食品加工公司（简称 M 公司）拥有一分支机构 N 城销售中心（简称 N 中心），M 公司对 N 中心调运存货均按成本加成计价，正常售价为公司商品成本的 125％。N 中心也向外界购货，这些商品按发票价格的 25％加价售出。又知 M 公司、N 中心存货采用永续盘存制、固定资产的记录均由总公司 M 公司负责。20×1 年 12 月 31 日，N 中心 320 000 元存货中有一半是从当地购入的，另一半则是从总公司 M 公司运来的。20×1 年 12 月 31 日，M 公司与 N 中心个别资产负债表如表 5-4 所示。

表 5-4　M 公司 20×1 年 12 月 31 日总部及分支机构资产负债表　　　　单位：元

报表项目	总部	N 城销售中心
货币资金	200 000	100 000
应收账款（净额）	210 000	210 000
存货	400 000	320 000
固定资产（净额）	2 000 000	
分支机构往来－N 城销售中心	420 000	
资产合计	3 230 000	630 000
应付账款	120 000	130 000
其他负债	86 000	80 000
存货加价－N 城销售中心	32 000	
总部往来		420 000
股本	2 504 000	
未分配利润	488 000	
负债及所有者权益合计	3 230 000	630 000

　　20×2 年 M 市食品加工公司与 N 城销售中心汇总发生如下经济业务：

　　(1) N 中心收到 M 公司提供的资金 40 000 元存入银行。

　　(2) M 公司实现销售收入 4 200 000 元，其中当年收到款项 3 000 000 元，其余全部为赊销。N 中心实现销售收入 1 800 000 元，所有销货均为赊销。

（3）M 公司购货 4 100 000 元，货款未付。并将其中成本为 800 000 元的商品按转移价格为 1 000 000 元运给 N 中心。

（4）N 中心收回应收款项 80 000 元，之后将其转存到 M 公司账上。

（5）N 中心购入商品 400 000 元，货款尚未支付。

（6）M 公司收回应收款项 1 100 000 元。

（7）M 公司归还欠款 900 000 元，N 中心归还欠款 80 000 元。

（8）M 公司支付销售费用 220 000 元，其中 N 中心应分摊 50 000 元。

（9）N 中心发生销售费用 40 000 元，其中支付 30 000 元，其余未付。

（10）M 公司计提固定资产折旧为 115 000 元，其中 20 000 元应由 N 中心分摊。

又知 20×2 年底 M 市食品加工公司存货为 500 000 元，N 销售中心存货为 200 000 元，N 销售中心存货中有一半是从 M 市食品加工公司购入的。

依据上述经济业务，分步讲解联合报表的编制。

（一）编制 M 公司和 N 中心的会计分录，具体分录归纳如表 5-5 所示。

表 5-5 M 市食品加工公司与 N 城销售中心会计分录　　　　单位：元

序号	总公司	分公司
1	借：分支机构往来——N 中心　40 000　贷：银行存款　40 000	借：银行存款　40 000　贷：总部往来　40 000
2	借：银行存款　3 000 000　应收账款　1 200 000　贷：主营业务收入　4 200 000	借：应收账款　1 800 000　贷：主营业务收入　1 800 000
3	借：库存商品　4 100 000　贷：应付账款　4 100 000　借：分支机构往来——N 中心　1 000 000　贷：库存商品——发送 N 中心　800 000　存货加价　200 000	借：库存商品——总部发送　1 000 000　贷：总部往来　1 000 000
4	借：银行存款　80 000　贷：分支机构往来——N 中心　80 000	借：银行存款　80 000　贷：应收账款　80 000　借：总部往来　80 000　贷：银行存款　80 000
5		借：库存商品　400 000　贷：应付账款　400 000
6	借：银行存款　1 100 000　贷：应收账款　1 100 000	
7	借：应付账款　900 000　贷：银行存款　900 000	借：应付账款　80 000　贷：银行存款　80 000

序号	总公司		分公司	
8	借：销售费用 　贷：银行存款 借：分支机构往来——N中心 　贷：销售费用	220 000 　220 000 50 000 　50 000	借：销售费用 　贷：总部往来	50 000 　50 000
9			借：销售费用 　贷：银行存款 　　应付账款	40 000 　30 000 　10 000
10	借：分支机构往来——N中心 　　管理费用 　贷：累计折旧	20 000 95 000 　115 000	借：管理费用 　贷：总部往来	20 000 　20 000

由于20×2年底M市食品加工公司存货为500 000元，N销售中心存货为200 000元，则M公司的销售成本及N中心的销货成本可计算如表5-6所示。

表5-6　总部销售成本及分支机构销货成本计算表　　　　　　单位：元

项目	M市食品加工公司	N城销售中心
期初存货（20×2年1月1日）	400 000	320 000
本期期购入存货	4 100 000	400 000
运交分支机构商品	(800 000)	
总部运来商品		1 000 000
可供销售商品	3 700 000	1 720 000
期末存货（20×2年12月31日）	(500 000)	(200 000)
商品销售成本	3 200 000	1 520 000

M市食品加工公司的结转销货成本的编制的会计分录为：

借：主营业务成本　　　　　　　　　　　　　　　　　　3 200 000
　贷：库存商品　　　　　　　　　　　　　　　　　　　　　3 200 000

N城销售中心结转的销货成本编制的会计分录为：

借：主营业务成本　　　　　　　　　　　　　　　　　　1 520 000
　贷：库存商品——总部发送　　　　　　　　　　　　　　　1 060 000
　　库存商品——外购　　　　　　　　　　　　　　　　　　460 000

（注：其中1 060 000＝期初结存由总部调入存货160 000＋本期由总部调入存货1 000 000－期末结存由总部调入存货100 000，460 000＝期初结存外购存货160 000＋本期外购存货400 000－期末结存外购存货100 000）

(二) 编制联合报表抵销分录

M 市食品加工公司与 N 城销售中心的调整与抵销分录为：

(1) 抵销包括在销货成本中的期初存货加价：

| 借：存货加价 | 32 000 |
| 贷：主营业务成本 | 32 000 |

(2) 抵销本年度运交分支机构商品存货的加价：

| 借：存货加价 | 200 000 |
| 贷：主营业务成本 | 200 000 |

(注：200 000＝1 000 000－1 000 000÷125％)

(3) 抵销 N 城销售中心期末存货的加价：

| 借：主营业务成本 | 20 000 |
| 贷：存货 | 20 000 |

(注：20 000＝100 000－100 000÷125％)

(4) 抵销"总部往来"与"分支机构往来"两个相对账户：

| 借：总部往来 | 1 450 000 |
| 贷：分支机构往来 | 1 450 000 |

(三) 编制联合报表工作底稿

当总部与分支机构所有的经济业务登入账户后，可编制出 20×2 年 12 月 31 日试算表（见表 5-7 中前两栏）。

表 5-7　M 市食品加工公司与 N 城销售中心联合报表工作底稿　　单位：元

项目	总部	分支机构	调整与抵销		利润表	资产负债表
借方						
货币资金	3 220 000	30 000				3 250 000
应收账款（净）	310 000	1 930 000				2 240 000
存货	500 000	200 000		③20 000		680 000
固定资产（净）	1 885 000					1 885 000
分支机构往来	1 450 000			④1 450 000		
营业成本	3 200 000	1 520 000	③20 000	①32 000 ②200 000	(4 508 000)	
销售费用	170 000	90 000			(260 000)	
管理费用	95 000	20 000			(115 000)	
借方合计	1 0830 000	3 790 000				8 055 000
贷方						
应付账款	3 320 000	460 000				3 780 000

项目	总部	分支机构	调整与抵销		利润表	资产负债表
其他负债	86 000	80 000				166 000
存货加价	232 00		①32 000 ②200 000			
总部往来		1 450 000	④1 450 000			
股本	2 504 000					2 504 000
未分配利润（期初）	488 000					488 000
营业收入	4 200 000	1 800 000			6 000 000	
未分配利润（期末）					1 117 000	1 117 000
贷方合计	1 0830 000	3 790 000				8 055 000

（四）编制总部和分支机构结账和调整分录

（1）N城销售中心结账分录为：

借：主营业务收入　　　　　　　　　　　　　　　　　1 800 000

　贷：主营业务成本　　　　　　　　　　　　　　　　1 520 000

　　销售费用　　　　　　　　　　　　　　　　　　　90 000

　　管理费用　　　　　　　　　　　　　　　　　　　20 000

　　总部往来　　　　　　　　　　　　　　　　　　　170 000

（2）M市食品加工公司调整分录：

借：分支机构往来　　　　　　　　　　　　　　　　　170 000

　贷：分支机构利润　　　　　　　　　　　　　　　　170 000

借：存货加价　　　　　　　　　　　　　　　　　　　212 000

　贷：分支机构利润　　　　　　　　　　　　　　　　212 000

（注212 000＝未实现利润232 000元——N中心期末存货未实现利润20 000元）

（3）M市食品加工公司结账分录：

借：主营业务收入　　　　　　　　　　　　　　　　　4 200 000

　分支机构利润　　　　　　　　　　　　　　　　　　382 000

　贷：主营业务成本　　　　　　　　　　　　　　　　3 200 000

　　销售费用　　　　　　　　　　　　　　　　　　　170 000

　　管理费用　　　　　　　　　　　　　　　　　　　95 000

　　未分配利润　　　　　　　　　　　　　　　　　　1 117 000

以上业务处理后，将总部与分支机构相应而相反的账户得以消除。

（五）编制M市食品加工公司及N城销售中心单独财务报表与联合报表

M市食品加工公司及N城销售中心单独财务报表与联合报表见表5-8和表5-9。

表 5-8 M 市食品加工公司及 N 城销售中心利润表及利润分配表

20×2 年 单位：元

项目	总公司	分公司	联合报表
利润表			
营业收入	4 200 000	1 800 000	6 000 000
分支机构利润	382 000		
合计	4 582 000	1 800 000	6 000 000
营业成本	(3 200 000)	(1 520 000)	(4 508 000)
销售费用	(170 000)	(90 000)	(260 000)
管理费用	(95 000)	(20 000)	(115 000)
净利润	1 117 000	170 000	1 117 000
利润分配表			
期初未分配利润	488 000		488 000
净利润	1 117 000		1 117 000
股利	0		0
未分配利润（总部）	1 605 000		1 605 000

表 5-9 M 市食品加工公司及 N 城销售中心资产负债表

20×2 年 12 月 31 日 单位：元

项目	总公司	分公司	联合报表
资产			
货币资金	3 220 000	30 000	3 250 000
应收账款（净额）	310 000	1 930 000	2 240 000
存货	500 000	200 000	680 000
分支机构往来	1 620 000①		
固定资产（净额）	1 885 000		1 885 000
资产合计	7 535 000	2 160 000	8 055 000
负债及所有者权益			
应付账款	3 320 000	460 000	3 780 000
其他负债	86 000	80 000	166 000
存货加价	20 000②		
总部往来		1 620 000③	
股本	2 504 000		2 504 000
未分配利润	1 605 000		1 605 000
负债及所有者权益合计	7 535 000	2 160 000	8 055 000

（注：①分支机构往来 1 620 000 元＝本账户期初余额 1 450 000 元＋分支机构转入金额 170 000 元

②存货加价 20 000 元＝本账户期初余额 32 000 元＋本期发生金额 200 000 元－调整转出金额 212 000 元

③总部往来 1 620 000 元＝本账户期初余额 420 000 元＋本期发生金额 1 030 000 元＋调整转入金额 170 000 元）

复习思考题

【简答题】

1. 企业分支机构与企业子公司的区别有哪些？

2. 销售代理处会计有什么特点？与分支机构会计有何区别？

3. 在定期盘存制和永续盘存制下，分支机构会计与总部之间及各分支机构之间调运商品时会计处理有何不同？

4. 总部与分支机构往来交易有哪些种类？

5. 合并财务报表与联合财务报表的区别有哪些？

6. 编制联合财务报表工作底稿的目的有哪些？

【计算分析题】

1. A公司的分支机构20×9年交易汇总如下：

（1）从外部购买商品20 000元；

（2）收到总部按成本发来的商品20 000元；

（3）向客户赊销商品5 000元；

（4）以现金支付各种营业费用700元；

（5）支付广告费1 500元，其中60％应由总公司承担；

（7）退还总部商品，成本10 000元；

（8）收到总部通知，分摊总部折旧费1 200元；

（9）收回应收账款8 000元；

（10）转账支票7 000元存入总部；

（11）期末结账，已知分公司存货账户期初余额23 000元，期末余额42 000元。

要求：做出A公司及其分支机构的会计分录。

2. 某公司由总店和分店组成，分别设置账户系统处理各自业务，分店货物可由总店拨给，也可自行从外部购入，从外部购入时价格相当于总店的125％，总店和分店存货都采用永续盘存制，以下是公司20×9年期末调整前的试算表上取得的部分资料如表5-10所示。

表5-10　20×9年期末调整前的试算表上取得的部分资料　　　　　　　　单位：元

项目	总店	分店
销售收入	800 000	120 000
库存商品——发送分支机构	20 000	
购货	100 000	22 000
存货（年初）	50 000	30 000
库存商品—总部调入商品		25 000
各项费用	32 000	8 000
分支机构未实现利润	8 000	
存货（年末）	30 000	28 000

其他有关资料：

（1）总店的"库存商品——发送分支机构"与分店的"库存商品—总部调入商品"账户的差额是成本与供货价之间的差额；

（2）分店的期末存货中有 15％是从外部购入的；

（3）分店同时向总店和外部供货商购货，总店按成本的 125％计算供货价格。

要求：

（1）为分店做结账的会计分录；

（2）为总店编制期末调整和结账的会计分录；

（3）编制该公司 20×9 年度对外利润表。

第六章

外币折算会计

本章主要介绍了记账本位币的确定、外币交易的会计处理和外币财务报表的折算。

重要概念： 记账本位币　境外经营　汇率　外币业务　外部报表折算

第一节　记账本位币的确定

一、记账本位币的定义

记账本位币是指企业经营所处的主要经济环境中的货币。主要经济环境，通常是指企业主要产生和支出现金的环境，使用该环境中的货币最能反映企业的主要交易的经济结果。例如，我国大多数企业主要产生和支出现金的环境在国内。因此，一般以人民币作为记账本位币。

二、企业记账本位币的确定

我国《会计法》中规定，业务收支以人民币以外的货币为主的单位，可以选定其中一种货币作为记账本位币，但是编报的财务报告应当折算为人民币。《会计法》允许企业选择非人民币作为记账本位币，但是，究竟如何选择，《会计法》没有给出详细的说明，外币折算准则对如何选择记账本位币进行了规范。并规定了确定记账本位币需要考虑的因素。企业选定记账本位币，应当考虑下列因素：

（1）该货币主要影响商品和劳务销售价格，通常以该货币进行商品和劳务销售价格的计价和结算。如国内甲公司为从事贸易的企业，90％以上的销售收入以人民币计价和结算，人民币是主要影响甲公司商品和劳务销售价格的货币。

（2）该货币主要影响商品和劳务所需人工、材料和其他费用，通常以该货币进行上述费用的计价和结算。如国内乙公司为工业企业，所需机器设备、厂房、人工以及原材料等在国内采购，以人民币计价和结算，人民币是主要影响商品和劳务所需人工、材料和其他费用的货币。

实务中，企业选定记账本位币，通常应综合考虑上述两项因素，而不是仅考虑其中一项，因为企业的经营活动往往是收支并存的。

（3）融资活动获得的资金以及保存从经营活动中收取款项时所使用的货币。在有些情况下，企业根据收支情况难以确定记账本位币，需要在收支基础上结合融资活动获得的资金或保存从经营活动中收取款项时所使用的货币，进行综合分析后做出判断。

例如，国内丙公司为外贸自营出口企业，超过 70% 的营业收入来自向欧盟各国的出口，其商品销售价格主要受欧元的影响，以欧元计价，因此，从影响商品和劳务销售价格的角度看，丙公司应选择欧元作为记账本位币。如果丙公司除厂房设施、30% 的人工成本在国内以人民币采购外，生产所需原材料、机器设备及 70% 以上的人工成本以欧元在欧盟市场采购，则可确定丙公司的记账本位币是欧元。但是，如果丙公司的人工成本、原材料及相应的厂房设施、机器设备等 95% 以上在国内采购并以人民币计价，则难以判定丙公司的记账本位币应选择欧元还是人民币，还需要结合第三项因素予以确定。如果丙公司取得的欧元营业收入在汇回国内时直接换成了人民币存款，且丙公司对欧元波动产生的外币风险进行了套期保值，丙公司可以确定其记账本位币为人民币。

又如，丁公司为国内一家婴儿配方奶粉加工企业，其原材料牛奶全部来自澳大利亚，主要加工技术、机器设备及主要技术人员均由澳大利亚方面提供，生产的婴儿配方奶粉面向国内出售。企业依据第一、二项因素难以确定记账本位币。需要考虑第三项因素。假定为满足采购原材料牛奶等所需澳元的需要，丁公司向澳大利亚某银行借款 10 亿澳元，期限为 20 年，该借款是丁公司当期流动资金净额的 4 倍。由于原材料采购以澳元结算，且企业经营所需要的营运资金，即融资获得的资金也使用澳元，因此，丁公司应当以澳元作为记账本位币。

需要说明的是，在确定企业的记账本位币时，上述因素的重要程度因企业具体情况不同而不同，需要企业管理层根据实际情况进行判断，但是，这并不能说明企业管理层可以根据需要随意选择记账本位币，而是根据实际情况确定的记账本位币只能有一种货币。

三、境外经营记账本位币的确定

（一）境外经营的含义

境外经营是指企业在境外的子公司、合营企业、联营企业、分支机构。当企业在境内的子公司、联营企业、合营企业或者分支机构，选定的记账本位币不同于企业的记账本位币时，也应当视同境外经营。

区分某实体是否为该企业的境外经营的关键有两项：一是该实体与企业的关系，是否为企业的子公司、合营企业、联营企业、分支机构，二是该实体的记账本位币是否与企业记账本位币相同，而不是以该实体是否在企业所在地的境外作为标准。

（二）境外经营记账本位币的确定

境外经营也是一个企业，在确定其记账本位币时也应当考虑企业选择确定记账本位币需要考虑的上述因素。同时，由于境外经营是企业的子公司、联营企业、合营企业或者分支机构，因此，境外经营记账本位币的选择还应当考虑该境外经营与企业的关系：

（1）境外经营对其所从事的活动是否拥有很强的自主性。如果境外经营所从事的活动是视同企业经营活动的延伸，该境外经营应当选择与企业记账本位币相同的货币作为记账本位币，如果境外经营所从事的活动拥有极大的自主性，应根据所处的主要经济环境选择记账本位币。

（2）境外经营活动中与企业的交易是否在境外经营活动中占有较大比重。如果境外经营与企业的交易在境外经营活动中所占的比例较高，境外经营应当选择与企业记账本位币相同的货币作为记账本位币，反之，应根据所处的主要经济环境选择记账本位币。

（3）境外经营活动产生的现金流量是否直接影响企业的现金流量、是否可以随时汇回。如果境外经营活动产生的现金流量直接影响企业的现金流量，并可随时汇回，境外经营应当选择与企业记账本位币相同的货币作为记账本位币，反之，应根据所处的主要经济环境选择记账本位币。

（4）境外经营活动产生的现金流量是否足以偿还其现有债务和可预期的债务。如果境外经营活动产生的现金流量在企业不提供资金的情况下，难以偿还其现有债务和正常情况下可预期的债务，境外经营应当选择与企业记账本位币相同的货币作为记账本位币，反之，应根据所处的主要经济环境选择记账本位币。

四、记账本位币变更的会计处理

企业选择的记账本位币一经确定，不得改变，除非与确定记账本位币相关的企业经营所处的主要经济环境发生了重大变化。主要经济环境发生重大变化，通常是指企业主要产生和支出现金的环境发生重大变化，使用该环境中的货币最能反映企业的主要交易业务的经济结果。

企业因经营所处的主要经济环境发生重大变化，确需变更记账本位币的，应当采用变更当日的即期汇率将所有项目折算为变更后的记账本位币，折算后的金额作为以新的记账本位币计量的历史成本，由于采用同一即期汇率进行折算，不会产生汇兑差额。企业需要提供确凿的证据证明企业经营所处的主要经济环境确实发生了重大变化，并应当在附注中披露变更的理由。

企业记账本位币发生变更的，在按照变更当日的即期汇率将所有项目折算为变更后的记账本位币时，其比较财务报表应当以可比当日的即期汇率折算所有资产负债表和利润表项目。

第二节 外币交易的会计处理

一、外币交易的核算程序

外币交易的记账方法有外币统账制和外币分账制两种。外币统账制是指企业在发生外币交易时，即折算为记账本位币入账。外币分账制是指企业在日常核算时分别币种记账，资产负债表日，分为货币性项目和非货币性项目进行调整，货币性项目按资产负债表日即期汇率折算，非货币性项目按交易日即期汇率折算，产生的汇兑差额计入当期损益。从我国目前的情况看，绝大多数企业采用外币统账制，只有银行等少数金融企业由于外币交易频繁，涉及外币币种较多，可以采用分账制记账方法进行日常核算。无论是采用分账制记账方法，还是采用统账制记账方法，只是账务处理程序不同，但产生的结果应当相同，即计算出的汇兑差额相同，相应的会计处理也相同，即均计入当期损益。

本节主要介绍外币统账制下的账户设置及其会计核算的基本程序。

（一）账户设置

外币统账制方法下，对外币交易的核算不单独设置科目，对外币交易金额因汇率变动而产生的差额可在"财务费用"科目下设置二级科目"汇兑差额"反映。该科目借方反映因汇率变动而产生的汇兑损失，贷方反映因汇率变动而产生的汇兑收益。期末余额结转入"本年利润"科目后一般无余额。

（二）会计核算的基本程序

企业发生外币交易时，其会计核算的基本程序为：

第一，将外币金额按照交易日的即期汇率或即期汇率的近似汇率折算为记账本位币金额，按照折算后的记账本位币金额登记有关账户，在登记有关记账本位币账户的同时，按照外币金额登记相应的外币账户。

第二，期末，将所有外币货币性项目的外币余额，按照期末即期汇率折算为记账本位币金额，并与原记账本位币金额相比较，其差额记入"财务费用——汇兑差额"科目。

第三，结算外币货币性项目时，将其外币结算金额按照当日即期汇率折算为记账本位币金额，并与原记账本位币金额相比较，其差额记入"财务费用——汇兑差额"科目。

二、即期汇率和即期汇率的近似汇率

（一）即期汇率的选择

汇率是指两种货币相兑换的比率，是一种货币用另一种货币单位所表示的价格。我们通常在银行见到的汇率有三种表示方式：买入价、卖出价和中间价。买入价指银行买入其他货币的价格，卖出价指银行出售其他货币的价格，中间价是银行买入价与卖出价的平均价，银行的卖出价一般高于买入价，以获取其中的差价。

无论买入价，还是卖出价均是立即交付的结算价格，都是即期汇率，即期汇率是相对于远期汇率而言的，远期汇率是在未来某一日交付时的结算价格。为方便核算，准则中企业用于记账的即期汇率一般指当日中国人民银行公布的人民币汇率的中间价。但是，在企业发生单纯的货币兑换交易或涉及货币兑换的交易时，仅用中间价不能反映货币买卖的损益，需要使用买入价或卖出价折算。

企业发生的外币交易只涉及人民币与美元、欧元、日元、港元之间折算的，可直接采用中国人民银行每日公布的人民币汇率的中间价作为即期汇率进行折算；企业发生的外币交易涉及人民币与其他货币之间折算的，应当按照国家外汇管理局公布的各种货币兑美元折算率采用套算的方法进行折算；发生的外币交易涉及人民币以外的货币之间折算的，可直接采用国家外汇管理局公布的各种货币对美元折算率进行折算。

（二）即期汇率的近似汇率

当汇率变动不大时，为简化核算，企业在外币交易日或对外币报表的某些项目进行折算时也可以选择即期汇率的近似汇率折算。即期汇率的近似汇率是"按照系统合理的方法确定的、与交易发生日即期汇率近似的汇率"，通常是指当期平均汇率或加权平均汇率等。例如，以美元兑人民币的周平均汇率为例，假定美元兑人民币每天的即期汇率为：周一6.8，周二6.9，周三7.1，周四7.2，周五7.15，周平均汇率为（6.8＋6.9＋7.1＋7.2＋7.15）÷5＝7.03。月平均汇率的计算方法与周平均汇率的计算方法相同。月加权平均汇率需要采用当月外币交易的外币金额作为权重进行计算。

无论是采用平均汇率还是加权平均汇率，或者其他方法确定的即期汇率的近似汇率，该方法应在前后各期保持一致。如果汇率波动使得采用即期汇率的近似汇率折算不适当时，应当采用交易发生日的即期汇率折算。至于何时不适当，需要企业根据汇率变动情况及计算即期汇率的近似汇率的方法等进行判断。

三、外币交易的会计处理

外币是企业记账本位币以外的货币。外币交易是指企业发生以外币计价或者结算的交易。包括：(1) 买入或者卖出以外币计价的商品或者劳务，例如：以人民币为记账本位币的国内 A 公司向国外 B 公司销售商品，货款以美元结算，A 公司购买 S 公司发行的 H 股股票，A 公司从境外以美元购买固定资产或生产用原材料等。(2) 借入或者借出外币资金，例如，以人民币为记账本位币的甲公司从中国银行借入欧元、经批准向海外发行美元债券等。(3) 其他以外币计价或者结算的交易。指除上述 (1)、(2) 外，以记账本位币以外的货币计价或结算的其他交易，例如接受外币现金捐赠等。

（一）初始确认

企业发生外币交易的，应在初始确认时采用交易日的即期汇率或即期汇率的近似汇率将外币金额折算为记账本位币金额。这里的即期汇率可以是外汇牌价的买入价或卖出价，也可以是中间价，在与银行不进行货币兑换的情况下，一般以中间价作为即期汇率。

【例 6-1】 甲股份有限公司的记账本位币为人民币，对外币交易采用交易日的即期汇率折算。20×7 年 3 月 3 日，从境外丙公司购入不需要安装的设备一台，设备价款为 250 000 美元，购入该设备当日的即期汇率为 1 美元＝6.6 元人民币，适用的增值税税率为 17%，款项尚未支付，增值税以银行存款支付。编制会计分录为：

借：固定资产——机器设备　　　　　　　　(250 000×6.6) 1 650 000

	应交税费——应交增值税（进项税额）	280 500
贷：应付账款——丙公司（美元）		1 650 000
银行存款		280 500

企业收到投资者以外币投入的资本，无论是否有合同约定汇率，均不采用合同约定汇率和即期汇率的近似汇率折算，而是采用交易日即期汇率折算，这样，外币投入资本与相应的货币性项目的记账本位币金额相等，不产生外币资本折算差额。

【例 6-2】　甲股份有限公司以人民币为记账本位币，对外币交易采用交易日的即期汇率折算。20×7 年 6 月 1 日，将 50 000 美元到银行兑换为人民币，银行当日的美元买入价为 1 美元＝6.55 元人民币，中间价为 1 美元＝6.60 元人民币。

本例中，企业与银行发生货币兑换，兑换所用汇率为银行的买入价或卖出价，而通常记账所用的即期汇率为中间价，由于汇率变动而产生的汇兑差额计入当期财务费用。编制会计分录为：

借：银行存款——人民币（50 000×6.55）	327 500
财务费用	2 500
贷：银行存款——美元（50 000×6.6）	330 000

（二）期末调整或计算

期末，企业应当分别外币货币性项目和外币非货币性项目进行处理。

1. 货币性项目

货币性项目是企业持有的货币和将以固定或可确定金额的货币收取的资产或者偿付的负债。货币性项目分为货币性资产和货币性负债，货币性资产包括现金、银行存款、应收账款、其他应收款、长期应收款等，货币性负债包括应付账款、其他应付款、短期借款、应付债券、长期借款、长期应付款等。

期末或结算货币性项目时，应以当日即期汇率折算外币货币性项目，该项目因当日即期汇率不同于该项目初始入账时或前一期末即期汇率而产生的汇率差额计入当期损益。

2. 非货币性项目

非货币性项目是货币性项目以外的项目，如：存货、长期股权投资、交易性金融资产（股票、基金）、固定资产、无形资产等。

（1）对于以历史成本计量的外币非货币性项目，已在交易发生日按当日即期汇率折算，资产负债表日不应改变其原记账本位币金额，不产生汇兑差额。

（2）对于以成本与可变现净值孰低计量的存货，如果其可变现净值以外币确定，则在确定存货的期末价值时，应先将可变现净值折算为记账本位币，再与以记账本位币反映的存货成本进行比较。

【例 6-3】　P 上市公司以人民币为记账本位币。20×7 年 11 月 2 日，从英国 W 公司采购国内市场尚无的 A 商品 10 000 件，每件价格为 1 000 英镑，当日即期汇率为 1 英镑＝15 元人民币。20×7 年 12 月 31 日，尚有 1 000 件 A 商品未销售出去，国内市场仍无

A 商品供应，A 商品在国际市场的价格降至 900 英镑。12 月 31 日的即期汇率是 1 英镑 ＝15.5 元人民币。假定不考虑增值税等相关税费。

本例中，由于存货在资产负债表日采用成本与可变现净值孰低计量，因此，在以外币购入存货并且该存货在资产负债表日获得可变现净值以外币反映时，计提存货跌价准备时应当考虑汇率变动的影响。因此，该公司编制的会计分录为：

11 月 2 日，购入 A 商品：

借：库存商品——A（10 000×1 000×15）　　　　　　　　150 000 000

　　贷：银行存款——英镑　　　　　　　　　　　　　　　　　　150 000 000

12 月 31 日，计提存货跌价准备：

借：资产减值损失　　　　　　　　　　　　　　　　　　　　1 050 000

　　贷：存货跌价准备　　　　　　　　　　　　　　　　　　　　1 050 000

1 000×1 000×15－1 000×900×15.5＝1 050 000（元）

（3）对于以公允价值计量的股票、基金等非货币性项目，如果期末的公允价值以外币反映，则应当先将该外币按照公允价值确定当日的即期汇率折算为记账本位币金额，再与原记账本位币金额进行比较，其差额作为公允价值变动损益，记入当期损益。

【例 6-4】 国内甲公司的记账本位币为人民币。20×7 年 12 月 10 日以每股 1.5 美元的价格购入乙公司 B 股 10 000 股作为交易性金融资产，当日汇率为 1 美元＝6.6 元人民币，款项已付。20×7 年 12 月 31 日，由于市价变动，当月购入的乙公司 B 股的市价变为每股 1 美元，当日汇率为 1 美元＝6.65 元人民币。假定不考虑相关税费的影响。

20×7 年 12 月 10 日，该公司应对上述交易编制的会计分录为：

借：交易性金融资产（1.5×10 000×6.6）　　　　　　　　　99 000

　　贷：银行存款——美元　　　　　　　　　　　　　　　　　　99 000

根据《企业会计准则第 22 号——金融工具确认和计量》，交易性金融资产以公允价值计量。由于该项交易性金融资产是以外币计价，在资产负债表日，不仅应考虑美元市价的变动，还应一并考虑美元与人民币之间汇率变动的影响，上述交易性金融资产在资产负债表日的人民币金额以 66 500（即 1×10 000×6.65）入账，与原账面价值 99 000 元的差额为 32 500 元人民币，计入公允价值变动损益。编制的会计分录为：

借：公允价值变动损益　　　　　　　　　　　　　　　　　　32 500

　　贷：交易性金融资产　　　　　　　　　　　　　　　　　　　32 500

32 500 元人民币既包含甲公司所购乙公司 B 股股票公允价值变动的影响，又包含人民币与美元之间汇率变动的影响。

20×8 年 1 月 10 日，甲公司将所购乙公司 B 股股票按当日市价每股 1.2 美元全部售出，所得价款为 12 000 美元，按当日汇率 1 美元＝6.7 元人民币折算为人民币金额为 80 400 元，与其原账面价值人民币金额 66 500 元的差额为 13 900 元人民币，对于汇率的变动和股票市价的变动不进行区分，均作为投资收益进行处理。因此，售出当日，甲公司应编制的会计分录为：

借：银行存款——美元（1.2×10 000×6.7）　　　　　　　　80 400

　　贷：交易性金融资产（99 000－32 500）　　　　　　　　　　　66 500
　　　　投资收益　　　　　　　　　　　　　　　　　　　　　　　13 900

四、分账制记账方法

　　分账制记账方法是一种外币交易的账务处理方法，我国的许多金融类企业均采用分账制记账方法。金融类企业的外币交易频繁，涉及外币币种较多，可以采用分账制记账方法进行日常核算。资产负债表日，应当分别货币性项目和非货币性项目进行处理：货币性项目按资产负债表日即期汇率折算，非货币性项目按交易日即期汇率折算，产生的汇兑差额计入当期损益。

　　分账制记账方法下，为保持不同币种借贷方金额合计相等，需要设置"货币兑换"科目进行核算。实务中又可采取两种方法核算：

　　（一）所有外币交易均通过"货币兑换"科目处理

　　在这种方法下，会计处理包括以下内容：

　　（1）企业发生的外币交易同时涉及货币性项目和非货币性项目的，按相同外币金额同时记入货币性项目和"货币兑换（外币）"科目，同时，按以交易发生日即期汇率折算为记账本位币的金额，记入非货币性项目和"货币兑换（记账本位币）"科目。

　　（2）企业发生的交易仅涉及记账本位币外的一种货币反映的货币性项目的，按相同币种金额入账，不需要通过"货币兑换"科目核算；如果涉及两种以上货币，按相同币种金额记入相应货币性项目和"货币兑换（外币）"科目。

　　（3）期末，应将所有以记账本位币以外的货币反映的"货币兑换"科目余额按期末汇率折算为记账本位币金额，并与"货币兑换（记账本位币）"科目余额相比较，其差额转入"汇兑损益"科目：如为借方差额，借记"汇兑损益"科目，贷记"货币兑换（记账本位币）"科目；如为贷方差额，借记"货币兑换（记账本位币）"科目，贷记"汇兑损益"科目。

　　（4）结算外币货币性项目产生的汇兑差额计入"汇兑损益"。

【例6-5】　假定甲银行采用分账制记账方法，选定的记账本位币为人民币并以人民币列报财务报表。20×7年9月，甲银行发生以下交易：

　　（1）9月5日，收到投资者投入的货币资本100 000美元，无合同约定汇率，当日汇率为1美元＝6.8元人民币；

　　（2）9月10日，以2 000美元购入一台固定资产，当日汇率为1美元＝6.75元人民币；

　　（3）9月15日，某客户以39 000元人民币购入5 000美元，当日美元卖出价为1美元＝6.8元人民币；

　　（4）9月20日，发放短期贷款5 000美元，当日汇率为1美元＝6.85元人民币；

　　（5）9月25日，向其他银行拆借资金10 000欧元，期限为1个月，年利率为3%，当日的汇率为1欧元＝9.5元人民币；

　　（6）9月30日的汇率为1美元＝7元人民币，1欧元＝10元人民币。

对于上述交易，企业应编制的会计分录为：

（1）9月5日，收到美元资本投入

借：银行存款（美元）　　　　　　　　　　　　　　USD＄100 000
　　贷：货币兑换（美元）　　　　　　　　　　　　　USD＄100 000
借：货币兑换（人民币）　　　　　　　　　　　　　RMB￥680 000
　　贷：实收资本　　　　　　　　　　　　　　　　　RMB￥680 000

（2）9月10日，以美元购入固定资产

借：固定资产　　　　　　　　　　　　　　　　　　RMB￥13 500
　　贷：货币兑换（人民币）　　　　　　　　　　　　RMB￥13 500
借：货币兑换（美元）　　　　　　　　　　　　　　USD＄2 000
　　贷：银行存款（美元）　　　　　　　　　　　　　USD＄2 000

（3）9月15日，售出美元

借：银行存款（人民币）　　　　　　　　　　　　　RMB￥39 000
　　贷：货币兑换（人民币）　　　　　　　　　　　　RMB￥39 000
借：货币兑换（美元）　　　　　　　　　　　　　　USD＄5 000
　　贷：银行存款（美元）　　　　　　　　　　　　　USD＄5 000

（4）9月20日，发放美元短期贷款

借：贷款（美元）　　　　　　　　　　　　　　　　USD＄5 000
　　贷：银行存款（美元）　　　　　　　　　　　　　USD＄5 000

（5）9月25日，向其他银行拆借欧元资金

借：银行存款（欧元）　　　　　　　　　　　　　　€ 10 000
　　贷：拆入资金（欧元）　　　　　　　　　　　　　€ 10 000

（6）"货币兑换（美元）"账户的贷方余额为 USD＄93 000（USD＄100 000－USD＄2 000－USD＄5 000），按月末汇率折算为人民币金额余额为 RMB￥651 000（93 000×7）；

"货币兑换（人民币）"账户有借方余额 RMB￥627 500（680 000－13 500－39 000）。

"货币兑换"账户的借方余额合计为 RMB￥627 500，贷方余额合计为 RMB￥651 000，借贷方之间的差额为 RMB￥23 500，即为当期产生的汇兑差额，相应的会计分录为：

借：货币兑换（人民币）　　　　　　　　　　　　　RMB￥23 500
　　贷：汇兑损益　　　　　　　　　　　　　　　　　RMB￥23 500

（二）外币交易的日常核算不通过"货币兑换"科目，仅在资产负债表日结转汇兑损益时通过"货币兑换"科目处理

在外币交易发生时直接以发生的币种进行账务处理，期末，由于所有账户均需要折算为记账本位币列报，因此，所有以外币反映的账户余额均需要折算为记账本位币余额，其中，货币性项目以资产负债表日即期汇率折算，非货币性项目以交易日即期汇率折算。折算后，所有账户借方余额之和与所有账户贷方余额之和的差额即为当期汇兑差

额，应当计入当期损益。

【例 6-6】　仍以【例 6-5】为例，日常核算中编制的会计分录为：

（1）9 月 5 日，收到美元资本投入

借：银行存款（美元）　　　　　　　　　　　　USD＄100 000

　　贷：实收资本　　　　　　　　　　　　　　　　　　USD＄100 000

（2）9 月 10 日，以美元购入固定资产

借：固定资产　　　　　　　　　　　　　　　　USD＄2 000

　　贷：银行存款（美元）　　　　　　　　　　　　　　USD＄2 000

（3）9 月 15 日，售出美元

借：银行存款（人民币）　　　　　　　　　　　RMB￥39 000

　　贷：银行存款（美元）　　　　　　　　　　　　　　USD＄5 000

（4）9 月 20 日，发放美元短期贷款

借：贷款（美元）　　　　　　　　　　　　　　USD＄5 000

　　贷：银行存款（美元）　　　　　　　　　　　　　　USD＄5 000

（5）9 月 25 日，向其他银行拆借欧元资金

借：银行存款（欧元）　　　　　　　　　　　　€ 10 000

　　贷：拆入资金（欧元）　　　　　　　　　　　　　　€ 10 000

资产负债表日，编制账户科目余额（人民币）的调节表：非人民币货币性项目以资产负债表日即期汇率折算，非人民币非货币性项目以交易日即期汇率折算，如表 6-1 所示。

表 6-1　账户科目余额（人民币）的调节表

借方余额账户	币种	外币余额	汇率	人民币余额	贷方余额账户	币种	外币余额	汇率	人民币余额
银行存款	美元	88 000	7	616 000	拆入资金	欧元	10 000	10	100 000
	欧元	10 000	10	100 000	实收资本	美元	100 000	6.8	680 000
贷款	美元	5 000	7	35 000					
固定资产	美元	2 000	6.75	13 500					
银行存款	人民币			39 000					
人民币余额合计				803 500	人民币余额合计				780 000
汇兑损益									23 500

相应编制的会计分录为：

借：货币兑换（人民币）　　　　　　　　　　　RMB￥23 500

　　贷：汇兑损益　　　　　　　　　　　　　　　　　　RMB￥23 500

需要强调的是，无论是采用分账制记账方法，还是采用统账制记账方法，只是账务处理程序不同，但产生的结果应当相同，计算出的汇兑差额相同。

第三节 外币财务报表折算

在将企业的境外经营通过合并、权益法核算等纳入到企业的财务报表中时，需要将企业境外经营的财务报表折算为以企业记账本位币反映的财务报表，这一过程就是外币财务报表的折算。可见，境外经营及其记账本位币的确定是进行财务报表折算的关键。有关境外经营记账本位币的确定见本章第一节。

一、境外经营财务报表的折算

（一）折算方法

在对企业境外经营财务报表进行折算前，应当调整境外经营的会计期间和会计政策，使之与企业会计期间和会计政策相一致，根据调整后会计政策及会计期间编制相应货币（记账本位币以外的货币）的财务报表，再按照以下方法对境外经营财务报表进行折算：

（1）资产负债表中的资产和负债项目，采用资产负债表日的即期汇率折算，所有者权益项目除"未分配利润"项目外，其他项目采用发生时的即期汇率折算。

（2）利润表中的收入和费用项目，采用交易发生日的即期汇率或即期汇率的近似汇率折算。

（3）产生的外币财务报表折算差额，在编制合并会计报表时，应在合并资产负债表中所有者权益项目下单独作为"外币报表折算差额"项目列示。

比较财务报表的折算比照上述规定处理。

【例 6-7】 国内甲公司的记账本位币为人民币，该公司在境外有一子公司乙公司，乙公司确定的记账本位币为美元。根据合同约定，甲公司拥有乙公司 70% 的股权，并能够对乙公司的财务和经营政策施加重大影响。甲公司采用当期平均汇率折算乙公司利润表项目。乙公司的有关资料如下：

20×7 年 12 月 31 日的汇率为 1 美元=6.7 元人民币，20×7 年的平均汇率为 1 美元=6.6 元人民币，实收资本、资本公积发生日的即期汇率为 1 美元=7 元人民币，20×6 年 12 月 31 日的股本为 500 万美元，折算为人民币为 3500 万元；累计盈余公积为 50 万美元，折算为人民币为 405 万元，累计未分配利润为 120 万美元，折算为人民币为 972 万元，甲、乙公司均在年末提取盈余公积，乙公司当年提取的盈余公积为 70 万美元。

报表折算如表 6-2、表 6-3 和表 6-4 所示。

表 6-2 利润表

20×7 年度 单位：万元

项目	期末数（美元）	折算汇率	折算为人民币金额
一、营业收入	2 000	6.6	13 200
减：营业成本	1 500	6.6	99 000

续表

项目	期末数（美元）	折算汇率	折算为人民币金额
营业税金及附加	40	6.6	264
管理费用	100	6.6	660
财务费用	10	6.6	66
加：投资收益	30	6.6	198
二、营业利润	380		2 508
加：营业外收入	40	6.6	264
减：营业外支出	20	6.6	132
三、利润总额	400		2 640
减：所得税费用	120	6.6	792
四、净利润	280		1 848
五、每股收益			
六、其他综合收益			
七、综合收益总额			

表 6-3 所有者权益变动表

20×7 年度   单位：万元

	实收资本			盈余公积			未分配利润		外币报表折算差额	股东权益合计
	美元	折算汇率	人民币	美元	折算汇率	人民币	美元	人民币	美元 人民币	人民币
一、本年年初余额	500	7	3 500	50		405	120	972		4 877
二、本年增减变动金额										
（一）净利润							280	1 848		1 848
（二）直接计入所有者权益的利得和损失										−360
其中：外币报表折算差额									−360	−360
（三）利润分配										−1 520
提取盈余公积					70	6.6	462	−70	−462	0
三、本年年末余额	500	7	3 500	120		867	330	2 358	−360	6 365

当期计提的盈余公积采用当期平均汇率折算，期初盈余公积为以前年度计提的盈余公积按相应年度平均汇率折算后金额的累计，期初未分配利润记账本位币金额为以前年度未分配利润记账本位币金额的累计。

表 6-4　资产负债表

20×7 年 12 月 31 日　　　　　　　　　　　　　单位：万元

资产	期末数（美元）	折算汇率	折算为人民币金额	负债和股东权益	期末数（美元）	折算汇率	折算为人民币金额
流动资产：				流动负债：			
货币资金	190	6.7	1 273.00	短期借款	45	6.7	301.50
应收账款	190	6.7	1 273.00	应付账款	285	6.7	1 909.50
存货	240	6.7	1 608.00	其他流动负债	110	6.7	737.00
其他流动资产	200	6.7	1 340.00	流动负债合计	440		2 948.00
流动资产合计	820	—	5 494.00	非流动负债：			
非流动资产：				长期借款	140	6.7	938.00
长期应收款	120	6.7	804.00	应付债券	80	6.7	536.00
固定资产	550	6.7	3 685.00	其他非流动负债	90	6.7	603.00
在建工程	80	6.7	536.00	非流动负债合计	310		2 077.00
无形资产	100	6.7	670.00	负债合计	750		5 025.00
其他非流动资产	30	6.7	201.00	股东权益：			
非流动资产合计	880	—	5 896.00	股本	500	7	3 500.00
				盈余公积	120		867.00
				未分配利润	330		2 358
				外币报表折算差额			−360.00
				股东权益合计	950		6365.00
资产总计	1 700		11 390.00	负债和股东权益总计	1 700		11 390.00

外币报表折算差额为以记账本位币反映的净资产减去以记账本位币反映的实收资本、累计盈余公积及累计未分配利润后的余额。

（二）特殊项目的处理

（1）少数股东应分担的外币报表折算差额。在企业境外经营为其子公司的情况下，企业在编制合并财务报表时，应按少数股东在境外经营所有者权益中所享有的份额计算少数股东应分担的外币报表折算差额，并入少数股东权益列示于合并资产负债表。

（2）实质上构成对境外经营净投资的外币货币性项目产生的汇兑差额的处理。母公司含有实质上构成对子公司（境外经营）净投资的外币货币性项目的情况下，在编制合并财务报表时，应分别以下两种情况编制抵销分录：

一是实质上构成对子公司净投资的外币货币性项目以母公司或子公司的记账本位币反映，则应在抵销长期应收应付项目的同时，将其产生的汇兑差额转入"外币报表折算差额"项目。即，借记或贷记"财务费用——汇兑差额"科目，贷记或借记"外币报表折算差额"；

二是实质上构成对子公司净投资的外币货币性项目以母、子公司的记账本位币以外的货币反映，则应将母、子公司此项外币货币性项目产生的汇兑差额相互抵销，差额转入"外币报表折算差额"。

如果合并财务报表中各子公司之间也存在实质上构成对另一子公司（境外经营）净投资的外币货币性项目，在编制合并财务报表时应比照上述编制相应的抵销分录。

二、恶性通货膨胀经济中境外经营财务报表的折算

（一）恶性通货膨胀经济的判定

当一个国家经济环境显示出（但不局限于）以下特征时，应当判定该国处于恶性通货膨胀经济中：

（1）三年累计通货膨胀率接近或超过100%；

（2）利率、工资和物价与物价指数挂钩，物价指数是物价变动趋势和幅度的相对数；

（3）一般公众不是以当地货币、而是以相对稳定的外币为单位作为衡量货币金额的基础；

（4）一般公众倾向于以非货币性资产或相对稳定的外币来保存自己的财富，持有的当地货币立即用于投资以保持购买力；

（5）即使信用期限很短，赊销、赊购交易仍按补偿信用期预计购买力损失的价格成交。

（二）处于恶性通货膨胀经济中境外经营财务报表的折算

企业对处于恶性通货膨胀经济中的境外经营财务报表进行折算时，需要先对其财务报表进行重述：对资产负债表项目运用一般物价指数予以重述，对利润表项目运用一般物价指数变动予以重述。然后，再按资产负债表日即期汇率进行折算。

（1）资产负债表项目的重述。在对资产负债表项目进行重述时，由于现金、应收账款、其他应收款等货币性项目已经以资产负债表日的计量单位表述，因此不需要进行重述；通过协议与物价变动挂钩的资产和负债，应根据协议约定进行调整；非货币项目中，有些是以资产负债表日的计量单位列示的，如存货已经以可变现净值列示，不需要进行重述。其他非货币性项目，如固定资产、投资、无形资产等，应自购置日起以一般物价指数予以重述。但是，对于在资产负债表日以公允价值计量的非货币性资产，例如投资性房地产，以资产负债表日的公允价值列示。

（2）利润表项目的重述。在对利润表项目进行重述时，所有项目金额都需要自其初始确认之日起，以一般物价指数变动进行重述，以使利润表的所有项目都以资产负债表日的计量单位表述。由于上述重述而产生的差额计入当期净利润。

对资产负债表和利润表项目进行重述后，再按资产负债表日的即期汇率将资产负债表和利润表折算为记账本位币报表。在境外经营不再处于恶性通货膨胀经济中时，应当停止重述，按照停止之日的价格水平重述的财务报表进行折算。

三、境外经营的处置

企业可能通过出售、清算、返还股本或放弃全部或部分权益等方式处置其在境外经营中的利益。在包含境外经营的财务报表中，将已列入所有者权益的外币报表折算差额中与该境外经营相关部分，自所有者权益项目中转入处置当期损益；如果是部分处置境外经营，应当按处置的比例计算处置部分的外币报表折算差额，转入处置当期损益。

复习思考题

【简答题】

1. 企业选定记账本位币，应当考虑那些因素？

2. 简述境外经营记账本位币的选择考虑该境外经营与企业的关系有哪些？

3. 简述企业发生外币交易时，会计核算的基本程序。

【计算分析题】

AS 公司外币业务采用即期汇率的近似汇率进行折算，按月计算汇兑损益。

（1）20×7 年 1 月即期汇率的近似汇率为 1 美元＝6.50 元人民币。

各外币账户的年初余额如下：

项目	外币（万美元）金额	折算汇率	折合人民币金额
银行存款	1 050	6.35	6 667.50
应收账款	600	6.35	3 810
应付账款	240	6.35	1 524
短期借款	750	6.35	4 762.50

（2）公司 20×7 年 1 月有关外币业务如下：

① 本月销售商品价款 300 万美元，货款尚未收回（增值税为零）；

② 本月收回前期应收账款 150 万美元，款项已存入银行；

③ 以外币银行存款偿还短期外币借款 180 万美元；

④ 接受投资者投入的外币资本 1 500 万美元，作为实收资本。收到外币交易日即期汇率为 1 美元＝6.35 元人民币，外币已存入银行。

（3）1 月 31 日的即期汇率为 1 美元＝6.40 元人民币。

要求：

（1）编制 AS 公司会计分录；

（2）分别计算 20×7 年 1 月 31 日各外币账户的汇兑收益或损失金额；

（3）编制月末与汇兑损益有关的会计分录。

第七章

债务重组

本章主要介绍了债务重组方式及债务重组的会计处理。

重要概念： 债务重组　债务重组方式

第一节　债务重组概述

一、债务重组的含义

在市场经济条件下，竞争日趋激烈，企业为此需要不断地根据环境的变化，调整经营策略，防范和控制经营及财务风险。但有时，由于各种因素（包括内部和外部）的影响，企业可能出现一些暂时性或严重的财务困难，致使资金周转不灵，难以按期偿还债务。在此情况下，作为债权人，一种方式是可以通过法律程序，要求债务人破产，以清偿债务；另一种方式，可以通过互相协商，通过债务重组的方式，债权人作出某些让步，使债务人减轻负担，渡过难关。

债务重组，是指在债务人发生财务困难的情况下，债权人按照其与债务人达成的协议或法院的裁定作出让步的事项。

债务重组的前提、本质和依据，是正确理解债务重组含义的三个要素。

债务重组的前提是：债务人发生财务困难。这里的"债务人发生财务困难"，是指债务人出现资金周转困难或经营陷入困境，导致其无法或者没有能力按原定条件偿还债务。

债务重组的本质是：债权人作出让步。这里的"债权人作出让步"，是指债权人同意发生财务困难的债务人现在或者将来以低于重组债务账面价值的金额或者价值偿还债务。"债权人作出让步"的情形主要包括：债权人减免债务人部分债务本金或者利息、降低债务人应付债务的利率等。

债务重组的依据是：重组双方达成的重组协议或者法院的裁定。

债务人发生财务困难，是债务重组的前提条件，而债权人作出让步是债务重组的必要条件。债权人一定会发生债务重组损失，而债务人一定会得到债务重组收益。

二、债务重组的方式

债务重组的方式主要包括：以资产清偿债务、将债务转为资本、修改其他债务条件以及组合偿债方式等。

（1）以资产清偿债务，是指债务人转让其资产给债权人以清偿债务的债务重组方式。债务人通常用于偿债的资产包括现金资产和非现金资产，这些资产主要有：现金、存货、固定资产、无形资产等。在债务重组的情况下，以现金清偿债务，通常是指以低于债务的账面价值的现金清偿债务，如果以等量的现金偿还所欠债务，则不属于本章所指的债务重组。

（2）将债务转为资本，是指债务人将债务转为资本，同时债权人将债权转为股权的债务重组方式。债务转为资本时，对股份有限公司而言为将债务转为股本；对其他企业而言，是将债务转为实收资本。债务转为资本的结果是，债务人因此而增加股本（或实收资本），债权人因此而增加股权。

（3）修改其他债务条件，是指除上述两种方式以外的修改其他债务条件的债务重组的方式。这种重组方式主要有减少债务本金、降低利率、免去应付未付的利息、延长偿还期限等。

（4）组合偿债方式，是指采用以上三种方法共同清偿债务的债务重组形式。例如，以转让资产清偿某项债务的一部分，另一部分债务通过修改其他债务条件进行债务重组。主要有：债务的一部分以资产清偿，另一部分则转为资本；债务的一部分以资产清偿，另一部分则修改其他债务条件；债务的一部分转为资本，另一部分则修改其他债务条件；债务的一部分以资产清偿，一部分转为资本，另一部分则修改其他债务条件。

第二节　债务重组的会计处理

一、以资产清偿债务

在债务重组中，企业以资产清偿债务的，通常包括以现金清偿债务和以非现金资产清偿。

（一）以现金清偿债务

债务人以现金清偿债务的，债务人应当将重组债务的账面价值与支付的现金之间的差额确认为债务重组利得，作为营业外收入，计入当期损益；债务人以现金清偿债务的，债权人应当将重组债权的账面余额与收到的现金之间的差额确认为债务重组损失，作为营业外支出，计入当期损益。重组债权已经计提减值准备的，应当先将上述差额冲减已计提的减值准备，冲减后仍有损失的，计入营业外支出（债务重组损失）；冲减后减值准备仍有余额的，应予转回并抵减当期资产减值损失。

【例 7-1】 甲企业于 20×2 年 1 月 20 日销售一批材料给乙企业，不含税价格为 300 000 元，增值税税率为 17%，按合同规定，乙企业应于 20×2 年 4 月 1 日前偿付货款。由于乙企业发生财务困难，无法按合同规定的期限偿还债务，经双方协商于 7 月 1 日进行债务重组。债务重组协议规定，甲企业同意减免乙企业 30 000 元债务，余额用现金立即偿清。甲企业已于 7 月 10 日收到乙企业通过转账偿还的剩余款项。甲企业已为该项应收债权计提了 20 000 元的坏账准备。

根据上述资料，甲、乙企业应编制的会计分录为：

（1）乙企业（债务人）的账务处理

借：应付账款——甲企业　　　　　　　　　　　　　351 000

　　贷：银行存款　　　　　　　　　　　　　　　　　321 000

　　　　营业外收入——债务重组利得　　　　　　　　　30 000

（2）甲企业（债权人）的账务处理

借：银行存款　　　　　　　　　　　　　　　　　　321 000

　　营业外支出——债务重组损失　　　　　　　　　　10 000

　　坏账准备　　　　　　　　　　　　　　　　　　20 000

　　贷：应收账款——乙企业　　　　　　　　　　　　351 000

【例 7-2】 沿用【例 7-1】的资料。假设甲公司对该应收账款计提坏账准备为 100 000 元，乙公司通过重组协议偿还了 321 000 元。

甲公司（债权人）处理：

借：银行存款　　　　　　　　　　　　　　　　　　321 000

　　坏账准备　　　　　　　　　　　　　　　　　　100 000

　　贷：应收账款——乙企业　　　　　　　　　　　　351 000

　　　　资产减值损失　　　　　　　　　　　　　　　70 000

（二）以非现金资产清偿债务

债务人以非现金资产清偿某项债务的，债务人应当将重组债务的账面价值与转让的非现金资产的公允价值之间的差额确认为债务重组利得，作为营业外收入，计入当期损益。转让的非现金资产的公允价值与其账面价值的差额作为转让资产损益，计入当期损益。债务人在转让非现金资产的过程中发生的一些税费，如资产评估费、运杂费等，直接计入转让资产损益。对于增值税应税项目，如债权人不向债务人另行支付增值税，则债务重组利得应为转让非现金资产的公允价值和该非现金资产的增值税销项税额与重组债务账面价值的差额；如债权人向债务人另行支付增值税，则债务重组利得应为转让非现金资产的公允价值与重组债务账面价值的差额。

债务人以非现金资产清偿某项债务的，债权人应当对受让的非现金资产按其公允价值入账，重组债权的账面余额与受让的非现金资产的公允价值之间的差额，确认为债务重组损失，作为营业外支出，计入当期损益。重组债权已经计提减值准备的，应当先将上述差额冲减已计提的减值准备，冲减后仍有损失的，计入营业外支出（债务重组损失）；冲减后减值准备仍有余额的，应予转回并抵减当期资产减值损失。对于增值税应税项目，如债权人不向债务人另行支付增值税，则增值税进项税额可以作为冲减重组债权的账面余额处理；如债权人向债务人另行支付增值税，则增值税进项税额不能作为冲减重组债权的账面余额处理。债权人收到非现金资产时发生的有关运杂费等，应当计入相关资产的价值。

1. 以库存材料、商品产品抵偿债务

债务人以库存材料、商品产品抵偿债务，应视同销售进行核算。企业可将该项业务分为两部分，一是将库存材料、商品产品出售给债权人，取得货款。出售库存材料、商品产品业务与企业正常的销售业务处理相同，其发生的损益计入当期损益。二是以取得的货币清偿债务。

【例 7-3】 甲公司向乙公司购买了一批货物，价款 500 000 元（包括应收取的增值税税额），按照购销合同约定，甲公司应于 20×2 年 11 月 5 日前支付该价款，但至 20×2 年 11 月 30 日甲公司尚未支付。由于甲公司财务发生困难，短期内不能偿还债务，经双方协商，乙公司同意甲公司以其生产的产品偿还债务。该产品的公允价值为 360 000 元，实际成本为 315 000 元，适用的增值税税率为 17%，乙公司于 20×2 年 12 月 5 日收到甲公司抵债的产品，并作为商品入库；乙公司对该项应收账款计提了 20 000 元坏账准备。

（1）甲公司的账务处理

计算债务重组利得：500 000−（360 000+360 000×17%）=78 800（元）

借：应付账款——乙公司   500 000

  贷：主营业务收入   360 000

       应交税费——应交增值税（销项税额）   61 200

       营业外收入——债务重组利得   78 800

同时，借：主营业务成本   315 000

         贷：库存商品   315 000

（2）乙公司的账务处理

本例中，重组债权的账面价值与受让的产成品公允价值和未支付的增值税进项税额的差额 18 800 元（450 000−10 000−360 000−360 000×17%），应作为债务重组损失。

借：库存商品   360 000

     应交税费——应交增值税（进项税额）   61 200

     坏账准备   20 000

     营业外支出——债务重组损失   58 800

  贷：应收账款——甲公司   500 000

2. 以固定资产抵偿债务

债务人以固定资产抵偿债务，应将固定资产的公允价值与该项固定资产账面价值和清理费用的差额作为转让固定资产的损益处理。同时，将固定资产的公允价值与应付债务的账面价值的差额，作为债务重组利得，计入营业外收入。债权人收到的固定资产应按公允价值计量。

【例 7-4】 20×2 年 4 月 5 日，乙公司销售一批材料给甲公司，价款 1 200 000 元（包括应收取的增值税税额），按购销合同约定，甲公司应于 20×2 年 7 月 5 日前支付价款，但至 20×2 年 9 月 30 日甲公司尚未支付。由于甲公司发生财务困难，短期内无法偿还债务。经过协商，乙公司同意甲公司用其一台机器设备抵偿债务。该项设备的账面原价为 1 200 000 元，累计折旧为 330 000 元，公允价值为 850 000 元，该设备是甲公司于 20×2 年购入的，增值税率 17%。抵债设备已于 20×2 年 10 月 10 日运抵乙公司，乙公司将其用于本企业产品的生产。

（1）甲公司的账务处理

计算债务重组利得：1 200 000－（850 000＋850 000×17%）＝205 500（元）

计算固定资产清理损益：850 000－（1 200 000－330 000）＝－20 000（元）

首先，将固定资产净值转入固定资产清理

借：固定资产清理——××设备	870 000
累计折旧	330 000
贷：固定资产——××设备	1 200 000

其次，结转债务重组利得

借：应付账款——乙公司	1 200 000
贷：固定资产清理——××设备	850 000
应交税费——应交增值税（销项税额）	144 500
营业外收入——债务重组利得	205 500

最后，结转转让固定资产损失

借：营业外支出——处置非流动资产损失	20 000
贷：固定资产清理——××设备	20 000

（2）乙公司的账务处理

计算债务重组损失：1 200 000－（850 000＋850 000×17%）＝205 500（元）

借：固定资产——××设备	850 000
应交税费——应交增值税（进项税额）	144 500
营业外支出——债务重组损失	205 500
贷：应收账款——甲公司	1 200 000

3. 以股票、债券等金融资产抵偿债务

债务人以股票、债券等金融资产清偿债务，应按相关金融资产的公允价值与其账面价值的差额，作为转让金融资产的利得或损失处理；相关金融资产的公允价值与重组债务的账面价值的差额，作为债务重组利得。债权人收到的相关金融资产应按公允价值计量。

【例 7-5】 乙公司于 20×2 年 7 月 1 日销售给甲公司一批产品，价款 600 000 元，按购销合同约定，甲公司应于 20×2 年 10 月 1 日前支付价款。至 20×2 年 10 月 20 日，甲公司尚未支付。由于甲公司发生财务困难，短期内无法偿还债务。经过协商，乙公司同意甲公司以其所持有作为可供出售金融资产核算的某公司股票抵偿债务。该股票账面价值 450 000 元，公允价值为 440 000 元。乙公司为该项应收账款提取了坏账准备 30 000 元。用于抵债的股票已于 20×2 年 10 月 25 日办理了相关转让手续；乙公司将取得的股票作为可供出售金融资产核算。假定不考虑相关税费和其他因素。

（1）甲公司的账务处理

计算债务重组利得：600 000－440 000＝160 000（元）

转让股票收益：440 000－450 000＝－10 000（元）

借：应付账款——乙公司   600 000

    投资收益   10 000

  贷：可供出售金融资产——成本   450 000

    营业外收入——债务重组利得   160 000

（2）乙公司的账务处理

计算债务重组损失：600 000－440 000－30 000＝130 000（元）

借：可供出售金融资产——成本   440 000

    坏账准备   30 000

    营业外支出——债务重组损失   130 000

  贷：应收账款——甲公司   600 000

二、将债务转为资本

以债务转为资本方式进行债务重组的，应分别以下情况处理：

债务人为股份有限公司时，债务人应将债权人因放弃债权而享有股份的面值总额确认为股本；股份的公允价值总额与股本之间的差额确认为资本公积。重组债务的账面价值与股份的公允价值总额之间的差额确认为债务重组利得，计入当期损益。债务人为其他企业时，债务人应将债权人因放弃债权而享有的股权份额确认为实收资本；股权的公允价值与实收资本之间的差额确认为资本公积。重组债务的账面价值与股权的公允价值之间的差额作为债务重组利得，计入当期损益。

债务人将债务转为资本，即债权人将债权转为股权。在这种方式下，债权人应将重组债权的账面余额与因放弃债权而享有的股权的公允价值之间的差额，先冲减已提取的减值准备，减值准备不足冲减的部分，或未提取减值准备的，将该差额确认为债务重组损失。同时，债权人应将因放弃债权而享有的股权按公允价值计量。发生的相关税费，分别按照长期股权投资或者金融工具确认和计量的规定进行处理。

【例 7-6】 甲公司应付乙公司账款为 1 000 000 元，无力清偿，通过债务重组协议，债务人甲公司以普通股 60 000 股清偿债务，每股面值 1 元，股票每股公允价为 10 元。债权人乙公司取得的普通股作为长期股权投资核算，债权人没有计提坏账准备。

甲公司（债务人）处理：

借：应付账款——乙公司   1 000 000

  贷：股本   60 000

    资本公积——股本溢价   540 000

    营业外收入——债务重组收益   400 000

乙公司（债权人）处理：

借：长期股权投资 600 000

　　营业外支出——债务重组损失 400 000

　　贷：应收账款——甲公司 1 000 000

三、修改其他债务条件

以修改其他债务条件进行债务重组的，债务人和债权人应分别以下情况处理：

（一）不附或有条件的债务重组（包括免除利息、降低本金、延长期限等）

不附或有条件的债务重组，债务人应将修改其他债务条件后债务的公允价值作为重组后债务的入账价值。重组债务的账面价值与重组后债务的入账价值之间的差额计入损益。

以修改其他债务条件进行债务重组，如修改后的债务条款不涉及或有应收金额，则债权人应当将修改其他债务条件后的债权的公允价值作为重组后债权的账面价值，重组债权的账面余额与重组后债权账面价值之间的差额确认为债务重组损失，计入当期损益。如果债权人已对该项债权计提了减值准备，应当首先冲减已计提的减值准备，减值准备不足以冲减的部分，作为债务重组损失，计入营业外支出。

【例7-7】 甲企业20×3年3月30日因为向乙企业购入一批原材料（价格为1 000 000元，增值税为170 000元）而开出面值为1 170 000元的6个月期的商业汇票。至20×3年11月30日，甲企业因连年亏损而陷入财务困难，无法支付这笔款项，双方签订了债务重组协议。协议规定的债务重组方式为：乙企业同意将甲企业的债务免除170 000元，剩余债务偿还日延至20×4年11月30日，并从债务重组日起以2%的利率（等于实际利率）按年支付利息。

根据上述材料，甲、乙企业的相关债务处理为：

（1）甲企业

1）20×3年11月30日进行债务重组。

借：应付账款——乙企业 1 170 000

　　贷：应付账款——债务重组（乙企业） 1 000 000

　　　　营业外收入——债务重组利得 170 000

2）20×3年11月30日支付第1年利息。

借：财务费用 20 000

　　贷：银行存款 20 000

3）20×4年11月30日支付第2年利息并偿还本金。

借：应付账款——债务重组（乙企业） 1 000 000

　　财务费用 20 000

　　贷：银行存款 1 020 000

（2）乙企业

1）20×3 年 11 月 30 日进行债务重组。

借：应收账款——债务重组（甲企业）   1 000 000

    营业外支出——债务重组损失   170 000

    贷：应收账款——甲企业   1 170 000

2）20×3 年 11 月 30 日收到第一年利息。

借：银行存款   20 000

    贷：财务费用   20 000

3）20×4 年 11 月 30 日收到第 2 年利息及本金。

借：银行存款   1 020 000

    贷：应收账款——债务重组（甲企业）   1 000 000

    财务费用   20 000

（二）附或有条件的债务重组

附或有条件的债务重组，对于债务人而言，以修改其他债务条件进行的债务重组，修改后的债务条款如涉及或有应付金额，且该或有应付金额符合或有事项中有关预计负债确认条件的。债务人应当将该或有应付金额确认为预计负债。重组债务的账面价值与重组后债务的入账价值和预计负债金额之和的差额，作为债务重组利得，计入营业外收入。对债权人而言，以修改其他债务条件进行债务重组，修改后的债务条款中涉及或有应收金额的，不应当确认或有应收金额，不得将其计入重组后债权的账面价值。或有应收金额属于或有资产，或有资产不予确认。只有在或有应收金额实际发生时，才计入当期损益。

【例 7-8】 甲企业 20×3 年 3 月 30 日因为向乙企业购入一批原材料（价格为 1 000 000 元，增值税为 170 000 元）而开出面值为 1 170 000 元的 6 个月期的商业汇票。至 20×3 年 11 月 30 日，甲企业因连年亏损而陷入财务困难，无法支付这笔款项，双方签订了债务重组协议。协议规定的债务重组方式为：乙企业同意将甲企业的债务免除 170 000 元，剩余债务偿还日延至 20×4 年 11 月 30 日，并从债务重组日起以 2% 的利率（等于实际利率）按年支付利息。如果甲企业 20×3 年盈利，则债务展期 2 年中的第 2 年甲企业需按 5% 的利率支付利息。甲企业预计 20×3 年很可能扭亏为盈。

根据上述材料，甲、乙企业的相关账务处理如下：

（1）甲企业

1）20×3 年 11 月 30 日进行债务重组。

借：应付账款——乙企业   1 170 000

    贷：应付账款——债务重组（乙企业）   1 000 000

    预计负债   30 000

    营业外收入——债务重组利得   140 000

2）20×3 年 11 月 30 日支付第 1 年利息。

借：财务费用   20 000

    贷：银行存款   20 000

3) 20×4 年 11 月 30 日支付第 2 年利息并偿还本金（甲企业 20×3 年扭亏为盈）。

借：应付账款——债务重组（乙企业）   1 000 000

    财务费用   20 000

    预计负债   30 000

      贷：银行存款   1 050 000

（2）乙企业

1) 20×3 年 11 月 30 日进行债务重组。

借：应收账款——债务重组（甲企业）   1 000 000

    营业外支出——债务重组损失   170 000

      贷：应收账款——甲企业   1 170 000

2) 20×3 年 11 月 30 日收到第 1 年利息。

借：银行存款   20 000

      贷：财务费用   20 000

3) 20×4 年 11 月 30 日收到第 2 年利息及本金。

借：银行存款   1 050 000

      贷：应收账款——债务重组（甲企业）   1 000 000

        财务费用   50 000

四、以组合方式清偿债务

以组合方式清偿债务时，对于债务人来说，将重组债务的账面价值减去支付的现金、转让的非现金资产的公允价值、债权人享有股权的公允价值、修改其他债务条件后债务的公允价值和或有应付金额符合确认条件而确认的预计负债金额五项内容之后的差额，作为债务重组利得；对于债权人而言，债务重组损失等于重组债权的账面价值减去受让的现金、受让非现金资产的公允价值、因放弃债权而享有股权的公允价值和未来应收金额之后的差额。

【例 7-9】 20×2 年 1 月 10 日，乙公司销售一批产品给甲公司，价款 1 300 000 元（包括应收取的增值税税额）。至 20×2 年 12 月 31 日，乙公司对该应收账款计提的坏账准备为 18 000 元。由于甲公司发生财务困难，无法偿还债务，与乙公司协商进行债务重组。20×3 年 1 月 1 日，甲公司与乙公司达成债务重组协议如下：

（1）甲公司以材料一批偿还部分债务。该批材料的账面价值为 280 000 元（未提取存货跌价准备），公允价值为 300 000 元，适用增值税率为 17%。假定材料同日送抵乙公司，甲公司开出增值税专用发票，乙公司将该批材料作为原材料验收入库。

（2）将 250 000 元的债务转为甲公司的股份，其中 50 000 元为股份面值。假定股份转让手续同日办理完毕，乙公司将其作为长期股权投资核算。

（3）乙公司同意减免甲公司所负全部债务扣除实物抵债和股权抵债后剩余债务的 40%，其余债务的偿还期延长至 20×3 年 6 月 30 日。

1) 甲公司账务处理

债务重组后债务的公允价值＝[1 300 000－300 000×（1＋17%）－50 000×5]×（1

-40%）$=699\ 000\times60\%=419\ 400$（元）

　　债务重组利得$=1\ 300\ 000-351\ 000-250\ 000-419\ 400=279\ 600$（元）

　　借：应付账款——乙公司　　　　　　　　　　　　　　1 300 000

　　　　贷：其他业务收入——销售××材料　　　　　　　　　300 000

　　　　　　应交税费——应交增值税（销项税额）　　　　　　51 000

　　　　　　股本　　　　　　　　　　　　　　　　　　　　　50 000

　　　　　　资本公积——股本溢价　　　　　　　　　　　　　200 000

　　　　　　应付账款——债务重组（乙公司）　　　　　　　　419 400

　　　　　　营业外收入——债务重组利得　　　　　　　　　　279 600

　　同时，借：其他业务成本——销售××材料　　　　　　　　280 000

　　　　　　　　贷：原材料——××材料　　　　　　　　　　280 000

　2）乙公司的账务处理

　债务重组损失$=1\ 300\ 000-351\ 000-250\ 000-419\ 400-18\ 000=261\ 600$（元）

　　借：原材料——××材料　　　　　　　　　　　　　　　300 000

　　　　应交税费——应交增值税（进项税额）　　　　　　　　51 000

　　　　长期股权投资——甲公司　　　　　　　　　　　　　250 000

　　　　应收账款——债务重组（甲公司）　　　　　　　　　419 400

　　　　坏账准备　　　　　　　　　　　　　　　　　　　　18 000

　　　　营业外支出——债务重组损失　　　　　　　　　　　261 600

　　　　贷：应收账款——甲公司　　　　　　　　　　　　1 300 000

复习思考题

【简答题】

　　1. 简述债务重组及债务重组方式。

　　2. 简述债务重组中的债务人财务困难的判断。

　　3. 简述债务重组中的债权人让步的原因。

　　4. 简述不同债务重组方式下的会计处理。

【计算分析题】

　　1. 甲公司于 20×7 年 7 月 1 日销售给乙公司一批产品，含增值税价值为 1 200 000 元，乙公司于 20×7 年 7 月 1 日开出六个月承兑的不带息商业汇票。乙公司至 20×7 年 12 月 31 日尚未支付货款。由于乙公司财务发生困难，短期内不能支付货款，经与甲公司协商，甲公司同意乙公司以其所拥有的一项可供出售金融资产和一批产品偿还债务，乙公司该股票的账面价值为 400 000 元，其中初始投资成本 300 000 元，公允价值变动 100 000 元，债务重组时公允价值为 560 000 元，甲公司取得后划分为交易性金融资产管理。用以抵债的产品的成本为 400 000 元，公允价值和计税价格均为 450 000 元，增值税税率为 17%，甲公司取得后作为原材料管理，增值税由甲公司另行支付。假定甲公司为该项应收债权提取了 240 000 元坏账准备。两公司已于 20×8 年 1 月 30 日办理了相关转让手续，并于当日办理了债务解除手续。

要求：

（1）根据上述事项做出甲公司的账务处理；

（2）根据上述事项做出乙公司的账务处理。

2. 20×8 年 A 公司应收 B 公司货款 125 万元，由于 B 公司发生财务困难，遂于 20×8 年 12 月 31 日进行债务重组，A 公司同意延长 2 年，免除债务 25 万元，利息按年支付，利率为 5%。但附有一条件：债务重组后，如 B 公司自第二年起有盈利，则利率上升至 7%，若无盈利，利率仍维持 5%。假定实际利率等于名义利率；A 公司未计提坏账准备；B 公司预计很可能盈利。

要求：编制债务重组双方的账务处理。

第八章

非货币性资产交换

本章主要介绍了非货币性资产交换的认定、确认和计量，以及非货币性资产交换的会计处理。

重要概念： 非货币性资产交换　商业实质　公允价值

第一节　非货币性资产交换的认定

一、非货币性资产交换的概念

非货币性资产交换是一种非经常性的特殊交易行为，是交易双方主要以存货、固定资产、无形资产和长期股权投资等非货币性资产进行的交换。通过这种交换，交易双方既满足了各自生产经营的需要，又在一定程度上减少了货币性资产的流出。例如：企业在生产经营过程中，有时会出现这样一种状况，即甲企业需要乙企业拥有的某项生产设备，而乙企业恰好需要甲企业生产的钢材作为原材料，双方可能需要互相交换设备和钢材达成交易，这就是非货币性资产交换。

非货币性资产，是指货币性资产以外的资产，该类资产在将来为企业带来的经济利益不固定或不可确定，包括存货（如原材料、库存商品等）、长期股权投资、投资性房地产、固定资产、在建工程、无形资产等。

二、非货币性资产交换的认定

非货币性资产交换是相对于货币性资产而言的。货币性资产，是指企业持有的货币资金和将以固定或可确定的金额收取的资产，包括现金、银行存款、应收账款和应收票据以及准备持有至到期的债券投资等。非货币性资产是指货币性资产以外的资产，包括存货、固定资产、无形资产、长期股权投资等。非货币性资产最基本特征是其在将来为企业带来的经济利益是不固定的或不可确定的。

界定某项交易是否属于非货币性资产交换至少要注意两点：

（1）非货币性资产交换一般不涉及货币性资产，或只涉及少量的货币性资产即补价。这个补价应低于换入资产公允价值的25%（对支付补价方而言），或者低于换出资产公允价值的25%（对收取补价方而言），则认定所涉及的补价为"少量"，该交换为非货币性资产交换；如果该比例等于或高于25%，则视为货币性资产交换。

（2）非货币性资产是企业间非货币性资产形式进行的互惠转让，这里强调"互惠转让"不涉及：非货币性资产发放股利（即发放财产股利）、自政府部门无偿取得非货币性资产（属于政府补助）、企业合并中取得非货币性资产、债务重组取得非货币性资产等。

第二节　非货币性资产交换的确认和计量

非货币性资产交换不涉及或只涉及少量的货币性资产。因此，换入资产成本的计量基础以及对换出资产损益的确定与以货币性资产取得非货币性资产不同，需要运用不同的计量基础和判断标准。

一、非货币性资产交换的确认和计量原则

在非货币性资产交换的情况下，不论是一项资产换入一项资产、一项资产换入多项资产、多项资产换入一项资产，还是多项资产换入多项资产，换入资产的成本都有两种计量基础。

（一）公允价值

非货币性资产交换同时满足下列两个条件的，应当以公允价值和应支付的相关税费作为换入资产的成本，公允价值与换出资产账面价值的差额计入当期损益：

（1）该项交换具有商业实质；

（2）换入资产或换出资产的公允价值能够可靠地计量。

换入资产和换出资产公允价值均能够可靠计量的，应当以换出资产公允价值作为确定换入资产成本的基础，一般来说，取得资产的成本应当按照所放弃资产的对价来确定，在非货币性资产交换中，换出资产就是放弃的对价，如果其公允价值能够可靠确定，应当优先考虑按照换出资产的公允价值作为确定换入资产成本的基础；如果有确凿证据表明换入资产的公允价值更加可靠的，应当以换入资产公允价值为基础确定换入资产的成本，这种情况多发生在非货币性资产交换存在补价的情况，因为存在补价表明换入资产和换出资产公允价值不相等，一般不能直接以换出资产的公允价值作为换入资产的成本。

（二）账面价值

不具有商业实质或交换涉及资产的公允价值均不能可靠计量的非货币性资产交换，应当按照换出资产的账面价值和应支付的相关税费，作为换入资产的成本，无论是否支

付补价，均不确认损益；收到或支付的补价作为确定换入资产成本的调整因素，其中，收到补价方应当以换出资产的账面价值减去补价作为换入资产的成本；支付补价方应当以换出资产的账面价值加上补价作为换入资产的成本。

非货币性资产交换有下列情况之一时，应当按照换出资产的账面价值和应支付的相关税费，作为换入资产的成本，无论是否支付补价，均不确认损益；

(1) 该项交换不具有商业实质；

(2) 换入资产和换出资产的公允价值均不能可靠计量。

因此，在确定换入资产成本的计量基础和交换所产生损益的确认原则时，需要判断该项交换是否具有商业实质，以及换入资产或换出资产的公允价值能否可靠地计量。

二、商业实质的判断

非货币性资产交换具有商业实质，是换入资产能够采用公允价值计量的重要条件之一。在确定资产交换是否具有商业实质时，企业应当重点考虑由于发生了该项资产交换预期使企业未来现金流量发生变动的程度，通过比较换出资产和换入资产预计产生的未来现金流量或其现值，确定非货币性资产交换是否具有商业实质。只有当换出资产和换入资产预计未来现金流量或其现值两者之间的差额较大时，才能表明交易的发生使企业经济状况发生了明显改变时，非货币性资产交换因而具有商业实质。

(一) 判断条件

企业发生的非货币性资产交换，符合下列条件之一的，视为具有商业实质：

1. 换入资产的未来现金流量在风险、时间和金额方面与换出资产显著不同。

(1) 未来现金流量的风险、金额相同，时间不同。例如，甲企业以一批存货换入一项设备，因存货流动性强，能在短时间内产生现金流量，设备作为固定资产要在很长的时间内为企业带来现金流量，两者产生现金流量的时间相差较大，则可判断上述存货与设备的未来现金流量显著不同，因而该交换具有商业实质。

(2) 未来现金流量的时间、金额相同，风险不同。例如，甲企业和乙企业分别以其用于经营出租的一幢公寓楼进行交换，两幢公寓楼的租期、每期租金总额均相同，由于甲企业是租给一家财务及信用状况良好的企业，乙企业的客户则都是单个租户，比较而言，甲企业取得租金的风险较小，乙企业由于租给散户，租金的取得依赖于各单个租户的财务和信用状况，因此，两者现金流量流入的风险或不确定性程度存在明显差异，则两幢公寓楼的未来现金流量显著不同，则可判断该两项资产的交换具有商业实质。

(3) 未来现金流量的风险、时间相同，金额不同。例如，A 企业以一项商标权换入另一企业的一项专利技术，预计两项无形资产的使用寿命相同，在使用寿命内预计为企业带来的现金流量总额相同，但是换入的专利技术是新开发的，预计开始阶段产生的未来现金流量明显少于后期，而该企业拥有的商标每年产生的现金流量比较均衡，两者产生的现金流量金额差异明显，则上述商标权与专利技术的未来现金流量显著不同，因而该两项资产的交换具有商业实质。

2. 换入资产与换出资产的预计未来现金流量现值不同，且其差额与换入资产和换出资产的公允价值相比是重大的。

企业如按照上述第一个条件难以判断某项非货币性资产交换是否具有商业实质，即可根据第二个条件。

资产预计未来现金流量现值，应当按照资产在持续使用过程和最终处置时预计产生的税后未来现金流量，选择恰当的折现率对预计未来现金流量折现后的金额加以确定。强调企业自身，是由于考虑到换入资产的性质和换入企业经营活动的特征，换入资产与换入企业其他现有资产相结合，可能比换出资产产生更大的作用，即换入资产与换出资产对换入企业的使用价值明显不同，使换入资产的预计未来现金流量现值与换出资产相比产生明显差异，表明该两项资产的交换具有商业实质。

M公司以一项专利权换入另一公司拥有的长期股权投资，假定从市场参与者来看，该项专利权与该项长期股权投资的公允价值相同，两项资产未来现金流量的风险、时间和金额亦相同，但是，对换入公司来讲，换入该项长期股权投资使该公司对被投资方由重大影响变为控制关系，从而对换入公司产生的预计未来现金流量现值与换出的专利权有较大差异；另一公司换入的专利权能够解决生产中的技术难题，从而对换入公司产生的预计未来现金流量现值与换出的长期股权投资有明显差异，因而该两项资产的交换具有商业实质。

（二）关联方之间交换资产与商业实质的关系

在确定非货币性资产交换是否具有商业实质时，企业应当关注交易各方之间是否存在关联方关系。关联方关系的存在可能导致发生的非货币性资产交换不具有商业实质。

三、公允价值能否可靠计量的判断

企业发生的非货币性资产交换，符合下列条件之一的，视为换入资产或换出资产的公允价值能够可靠计量：

（1）换入资产或换出资产存在活跃市场，以市场价格为基础确定公允价值。

（2）换入资产或换出资产不存在活跃市场、但同类或类似资产存在活跃市场，以同类或类似资产市场价格为基础确定公允价值。

（3）换入资产或换出资产不存在同类或类似资产可比市场交易、采用估值技术确定的公允价值满足一定的条件。采用估值技术确定的公允价值必须符合以下条件之一，视为能够可靠计量：

① 采用估值技术确定的公允价值估计数的变动区间很小。

② 在公允价值估计数变动区间内，各种用于确定公允价值估计数的概率能够合理确定。

第三节 非货币性资产交换的会计处理

一、以公允价值计量的会计处理

非货币性资产交换同时满足具有商业实质且换出或换入资产公允价值能够可靠计量，应当以公允价值和应支付的相关税费作为换入资产的成本。

公允价值模式下账务处理的原则：以换出资产的公允价值确定换入资产的入账价值，这种情况下换出资产相当于被出售或处置。非货币性资产交换的会计处理，视换出资产的类别不同而有所区别：

（1）如果以库存商品为对价换入固定资产，则一般应该按照存货公允价值贷记"主营业务收入"、"应交税费——应交增值税（销项税额）"。而在借方，如果换入固定资产的增值税允许抵扣，则固定资产入账价值在金额上一般等于贷方的主营业务收入，同时确认进项税额，同时结转销售成本，销售收入与销售成本之间的差额即换出资产公允价值与换出资产账面价值的差额，在利润表中作为营业利润的构成部分予以列示。

（2）如果换出的是固定资产，则相当于处置固定资产，应该通过"固定资产清理"科目处理。换出资产公允价值与换出资产账面价值的差额计入营业外收支。

（3）如果换出的是投资性房地产，则应该通过"其他业务收入"、"其他业务成本"科目进行处理，营业税计入营业税金及附加。

如果涉及到补价，要对收到补价方和支付补价方来分别考虑。如果是支付补价，则要贷记银行存款，那么借方换入资产的入账价值中就一般是包含了这个补价。如果是收到补价，则是借记银行存款，借方换入资产的入账价值中就一定是扣除了这个补价。

（一）不涉及补价情况下的会计处理

不涉及补价的，应当按照换出资产的公允价值加上支付的相关税费作为换入资产的入账价值。

【例 8-1】 20×2 年 1 月 20 日，A 公司以 2010 年购入的生产经营用设备交换 B 公司生产的一批钢材，A 公司换入的钢材作为原材料用于生产，B 公司换入的设备继续用于生产钢材，甲公司设备的账面原价为 1 700 000 元，在交换日的累计折旧为 650 000 元，公允价值为 1 404 000 元，甲公司此前没有为该设备计提资产减值准备。此外，A 公司以银行存款支付清理费 2000 元。B 公司钢材的账面价值为 1 300 000 元，在交换日的市场价格为 1 404 000 元，计税价格等于市场价格，B 公司此前也没有为该批钢材计提存货跌价准备。

A 公司、B 公司均为增值税一般纳税人，适用的增值税税率为 17%。假设 A 公司和 B 公司在整个交易过程中没有发生除增值税以外的其他税费，A 公司和 B 公司均开具了增值税专用发票。

分析：

① 本例不涉及收付货币性资产，因此属于非货币性资产交换；

② 生产用设备与原材料相交换，两项资产交换后对换入企业的特定价值显著不同，因此交换具有商业实质；

③ 两项资产的公允价值都能够可靠地计量。

因此，A 公司和 B 公司均应当以换出资产的公允价值为基础确定换入资产的成本，并确认产生的相关损益。

注意：除了存货资产涉及增值税外，企业以设备换入其他资产，也涉及增值税。

A 公司的账务处理如下：

换出设备的增值税销项税额＝1 404 000×17％＝238 680（元）

借：固定资产清理		1 050 000
累计折旧		650 000
贷：固定资产——××设备		1 700 000
借：固定资产清理		2 000
贷：银行存款		2 000
借：原材料——钢材		1 404 000
应交税费——应交增值税（进项税额）		238 680
贷：固定资产清理		1 052 000
营业外收入		352 000
应交税费——应交增值税（销项税额）		238 680

B 公司的账务处理如下：

(1) 企业以库存商品换入其他资产，应计算增值税销项税额，缴纳增值税。

换出钢材的增值税销项税额＝1 404 000×17％＝238 680（元）

(2) 换入设备的增值税进项税额＝1 404 000×17％＝238 680（元）

借：固定资产——××设备		1 404 000
应交税费——应交增值税（进项税额）		238 680
贷：主营业务收入——钢材		1 404 000
应交税费——应交增值税（销项税额）		238 680
借：主营业务成本——钢材		1 300 000
贷：库存商品——钢材		1 300 000

（二）涉及补价情况下的会计处理

在以公允价值确定换入资产成本的情况下，发生补价的，支付补价方和收到补价方应当分别情况处理：

(1) 支付补价方：应当以换出资产的公允价值加上支付的补价（即换入资产的公允价值）和应支付的相关税费，作为换入资产的成本；换入资产成本与换出资产账面价值加支付的补价、应支付的相关税费之和的差额，应当计入当期损益。

(2) 收到补价方：应当以换入资产的公允价值（或换出资产的公允价值减去补价）和应支付的相关税费，作为换入资产的成本；换入资产成本加收到的补价之和与换出资产账面价值加应支付的相关税费之和的差额，应当计入当期损益。

在涉及补价的情况下，对于支付补价方而言，作为补价的货币性资产构成换入资产所放弃对价的一部分；对于收到补价方而言，作为补价的货币性资产构成换入资产的一部分。

【例 8-2】 A 公司经协商以其拥有的一幢自用写字楼与 B 公司持有的以对 C 公司长期股权投资交换。在交换日，该幢写字楼的账面原价为 6 000 000 元，已提折旧 1 200 000 元，未计提减值准备，在交换日的公允价值为 6 750 000 元，税务机关核定 A 公司因交换写字楼需要缴纳营业税 337 500 元；B 公司持有的对 C 公司长期股权投资账面价值为 4 500 000 元，没有计提减值准备，在交换日的公允价值为 6 000 000 元，B 公司支付 750 000 元给 A 公司。B 公司换入写字楼后用于经营出租目的，并拟采用成本计量模式。A 公司换入对 C 公司投资仍然作为长期股权投资，并采用成本法核算。A 公司转让写字楼的营业税尚未支付，假定除营业税外，该项交易过程中不涉及其他相关税费。

分析：本例中，该项资产交换涉及收付货币性资产，即补价 750 000 元。对 A 公司而言，收到的补价 750 000 元÷换出资产的公允价值 6 750 000 元（换入长期股权投资公允价值 6 000 000 元＋收到的补价 750 000 元）＝11.11％＜25％，属于非货币性资产交换。

对 B 公司而言，支付的补价 750 000÷换入资产的公允价值 6 750 000 元（换出长期股权投资公允价值 6 000 000 元＋支付的补价 750 000 元）＝11.11％＜25％，属于非货币性资产交换。

本例属于以固定资产交换长期股权投资。由于两项资产的交换具有商业实质，且长期股权投资和固定资产的公允价值均能够可靠地计量，因此，A、B 公司均应当以公允价值为基础确定换入资产的成本，并确认产生的损益。

A 公司的账务处理为：

借：固定资产清理　　　　　　　　　　　　　　　　4 800 000
　　累计折旧　　　　　　　　　　　　　　　　　　1 200 000
　　贷：固定资产——办公楼　　　　　　　　　　　　　6 000 000
借：固定资产清理　　　　　　　　　　　　　　　　337 500
　　贷：应交税费——应交营业税　　　　　　　　　　　337 500

注意：该营业税并没有计入换入资产的入账价值中。即换出资产涉及的有关税金，一般均不计入换入资产入账价值。以账面价值计量的情况下也是类似的处理。

借：长期股权投资——C 公司　　　　　　　　　　　6 000 000
　　银行存款　　　　　　　　　　　　　　　　　　750 000
　　贷：固定资产清理　　　　　　　　　　　　　　　6 750 000
借：固定资产清理　　　　　　　　　　　　　　　　1 612 500
　　贷：营业外收入　　　　　　　　　　　　　　　　1 612 500

其中，营业外收入金额为甲公司换出固定资产的公允价值 6 750 000 元与账面价值 4 800 000 元之间的差额，减去处置时发生的营业税 337 500 元，即 1 612 500 元。

B 公司账务处理为：

借：投资性房地产　　　　　　　　　　　　　　　　　　6 750 000
　　贷：长期股权投资——C 公司　　　　　　　　　　　　　4 500 000
　　　　银行存款　　　　　　　　　　　　　　　　　　　　750 000
　　　　投资收益　　　　　　　　　　　　　　　　　　　1 500 000

其中，投资收益金额为 B 公司换出长期股权投资的公允价值 6 000 000 元与账面价值 4 500 000 元之间的差额，即 1 500 000 元。

二、以账面价值计量的会计处理

非货币性资产交换不具有商业实质，或者虽然具有商业实质但换入资产和换出资产的公允价值均不能可靠计量的，以换出资产的账面价值加上支付的相关税费作为换入资产的入账价值。无论是否支付补价，均不确认损益。

如果涉及到补价，支付补价方，将支付的补价计入换入资产的入账价值；收到补价方，取得的换入资产入账价值在确定时要扣除补价。

如果交换双方涉及存货和固定资产，会涉及增值税进项税额和销项税额的问题，注意处理。

（一）不涉及补价情况下的会计处理

【例 8-3】　H 公司以其持有的对 F 公司的长期股权投资交换 K 公司拥有的商标权。在交换日，H 公司持有的长期股权投资账面余额为 4 800 000 元，已计提长期股权投资减值准备金额为 1 200 000 元，该长期股权投资在市场上没有公开报价，公允价值也不能可靠计量；K 公司商标权的账面原价为 4 500 000 元，累计已摊销金额为 750 000 元，其公允价值也不能可靠计量，K 公司没有为该项商标权计提减值准备，税务机关核定 K 公司为交换该商标权需要缴纳营业税 230 000 元。K 公司将换入的对丙公司的投资仍作为长期股权投资，并采用成本法核算。K 公司尚未缴纳营业税，假设除营业税以外，整个交易过程中没有发生其他相关税费。

本例中，该项资产交换没有涉及收付货币性资产，因此属于非货币性资产交换。本例属于以长期股权投资交换无形资产。由于换出资产和换入资产的公允价值都无法可靠计量，因此，H、K 公司换入资产的成本均应当按照换出资产的账面价值确定，不确认损益。

H 公司的账务处理如下：

借：无形资产——商标权　　　　　　　　　　　　　　　3 600 000
　　长期股权投资减值准备　　　　　　　　　　　　　　1 200 000
　　贷：长期股权投资——F 公司　　　　　　　　　　　　4 800 000

K 公司的账务处理如下：

借：长期股权投资——F 公司　　　　　　　　　　　　　3 750 000
　　累计摊销　　　　　　　　　　　　　　　　　　　　　750 000
　　营业外支出　　　　　　　　　　　　　　　　　　　　230 000
　　贷：无形资产——商标权　　　　　　　　　　　　　　4 500 000

应交税费——应交营业税	230 000

注意：换出资产涉及的营业税，不计入换入资产入账价值。

（二）涉及补价情况下的会计处理

发生补价的，支付补价方和收到补价方应当分别情况处理：

（1）支付补价方：应当以换出资产的账面价值，加上支付的补价和应支付的相关税费，作为换入资产的成本，不确认损益。其计算公式为：

换入资产成本＝换出资产账面价值＋支付的补价＋应支付的相关税费

（2）收到补价方：应当以换出资产的账面价值，减去收到的补价，加上应支付的相关税费，作为换入资产的成本，不确认损益。其计算公式为：

换入资产成本＝换出资产账面价值－收到的补价＋应支付的相关税费

【例8-4】　L公司拥有一台专有设备，该设备账面原价530万元，已计提折旧410万元，Y公司拥有一项长期股权投资，账面价值100万元，两项资产均未计提减值准备。L公司决定以其专有设备交换Y公司的长期股权投资，该专有设备是生产某种产品必需的设备。由于专有设备系当时专门制造、性质特殊，其公允价值不能可靠计量；Y公司拥有的长期股权投资在活跃市场中没有报价，其公允价值也不能可靠计量。经双方商定，Y支付了20万元补价。假定交易不考虑相关税费。

分析：该项资产交换涉及收付货币性资产，即补价20万元。对L公司而言，收到的补价20万元÷换出资产账面价值120万元＝16.7%＜25%。因此，该项交换属于非货币性资产交换，Y公司的情况也类似。由于两项资产的公允价值不能可靠计量，因此，L、Y公司换入资产的成本均应当按照换出资产的账面价值确定。

L公司的账务处理如下：

借：固定资产清理	1 200 000	
累计折旧	4 100 000	
贷：固定资产——专有设备		5 300 000
借：长期股权投资	1 000 000	
银行存款	200 000	
贷：固定资产清理		1 200 000

Y公司的账务处理如下：

借：固定资产——专有设备	1 200 000	
贷：长期股权投资		1 000 000
银行存款		200 000

三、涉及多项非货币性资产交换的会计处理

企业以一项非货币性资产同时换入另一企业的多项非货币性资产，或同时以多项非货币性资产换入另一企业的一项非货币性资产，或以多项非货币性资产同时换入多项非货币性资产，也可能涉及补价。涉及多项资产的非货币性资产交换，企业无法将换出的某一资产与换入的某一特定资产相对应。与单项非货币性资产之间的交换一样，涉及多

项资产的非货币性资产交换的计量，企业也应当首先判断是否符合以公允价值计量的两个条件，再分别情况确定各项换入资产的成本。

（一）以公允价值计量的情况

具有商业实质且换入资产公允价值能够可靠计量的应当按照换入各项资产的公允价值进行计量。先确定换入的多项资产的入账价值总额，以换出资产公允价值为基础，加上支付的补价、相关税费或减去收到的补价等确定换入资产入账价值总额。再按照换入资产的公允价值比例来分配换入资产入账价值总额，以确定换入各个单项资产的入账价值。

【例 8-5】　A 公司和 B 公司均为增值税一般纳税人，适用的增值税税率均为 17%。20×1 年 5 月，为适应业务发展的需要，经协商，A 公司决定以生产经营过程中使用的厂房、设备以及库存商品换入 B 公司生产经营过程中使用的办公楼、小汽车、客运汽车。A 公司厂房的账面原价为 1 500 万元，在交换日的累计折旧为 300 万元，公允价值为 1 000 万元；设备的账面原价为 600 万元，在交换日的累计折旧为 480 万元，公允价值为 100 万元；库存商品的账面余额为 300 万元，交换日的市场价格为 350 万元，市场价格等于计税价格。B 公司办公楼的账面原价为 2 000 万元，在交换日的累计折旧为 1 000 万元，公允价值为 1 100 万元；小汽车的账面原价为 300 万元，在交换日的累计折旧为 190 万元，公允价值为 159.5 万元；客运汽车的账面原价为 300 万元，在交换日的累计折旧为 180 万元，公允价值为 150 万元。B 公司另外向 A 公司支付银行存款 64.385 万元，其中包括由于换出和换入资产公允价值不同而支付的补价 40.5 万元，以及换出资产销项税额与换入资产进项税额的差额 23.885 万元。

假定 A 公司和 B 公司都没有为换出资产计提减值准备；营业税税率为 5%；A 公司换入 B 公司的办公楼、小汽车、客运汽车均作为固定资产使用和管理；B 公司换入 A 公司的厂房、设备作为固定资产使用和管理，换入的库存商品作为原材料使用和管理。A 公司开具了增值税专用发票。

分析：本例涉及收付货币性资产，应当计算 A 公司收到的货币性资产占 A 公司换出资产公允价值总额的比例（等于 B 公司支付的货币性资产占 B 公司换入资产公允价值与支付的补价之和的比例），即：

$$40.5 万元 \div （1\,000 + 100 + 350）万元 = 2.79\% < 25\%$$

可以认定这一涉及多项资产的交换行为属于非货币性资产交换。对于 A 公司而言，为了拓展运输业务，需要小汽车、客运汽车等，B 公司为了扩大产品生产，需要厂房、设备和原材料，换入资产对换入企业均能发挥更大的作用。因此，该项涉及多项资产的非货币性资产交换具有商业实质；同时，各单项换入资产和换出资产的公允价值均能可靠计量，因此，A、B 公司均应当以公允价值为基础确定换入资产的总成本，确认产生的相关损益。同时，按照各单项换入资产的公允价值占换入资产公允价值总额的比例，确定各单项换入资产的成本。

A 公司的账务处理如下：

（1）根据税法的有关规定：

换出库存商品的增值税销项税额＝350×17％＝59.5（万元）

换出设备的增值税销项税额＝100×17％＝17（万元）

换入小汽车、客运汽车的增值税进项税额＝（159.5＋150）×17％＝52.615（万元）

换出厂房的营业税税额＝1000×5％＝50（万元）

（2）计算换入资产、换出资产公允价值总额：

换出资产公允价值总额＝1 000＋100＋350＝1 450（万元）

换入资产公允价值总额＝1 100＋159.5＋150＝1 409.5（万元）

（3）计算换入资产总成本：

换入资产总成本＝换出资产公允价值－补价＋应支付的相关税费

　　　　　　＝1450－40.5＋0＝1 409.5（万元）

（4）计算确定换入各项资产的公允价值占换入资产公允价值总额的比例：

办公楼公允价值占换入资产公允价值总额的比例＝1 100÷1 409.5＝78％

小汽车公允价值占换入资产公允价值总额的比例＝159.5÷1 409.5＝11.4％

客运汽车公允价值占换入资产公允价值总额的比例＝150÷1 409.5＝10.6％

（5）计算确定换入各项资产的成本：

办公楼的成本：1 409.5×78％＝1 099.41（万元）

小汽车的成本：1 409.5×11.4％＝160.68（万元）

客运汽车的成本：1 409.5×10.6％＝149.41（万元）

（6）会计分录：

借：固定资产清理	13 200 000	
累计折旧	7 800 000	
贷：固定资产——厂房		15 000 000
——设备		6 000 000
借：固定资产清理	500 000	
贷：应交税费——应交营业税		500 000
借：固定资产——办公楼	10 994 100	
——小汽车	1 606 800	
——客运汽车	1 494 100	
应交税费——应交增值税（进项税额）	526 150	
银行存款	643 850	
营业外支出	2 700 000	
贷：固定资产清理		13 700 000
主营业务收入		3 500 000
应交税费——应交增值税（销项税额）		765 000
借：主营业务成本	3 000 000	
贷：库存商品		3 000 000

B公司的账务处理如下：

（1）根据税法的有关规定：

换入资产原材料的增值税进项税额＝350×17％＝59.5（万元）

换入设备的增值税进项税额＝100×17％＝17（万元）

换出小汽车、客运汽车的增值税销项税额＝（159.5＋150）×17％

＝52.615（万元）

换出办公楼的营业税税额＝1100×5％＝55（万元）

（2）计算换入资产、换出资产公允价值总额：

换入资产公允价值总额＝1 000＋100＋350＝1 450（万元）

换出资产公允价值总额＝1 100＋159.5＋150＝1 409.5（万元）

（3）确定换入资产总成本：

换入资产总成本＝换出资产公允价值＋支付的补价－可抵扣的增值税进项

税额＝1 409.5＋40.5－0＝1 450（万元）

（4）计算确定换入各项资产的公允价值占换入资产公允价值总额的比例：

厂房公允价值占换入资产公允价值总额的比例＝1 000÷1 450＝69％

设备公允价值占换入资产公允价值总额的比例＝100÷1 450＝6.9％

原材料公允价值占换入资产公允价值总额的比例＝350÷1 450＝24.1％

（5）计算确定换入各项资产的成本：

厂房的成本：1 450×69％＝1 000.5（万元）

设备的成本：1 450×6.9％＝100.05（万元）

原材料的成本：1 450×24.1％＝349.45（万元）

（6）会计分录：

借：固定资产清理		12 300 000
累计折旧		13 700 000
贷：固定资产——办公楼		20 000 000
——小汽车		3 000 000
——客运汽车		3 000 000
借：固定资产清理		550 000
贷：应交税费——应交营业税		550 000
借：固定资产——厂房		10 005 000
——设备		1 000 500
原材料		3 494 500
应交税费——应交增值税（进项税额）		765 000
贷：固定资产清理		12 850 000
应交税费——应交增值税（销项税额）		526 150
银行存款		643 850
营业外收入		1 245 000

（二）以账面价值计量的情况

非货币性资产交换不具有商业实质，或者虽具有商业实质但换入资产的公允价值不能可靠计量的，应当按照换入各项资产的原账面价值进行计量。

1. 不涉及补价情况下的会计处理

处理思路：以换出资产的账面价值加上应支付的相关税费，作为换入资产的入账价值总额。

2. 涉及补价情况下的会计处理

处理思路：

支付补价方，以换出资产的账面价值加上应支付的相关税费，再加上支付的补价，作为换入资产的入账价值总额。

收到补价方，以换出资产的账面价值加上应支付的相关税费，减去收到的补价，作为换入资产的入账价值总额。

【例 8-6】 A 公司因经营战略发生较大转变，产品结构发生较大调整，原生产厂房、专利技术等已不符合生产新产品的需要，经与 B 公司协商，20×1 年 2 月，A 公司将其生产厂房连同专利技术与 B 公司正在建造过程中的一幢建筑物、B 公司对 C 公司的长期股权投资（采用成本法核算）进行交换。

A 公司换出生产厂房的账面原价为 1 900 000 元，已提折旧 1 100 000 元；专利技术账面原价为 800 000 元，已摊销金额为 400 000 元。

B 公司在建工程截止到交换日的成本为 900 000 元，对 C 公司的长期股权投资成本为 300 000 元。

A 公司的厂房公允价值难以取得，专利技术市场上并不多见，公允价值也不能可靠计量。B 公司的在建工程因完工程度难以合理确定，其公允价值不能可靠计量，由于 C 公司不是上市公司，B 公司对 C 公司长期股权投资的公允价值也不能可靠计量。假定 A、B 公司均未对上述资产计提减值准备。经税务机关核定，因此项交易 A 公司和 B 公司分别需要缴纳营业税 60 000 元和 45 000 元。

本例中，交换不涉及收付货币性资产，属于非货币性资产交换。由于换入资产、换出资产的公允价值均不能可靠计量，A、B 公司均应当以换出资产账面价值总额作为换入资产的总成本，各项换入资产的成本，应当按各项换入资产的账面价值占换入资产账面价值总额的比例分配后确定。

A 公司的账务处理如下：

（1）计算换入资产、换出资产账面价值总额

换入资产账面价值总额＝900 000＋300 000＝1 200 000（元）

换出资产账面价值总额＝（1 900 000－1 100 000）＋（800 000－400 000）＝1 200 000（元）

（2）确定换入资产总成本

换入资产总成本＝换出资产账面价值＝1 200 000（元）

（3）确定各项换入资产成本

在建工程成本＝1 200 000×（900 000÷1 200 000×100％）＝900 000（元）

长期股权投资成本＝1 200 000×（300 000÷1 200 000×100％）＝300 000（元）

（4）会计分录：

借：固定资产清理　　　　　　　　　　　　　　　　800 000
　　累计折旧　　　　　　　　　　　　　　　　　1 100 000
　贷：固定资产——厂房　　　　　　　　　　　　　1 900 000
借：在建工程——××工程　　　　　　　　　　　　900 000
　　长期股权投资　　　　　　　　　　　　　　　300 000
　　累计摊销　　　　　　　　　　　　　　　　　400 000
　贷：固定资产清理　　　　　　　　　　　　　　　800 000
　　　无形资产——专利技术　　　　　　　　　　　800 000
借：营业外支出　　　　　　　　　　　　　　　　　60 000
　贷：应交税费——应交营业税　　　　　　　　　　　60 000

B公司的账务处理如下：

（1）计算换入资产，换出资产账面价值总额

换入资产账面价值总额＝（1 900 000－1 100 000）＋（800 000－400 000）＝1 200 000（元）

换出资产账面价值总额＝900 000＋300 000＝1 200 000（元）

（2）确定换入资产总成本

换入资产总成本＝换出资产账面价值＝1 200 000（元）

（3）确定各项换入资产成本

厂房成本＝1 200 000×（800 000÷1 200 000×100％）＝800 000（元）

专利技术成本＝1 200 000×（400 000÷1 200 000×100％）＝400 000（元）

（4）会计分录

借：固定资产清理　　　　　　　　　　　　　　　　900 000
　贷：在建工程——××工程　　　　　　　　　　　900 000
借：固定资产——厂房　　　　　　　　　　　　　　800 000
　　无形资产——专利技术　　　　　　　　　　　400 000
　贷：固定资产清理　　　　　　　　　　　　　　　900 000
　　　长期股权投资　　　　　　　　　　　　　　300 000
借：营业外支出　　　　　　　　　　　　　　　　　45 000
　贷：应交税费——应交营业税　　　　　　　　　　　45 000

复习思考题

【简答题】

1. 简述商业实质的判断条件。

2. 简述公允价值能否可靠计量的判断条件。

【计算分析题】

1. 甲公司为增值税一般纳税人，经协商用一批液晶电视交换ABC公司的一项长期股权投资。该批库存商品的账面余额2 000万元，计提存货跌价准备150万元，公允价

值和计税价格均为 1 800 万元，增值税率 17%；长期股权投资的账面余额为 2 000 万元，计提减值准备 50 万元，公允价值为 2 000 万元。ABC 公司支付给甲公司补价 106 万元。假定不考虑其他税费，该项交易具有商业实质。

要求：分别计算甲公司、ABC 公司换入资产的入账价值并进行账务处理。（以万元为单位）

2. 大华公司决定以库存商品和交易性金融资产——B 股票与 A 公司交换其持有的长期股权投资和固定资产设备一台。大华公司库存商品，账面余额为 150 万元，公允价值（计税价格）为 200 万元；B 股票的账面余额为 260 万元（其中：成本为 210 万元，公允价值变动为 50 万元），公允价值为 300 万元。A 公司的长期股权投资的账面余额为 300 万元，公允价值为 336 万元；固定资产设备的账面原值为 240 万元，已计提折旧 100 万元，公允价值 144 万元，另外 A 公司向大华公司支付银行存款 54 万元作为补价。大华公司和 A 公司换入的资产均不改变其用途。假设两公司都没有为资产计提减值准备，整个交易过程中没有发生除增值税以外的其他相关税费，不考虑与设备相关的增值税。大华公司和 A 公司的增值税税率均为 17%。非货币性资产交换具有商业实质且公允价值能够可靠计量。

要求：

(1) 计算大华公司换入各项资产的成本；

(2) 编制大华公司有关会计分录；

(3) 计算 A 公司换入各项资产的成本；

(4) 编制 A 公司有关会计分录。

3. 甲公司和乙公司均为增值税一般纳税企业，其适用的增值税税率为 17%，甲公司为了适应经济业务发展的需要，与乙公司协商，将甲公司原生产用的库房、车床以及起重机，与乙公司的办公楼、运输车辆和库存原材料交换。假定交换中除原材料外其他的交换均作为固定资产核算。甲公司换出库房的账面原价为 600 万元，已提折旧 120 万元，公允价值为 400 万元；换出车床的账面原价为 480 万元，已提折旧 240 万元，公允价值为 320 万元；换出起重机的账面原价为 1 200 万元，已提折旧为 500 万元，公允价值为 800 万元，乙公司换出办公楼的账面原价为 760 万元，已提折旧为 100 万元，公允价值为 700 万元；换出运输车辆的账面原价为 800 万元，已提折旧 360 万元，公允价值为 400 万元；换出原材料的账面价值为 350 万元，公允价值和计税价格均为 400 万元。甲公司另支付补价 48 万元。假设甲公司和乙公司换出资产均未计提减值准备，不考虑增值税以外发生的其他税费。假定该交易具有商业实质，且公允价值均能够可靠计量。（计算过程保留两位小数）

要求：

(1) 计算双方换出资产的公允价值；

(2) 计算双方换入资产的总成本；

(3) 计算双方各项换入资产的入账价值；

(4) 编制双方相关的会计分录。（答案金额用万元表示，固定资产科目写出明细科目）

第九章

或有事项

本章主要介绍了或有事项的概念与特征；或有事项的确认、计量；或有事项的会计处理；以及或有事项的列报。

重要概念：或有事项　或有资产　或有负债

第一节　或有事项概述

一、或有事项的概念和特征

企业在经营活动中有时会面临一些具有较大不确定性的经济事项，这些不确定事项对企业的财务状况和经营成果可能会产生较大的影响，其最终结果须由某些未来事项的发生或不发生加以决定。如企业销售商品并提供售后担保是企业过去发生的交易，由此形成的未来修理服务构成一项不确定事项，修理服务的费用是否会发生以及发生金额是多少将取决于未来是否发生修理请求以及修理工作量、费用等的大小。按照权责发生制原则，企业应当在资产负债表日对这一不确定事项作出判断，以决定是否在当期确认承担的修理义务。这种不确定事项在会计上被称为或有事项。

或有事项，是指过去的交易或者事项形成的，其结果须由某些未来事项的发生或不发生才能决定的不确定事项。

或有事项具有以下特征：

第一，或有事项是因过去的交易或者事项形成的。或有事项作为一种不确定事项，是因企业过去的交易或者事项形成的。因过去的交易或者事项形成，是指或有事项的现存状况是过去交易或者事项引起的客观存在。例如，产品质量保证是企业对已售出商品或已提供劳务的质量提供的保证，不是为尚未出售商品或尚未提供劳务的质量提供的保证。基于这一特征，未来可能发生的自然灾害、交通事故、经营亏损等事项，都不属于或有事项。

第二，或有事项的结果具有不确定性。首先，或有事项的结果是否发生具有不确定性。例如，企业为其他单位提供债务担保，如果被担保方到期无力还款，担保方可能发生的连带责任构成或有事项。但是，担保方在债务到期时是否一定承担和履行连带责任，在担保协议达成时具有不确定性。又如，有些未决诉讼，被起诉的一方是否会败诉，需要根据法院判决情况加以确定。其次，或有事项的结果预计将会发生，但发生的具体时间或金额具有不确定性。例如，某企业因生产排污治理不力并对周围环境造成污染而被起诉，如无特殊情况，该企业很可能败诉。但是，在诉讼成立时，该企业因败诉将支出多少金额，或者何时将发生这些支出，可能是难以确定的。

第三，或有事项的结果须由未来事项决定。或有事项的结果只能由未来不确定事项的发生或不发生才能决定。或有事项对企业会产生有利影响还是不利影响，或虽已知是有利影响或不利影响，但影响有多大，在或有事项发生时是难以确定的。这种不确定性的消失，只能由未来不确定事项的发生或不发生才能证实。例如，企业为其他单位提供债务担保，该担保事项最终是否会要求企业履行偿还债务的连带责任，一般只能看被担保方的未来经营情况和偿债能力。如果被担保方经营情况和财务状况良好且有较好的信用，按期还款，则企业将不需要承担该连带责任。反之，担保方需承担偿还债务的连带责任。

常见的或有事项有：未决诉讼或未决仲裁、债务担保、产品质量保证（含产品安全保证）、环境污染整治、承诺、亏损合同、重组义务等。

在会计处理过程中存在不确定性的事项并不都是或有事项，企业应当按照或有事项的定义和特征进行判断。例如，对固定资产计提折旧虽然也涉及对固定资产预计净残值和使用寿命进行分析和判断，带有一定的不确定性，但是，固定资产折旧是已经发生的损耗，固定资产的原值是确定的，其价值最终会转移到成本或费用中也是确定的，该事项的结果是确定的。因此，对固定资产计提折旧不属于或有事项。

二、或有负债和或有资产

或有负债，是指过去的交易或事项形成的潜在义务，其存在须通过未来不确定事项的发生或不发生予以证实；或过去的交易或事项形成的现时义务，履行该义务不是很可能导致经济利益流出企业或该义务的金额不能可靠计量。

或有负债涉及两类义务：一类是潜在义务；另一类是现时义务。其中，潜在义务是指结果取决于不确定未来事项的可能义务。也就是说，潜在义务最终是否转变为现时义务，由某些未来不确定事项的发生或不发生才能决定。现时义务是指企业在现行条件下已承担的义务，该现时义务的履行不是很可能导致经济利益流出企业，或者该现时义务的金额不能可靠地计量。例如，甲公司涉及一桩诉讼案，根据以往的审判案例推断，甲公司很可能要败诉。但法院尚未判决，甲公司无法根据经验判断未来将要承担多少赔偿金额。因此该现时义务的金额不能可靠地计量，该诉讼案件即形成一项甲公司的或有负债。

履行或有事项相关义务导致经济利益流出的可能性，通常按照一定的概率区间加以判断。一般情况下，发生的概率分为以下几个层次：基本确定、很可能、可能、极小可能。其中，"基本确定"是指，发生的可能性大于95%但小于100%；"很可能"是指，发生的可能性大于 50%但小于或等于 95%；"可能"是指，发生的可能性大于 5%但小于或等于 50%；"极小可能"是指，发生的可能性大于 0 但小于或等于 5%。

或有资产，是指过去的交易或者事项形成的潜在资产，其存在须通过未来不确定事项的发生或不发生予以证实。或有资产作为一种潜在资产，其结果具有较大的不确定性，只有随着经济情况的变化，通过某些未来不确定事项的发生或不发生才能证实其是否会形成企业真正的资产。例如，甲企业向法院起诉乙企业侵犯了其专利权。法院尚未对该案件进行公开审理，甲企业是否胜诉尚难判断。对于甲企业而言，将来可能胜诉而获得的赔偿属于一项或有资产，但这项或有资产是否会转化为真正的资产，要由法院的判决结果确定。如果终审判决结果是甲企业胜诉，那么这项或有资产就转化为甲企业的一项资产。如果终审判决结果是甲企业败诉，那么或有资产就消失了，更不可能形成甲企业的资产。

或有负债和或有资产不符合负债或资产的定义和确认条件，企业不应当确认或有负债和或有资产，而应当进行相应的披露。但是，影响或有负债和或有资产的多种因素处于不断变化之中，企业应当持续地对这些因素予以关注。随着时间推移和事态的进展，或有负债对应的潜在义务可能转化为现时义务，原本不是很可能导致经济利益流出的现时义务也可能被证实将很可能导致企业流出经济利益，并且现时义务的金额也能够可靠计量。这时或有负债就转化为企业的负债，应当予以确认。或有资产也是一样，其对应的潜在资产最终是否能够流入企业会逐渐变得明确，如果某一时点企业基本确定能够收到这项潜在资产并且其金额能够可靠计量，则应当将其确认为企业的资产。

第二节　或有事项的确认和计量

一、或有事项的确认

或有事项形成的或有资产只有在企业基本确定能够收到的情况下，才转变为真正的资产，从而予以确认，因此，或有资产不确认。与或有事项有关的义务应当在同时符合以下三个条件时确认为负债，作为预计负债进行确认和计量：（1）该义务是企业承担的现时义务；（2）履行该义务很可能导致经济利益流出企业；（3）该义务的金额能够可靠地计量。

第一，该义务是企业承担的现时义务，即与或有事项相关的义务是在企业当前条件下已承担的义务，企业没有其他现实的选择，只能履行该现时义务。通常情况下，过去的交易或事项是否导致现时义务是比较明确的，但也存在极少情况，如法律诉讼，特定事项是否已发生或这些事项是否已产生了一项现时义务可能难以确定，企业应当考虑包括资产负债表日后所有可获得的证据、专家意见等，以此确定资产负债表日是否存在现时义务。如果据此判断，资产负债表日很可能存在现时义务，且符合预计负债确认条件的，应当确认一项负债；如果资产负债表日现时义务很可能不存在的，企业应披露一项或有负债，除非含有经济利益的资源流出企业的可能性极小。

这里所指的义务包括法定义务和推定义务。法定义务，是指因合同、法规或其他司法解释等产生的义务，通常是企业在经济管理和经济协调中，依照经济法律、法规的规定必须履行的责任。比如，企业与其他企业签订购货合同产生的义务就属于法定义务。推定义务，是指因企业的特定行为而产生的义务。企业的"特定行为"，泛指企业以往的习惯做法、已公开的承诺或已公开宣布的经营政策。并且，由于以往的习惯做法，或通过这些承诺或公开的声明，企业向外界表明了它将承担特定的责任，从而使受影响的各方形成了其将履行那些责任的合理预期。例如，甲公司是一家化工企业，因扩大经营规模，到 A 国创办了一家分公司。假定 A 国尚未针对甲公司这类企业的生产经营可能产生的环境污染制定相关法律，因而甲公司的分公司对在 A 国生产经营可能产生的环境污染不承担法定义务。但是，甲公司为在 A 国树立良好的形象，自行向社会公告，宣称将对生产经营可能产生的环境污染进行治理。甲公司的分公司为此承担的义务就属于推定义务。义务通常涉及指向的另一方，但很多时候没有必要知道义务指向的另一方的身份，实际上义务可能是对公众承担的。通常情况下，义务总是涉及对另一方的承诺，但是管理层或董事会的决定在资产负债表日并不一定形成推定义务，除非该决定在资产负债日之前已经以一种相当具体的方式传达给受影响的各方，使各方形成了企业将履行其责任的合理预期。

第二，履行该义务很可能导致经济利益流出企业。即履行与或有事项相关的现时义务时，导致经济利益流出企业的可能性超过 50%，但尚未达到基本确定的程度。

企业因或有事项承担了现时义务，并不说明该现时义务很可能导致经济利益流出企业。例如，20×8 年 6 月 1 日，甲企业与乙企业签订协议，承诺为乙企业的两年期银行借款提供全额担保。对于甲企业而言，由于担保事项而承担了一项现时义务，但这项义务的履行是否很可能导致经济利益流出企业，需依据乙企业的经营情况和财务状况等因素加以确定。假定 20×8 年末，乙企业的财务状况恶化，且没有迹象表明可能发生好转。此种情况出现，表明乙企业很可能违约，从而甲企业履行承担的现时义务将很可能导致经济利益流出企业。反之，如果乙企业财务状况良好，一般可以认定乙企业不会违约，从而甲企业履行承担的现时义务不是很可能导致经济利益流出。

存在很多类似义务，如产品保证或类似合同，履行时要求经济利益流出的可能性应通过总体考虑才能确定。对于某个项目而言，虽然经济利益流出的可能性较小，但包括该项目的该类义务很可能导致经济利益流出的，应当视同该项目义务很可能导致经济利益流出企业。

第三，该义务的金额能够可靠地计量。即与或有事项相关的现时义务的金额能够合理地估计。

由于或有事项具有不确定性，因或有事项产生的现时义务的金额也具有不确定性，需要估计。要对或有事项确认一项负债，相关现时义务的金额应当能够可靠估计。只有在其金额能够可靠地估计，并同时满足其他两个条件时，企业才能加以确认。例如，乙股份有限公司涉及一起诉讼案。根据以往的审判结果判断，公司很可能败诉，相关的赔偿金额也可以估算出一个区间。此时，就可以认为该公司因未决诉讼承担的现时义务的金额能够可靠地计量，如果同时满足其他两个条件，就可以将所形成的义务确认为一项负债。

预计负债应当与应付账款、应计项目等其他负债进行严格区分。因为与预计负债相关的未来支出的时间或金额具有一定的不确定性。应付账款是为已收到或已提供的、并已开出发票或已与供应商达成正式协议的货物或劳务支付的负债,应计项目是为已收到或已提供的、但还未支付、未开出发票或未与供应商达成正式协议的货物或劳务支付的负债,尽管有时需要估计应计项目的金额或时间,但是其不确定性通常远小于预计负债。应计项目经常作为应付账款和其他应付款的一部分进行列报,而预计负债则单独进行列报。

二、或有事项的计量

当与或有事项有关的义务符合确认为负债的条件时应当将其确认为预计负债,预计负债应当按照履行相关现时义务所需支出的最佳估计数进行初始计量。此外,企业清偿预计负债所需支出还可能从第三方或其他方获得补偿。因此,或有事项的计量主要涉及两个问题,一是最佳估计数的确定;二是预期可获得补偿的处理。

(一)最佳估计数的确定

预计负债应当按照履行相关现时义务所需支出的最佳估计数进行初始计量。最佳估计数的确定应当分别两种情况处理:

第一,所需支出存在一个连续范围(或区间,下同),且该范围内各种结果发生的可能性相同,则最佳估计数应当按照该范围内的中间值,即上下限金额的平均数确定。

第二,所需支出不存在一个连续范围,或者虽然存在一个连续范围,但该范围内各种结果发生的可能性不相同,那么,如果或有事项涉及单个项目,最佳估计数按照最可能发生金额确定;如果或有事项涉及多个项目,最佳估计数按照各种可能结果及相关概率计算确定。"涉及单个项目"指或有事项涉及的项目只有一个,如一项未决诉讼、一项未决仲裁或一项债务担保等。"涉及多个项目"指或有事项涉及的项目不止一个,如产品质量保证,在产品质量保证中,提出产品保修要求的可能有许多客户,相应地,企业对这些客户负有保修义务。

【例 9-1】 20×8 年 12 月 27 日,甲企业因合同违约而涉及一桩诉讼案。根据企业的法律顾问判断,最终的判决很可能对甲企业不利。20×8 年 12 月 31 日,甲企业尚未接到法院的判决,因诉讼须承担的赔偿金额也无法准确地确定。不过,据专业人士估计,赔偿金额可能是 80 万元至 100 万元之间的某一金额,而且这个区间内每个金额的可能性都大致相同。

此例中,甲企业应在 20×8 年 12 月 31 日的资产负债表中确认一项负债,金额为:(80+100)÷2=90(万元)。

【例 9-2】 20×8 年 10 月 2 日,乙股份有限公司涉及一起诉讼案。20×8 年 12 月 31 日,乙股份有限公司尚未接到法院的判决。在咨询了公司的法律顾问后,公司认为:胜诉的可能性为 40%,败诉的可能性为 60%。如果败诉,需要赔偿 1 000 000 元。此时,乙股份有限公司在资产负债表中确认的负债金额应为最可能发生的金额,即 1 000 000 元。

【例 9-3】　　甲股份有限公司是生产并销售 A 产品的企业，20×8 年第一季度，共销售 A 产品 60 000 件，销售收入为 240 000 000 元。根据公司的产品质量保证条款，该产品售出后一年内，如发生正常质量问题，公司将负责免费维修。根据以前年度的维修记录，如果发生较小的质量问题，发生的维修费用为销售收入的 1%；如果发生较大的质量问题，发生的维修费用为销售收入的 2%。根据公司技术部门的预测，本季度销售的产品中，80% 不会发生质量问题；15% 可能发生较小质量问题；5% 可能发生较大质量问题。据此，20×8 年第一季度末，甲股份有限公司应在资产负债表中确认的负债金额为：

240 000 000×(0×80%＋1%×15%＋2%×5%) ＝600 000（元）

（二）预期可获得补偿的处理

如果企业清偿因或有事项而确认的负债所需支出全部或部分预期由第三方或其他方补偿，则此补偿金额只有在基本确定能收到时，才能作为资产单独确认，确认的补偿金额不能超过所确认负债的账面价值。预期可能获得补偿的情况通常有：发生交通事故等情况时，企业通常可从保险公司获得合理的赔偿；在某些索赔诉讼中，企业可对索赔人或第三方另行提出赔偿要求；在债务担保业务中，企业在履行担保义务的同时，通常可向被担保企业提出追偿要求。

企业预期从第三方获得的补偿，是一种潜在资产，其最终是否真的会转化为企业真正的资产（即，企业是否能够收到这项补偿）具有较大的不确定性，企业只能在基本确定能够收到补偿时才能对其进行确认。根据资产和负债不能随意抵销的原则，或有事项确认资产的前提是或有事项确认为负债，或有事项确认资产通过其他应收款科目核算，不能冲减预计负债。

【例 9-4】　　20×8 年 12 月 31 日，乙股份有限公司因或有事项而确认了一笔金额为 2 000 000 元的负债；同时，公司因该或有事项，基本确定可从甲股份有限公司获得 800 000 元的赔偿。

本例中，乙股份有限公司应分别确认一项金额为 2 000 000 元的负债和一项金额为 800 000 元的资产，而不能只确认一项金额为 1 200 000 元（2 000 000－800 000）的负债。同时，公司所确认的补偿金额 800 000 元不能超过所确认的负债的账面价值 2 000 000 元。

借：营业外支出　　　　　　　　　　　　　　　　　2 000 000
　　贷：预计负债　　　　　　　　　　　　　　　　　　　2 000 000
借：其他应收款　　　　　　　　　　　　　　　　　　800 000
　　贷：营业外支出　　　　　　　　　　　　　　　　　　　800 000

（三）预计负债的计量需要考虑的其他因素

企业在确定最佳估计数时，应当综合考虑与或有事项有关的风险、不确定性、货币时间价值和未来事项等因素。

1. 风险和不确定性

风险是对交易或事项结果的变化可能性的一种描述。企业在不确定的情况下进行判断需要谨慎，使得收益或资产不会被高估，费用或负债不会被低估。企业应当充分考虑与或有事项有关的风险和不确定性，既不能忽略风险和不确定性对或有事项计量的影响，也需要避免对风险和不确定性进行重复调整，从而在低估和高估预计负债金额之间寻找平衡点。

2. 货币时间价值

预计负债的金额通常应当等于未来应支付的金额。但是，因货币时间价值的影响，资产负债表日后不久发生的现金流出，要比一段时间之后发生的同样金额的现金流出负有更大的义务。所以，如果预计负债的确认时点距离实际清偿有较长的时间跨度，货币时间价值的影响重大，那么在确定预计负债的确认金额时，应考虑采用现值计量，即通过对相关未来现金流出进行折现后确定最佳估计数。

将未来现金流出折算为现值时，需要注意以下三点：

（1）用来计算现值的折现率，应当是反映货币时间价值的当前市场估计和相关负债特有风险的税前利率。

（2）风险和不确定性既可以在计量未来现金流出时作为调整因素，也可以在确定折现率时予以考虑，但不能重复反映。

（3）随着时间的推移，即使在未来现金流出和折现率均不改变的情况下，预计负债的现值将逐渐增长。企业应当在资产负债表日，对预计负债的现值进行重新计量。

3. 未来事项

企业应当考虑可能影响履行现时义务所需金额的相关未来事项。也就是说，对于这些未来事项，如果有足够的客观证据表明它们将发生，如未来技术进步、相关法规出台等，则应当在预计负债计量中考虑相关未来事项的影响，但不应考虑预期处置相关资产形成的利得。

预期的未来事项可能对预计负债的计量较为重要。例如，某核电企业预计，在生产结束时清理核废料的费用将因未来技术的变化而显著降低。那么，该企业因此确认的预计负债金额应当反映有关专家对技术发展以及清理费用减少作出的合理预测。但是，这种预计需要取得相当客观的证据予以支持。

三、预计负债账面价值的复核

企业应当在资产负债表日对预计负债的账面价值进行复核。有确凿证据表明该账面价值不能真实反映当前最佳估计数的，应当按照当前最佳估计数对该账面价值进行调整。例如，某化工企业对环境造成了污染，按照当时的法律规定，只需要对污染进行清理。随着国家对环境保护越来越重视，按照现在的法律规定，该企业不但需要对污染进行清理，还很可能要对居民进行赔偿。这种法律要求的变化，会对企业预计负债的计量产生影响。企业应当在资产负债表日对为此确认的预计负债金额进行复核，相关因素发生变化表明预计负债金额不再能反映真实情况时，需要按照当前情况下企业清理和赔偿支出的最佳估计数对预计负债的账面价值进行相应的调整。

第三节 或有事项会计的具体应用

一、诉讼或未决仲裁

诉讼，是指当事人不能通过协商解决争议，因而在人民法院起诉、应诉，请求人民法院通过审判程序解决纠纷的活动。诉讼尚未裁决之前，对于被告来说，可能形成一项或有负债或者预计负债；对于原告来说，则可能形成一项或有资产。

仲裁，是指经济法的各方当事人依照事先约定或事后达成的书面仲裁协议，共同选定仲裁机构并由其对争议依法作出具有约束力裁决的一种活动。作为当事人一方，仲裁的结果在仲裁决定公布以前是不确定的，会构成一项潜在义务或现时义务，或者潜在资产。

【例9-5】 20×8年11月1日，乙股份有限公司因合同违约而被丁公司起诉。20×8年12月31日，公司尚未接到法院的判决。丁公司预计，如无特殊情况很可能在诉讼中获胜，假定丁公司估计将来很可能获得赔偿金额2 900 000元。在咨询了公司的法律顾问后，乙公司认为最终的法律判决很可能对公司不利。假定乙公司预计将要支付的赔偿金额、诉讼费等费用为2 600 000元至3 000 000元之间的某一金额，而且这个区间内每个金额的可能性都大致相同，其中诉讼费为60 000元。

此例中，丁公司不应当确认或有资产，而应当在20×8年12月31日的报表附注中披露或有资产2 900 000元。乙股份有限公司应在资产负债表中确认一项预计负债，金额为：

$$(2\ 600\ 000+3\ 000\ 000)\div2=2\ 800\ 000（元）$$

同时在20×8年12月31日的附注中进行披露。

乙公司的有关账务处理如下：

借：管理费用——诉讼费	60 000	
营业外支出	2 740 000	
贷：预计负债——未决诉讼		2 800 000

应当注意的是，对于未决诉讼，企业当期实际发生的诉讼损失金额与已计提的相关预计负债之间的差额，应分别情况处理：

第一，企业在前期资产负债表日，依据当时实际情况和所掌握的证据合理预计了预计负债，应当将当期实际发生的诉讼损失金额与已计提的相关预计负债之间的差额，直接计入或冲减当期营业外支出。

第二，企业在前期资产负债表日，依据当时实际情况和所掌握的证据，原本应当能够合理估计诉讼损失，但企业所作的估计却与当时的事实严重不符（如未合理预计损失或不恰当地多计或少计损失），应当按照重大会计差错更正的方法进行处理。

第三，企业在前期资产负债表日，依据当时实际情况和所掌握的证据，确实无法合理预计诉讼损失，因而未确认预计负债，则在该项损失实际发生的当期，直接计入当期营业外支出。

第四，资产负债表日后至财务报告批准报出日之间发生的需要调整或说明的未决诉讼，按照资产负债表日后事项的有关规定进行会计处理。

二、担保

债务担保在企业中是较为普遍的现象。作为提供担保的一方，在被担保方无法履行合同的情况下，常常承担连带责任。从保护投资者、债权人的利益出发，客观、充分地反映企业因担保义务而承担的潜在风险是十分必要的。

【例 9-6】 20×7 年 10 月，B 公司从银行贷款人民币 30 000 000 元，期限 2 年，由 A 公司全额担保；20×9 年 4 月，C 公司从银行贷款美元 2 000 000 元，期限 1 年，由 A 公司担保 50%；20×9 年 6 月，D 公司通过银行从 G 公司贷款人民币 20 000 000 元，期限 2 年，由 A 公司全额担保。

截至 20×9 年 12 月 31 日，各贷款单位的情况如下：B 公司贷款逾期未还，银行已起诉 B 公司和 A 公司，A 公司因连带责任需赔偿多少金额尚无法确定；C 公司由于受政策影响和内部管理不善等原因，经营效益不如以往，可能不能偿还到期美元债务；D 公司经营情况良好，预期不存在还款困难。

本例中，对 B 公司而言，A 公司很可能需履行连带责任，但损失金额是多少，目前还难以预计；就 C 公司而言，A 公司可能需履行连带责任；就 D 公司而言，A 公司履行连带责任的可能性极小。这三项债务担保形成 A 公司的或有负债，不符合预计负债的确认条件，A 公司在 20×9 年 12 月 31 日编制财务报表时，应当在附注中作相应披露。

三、产品质量保证

产品质量保证，通常指销售商或制造商在销售产品或提供劳务后，对客户提供服务的一种承诺。在约定期内（或终身保修），若产品或劳务在正常使用过程中出现质量或与之相关的其他属于正常范围的问题，企业负有更换产品、免费或只收成本价进行修理等责任。为此，企业应当在符合确认条件的情况下，于销售成立时确认预计负债。

【例 9-7】 沿用【例 9-3】资料，甲公司 20×8 年度第一季度实际发生的维修费为 950 000 元，"预计负债——产品质量保证"科目 20×7 年年末余额为 400 000 元。

本例中，20×8 年度第一季度，甲公司的账务处理如下：

(1) 确认与产品质量保证有关的预计负债：

借：销售费用——产品质量保证　　　　　　　　　600 000
　　贷：预计负债——产品质量保证　　　　　　　　　　　600 000

(2) 发生产品质量保证费用（维修费）：

借：预计负债——产品质量保证　　　　　　　　　950 000
　　贷：银行存款或原材料等　　　　　　　　　　　　　950 000

"预计负债——产品质量保证"科目 20×8 年第一季度末的余额为：

600 000－950 000＋400 000＝50 000（元）

在对产品质量保证确认预计负债时，需要注意的是：

第一，如果发现产品质量保证费用的实际发生额与预计数相差较大，应及时对预计比例进行调整；

第二，如果企业针对特定批次产品确认预计负债，则在保修期结束时，应将"预计负债——产品质量保证"余额冲销，不留余额；

第三，已对其确认预计负债的产品，如企业不再生产了，那么应在相应的产品质量保证期满后，将"预计负债——产品质量保证"余额冲销，不留余额。

四、亏损合同

待执行合同变为亏损合同，同时该亏损合同产生的义务满足预计负债的确认条件的，应当确认为预计负债。其中，待执行合同，是指合同各方未履行任何合同义务，或部分履行了同等义务的合同。企业与其他企业签订的商品销售合同、劳务提供合同、租赁合同等，均属于待执行合同，待执行合同不属于或有事项。但是，待执行合同变为亏损合同的，应当作为或有事项。亏损合同，是指履行合同义务不可避免发生的成本超过预期经济利益的合同。预计负债的计量应当反映退出该合同的最低净成本，即履行该合同的成本与未能履行该合同而发生的补偿或处罚两者之中的较低者。企业与其他单位签订的商品销售合同、劳务合同、租赁合同等，均可能变为亏损合同。

企业对亏损合同进行会计处理，需要遵循以下两点原则：

首先，如果与亏损合同相关的义务不需支付任何补偿即可撤销，企业通常就不存在现时义务，不应确认预计负债；如果与亏损合同相关的义务不可撤销，企业就存在了现时义务，同时满足该义务很可能导致经济利益流出企业且金额能够可靠地计量的，应当确认预计负债。

其次，待执行合同变为亏损合同时，合同存在标的资产的，应当对标的资产进行减值测试并按规定确认减值损失，在这种情况下，企业通常不需确认预计负债，如果预计亏损超过该减值损失，应将超过部分确认为预计负债；合同不存在标的资产的，亏损合同相关义务满足预计负债确认条件时，应当确认预计负债。

【例 9-8】 20×1 年 1 月 1 日，甲公司采用经营租赁方式租入一条生产线生产 A 产品，租赁期 4 年。甲公司利用该生产线生产的 A 产品每年可获利 200 万元。20×2 年 12 月 31 日，甲公司决定停产 A 产品，原经营租赁合同不可撤销，还要持续 2 年，且生产线无法转租给其他单位。

本例中，甲公司与其他公司签订了不可撤销的经营租赁合同，负有法定义务，必须继续履行租赁合同（交纳租金）。同时，甲公司决定停产 A 产品。因此，甲公司执行原经营租赁合同不可避免要发生的费用很可能超过预期获得的经济利益，属于亏损合同，应当在 20×2 年 12 月 31 日，根据未来应支付的租金的最佳估计数确认预计负债。

五、重组义务

（一）重组义务的确认

重组是指企业制定和控制的，将显著改变企业组织形式、经营范围或经营方式的计划实施行为。属于重组的事项主要包括：

（1）出售或终止企业的部分业务；

（2）对企业的组织结构进行较大调整；

（3）关闭企业的部分营业场所，或将营业活动由一个国家或地区迁移到其他国家或地区。

企业应当将重组与企业合并、债务重组区别开。因为重组通常是企业内部资源的调整和组合，谋求现有资产效能的最大化；企业合并是在不同企业之间的资本重组和规模扩张；而债务重组是债权人对债务人作出让步，债务人减轻债务负担，债权人尽可能减少损失。

企业因重组而承担了重组义务，并且同时满足预计负债的三项确认条件时，才能确认预计负债。

首先，同时存在下列情况的，表明企业承担了重组义务：

（1）有详细、正式的重组计划，包括重组涉及的业务、主要地点、需要补偿的职工人数、预计重组支出、计划实施时间等；

（2）该重组计划已对外公告。

其次，需要判断重组义务是否同时满足预计负债的三个确认条件，即判断其承担的重组义务是否是现时义务、履行重组义务是否很可能导致经济利益流出企业、重组义务的金额是否能够可靠计量。只有同时满足这三个确认条件，才能将重组义务确认为预计负债。

例如，某公司董事会决定关闭一个事业部。如果有关决定尚未传达到受影响的各方，也未采取任何措施实施该项决定，该公司就没有开始承担重组义务，不应确认预计负债；如果有关决定已经传达到受影响的各方，并使各方对企业将关闭事业部形成合理预期，通常表明企业开始承担重组义务，同时满足该义务很可能导致经济利益流出企业和金额能够可靠地计量的，应当确认预计负债。

（二）重组义务的计量

企业应当按照与重组有关的直接支出确定预计负债金额，计入当期损益。其中，直接支出是企业重组必须承担的直接支出，不包括留用职工岗前培训、市场推广、新系统和营销网络投入等支出。

由于企业在计量预计负债时不应当考虑预期处置相关资产的利得或损失，在计量与重组义务相关的预计负债时，也不考虑处置相关资产（厂房、店面，有时是一个事业部整体）可能形成的利得或损失，即使资产的出售构成重组的一部分也是如此，这些利得或损失应当单独确认。企业可以参照表 9-1 判断某项支出是否属于与重组有关的直接支出。

表 9-1 重组有关支出的判断表

支出项目	包括	不包括	不包括的原因
自愿遣散	√		
强制遣散（如果自愿遣散目标未满足）	√		
将不再使用的厂房的租赁撤销费	√		
将职工和设备从拟关闭的工厂转移到继续使用的工厂		√	支出与继续进行的活动相关
剩余职工的再培训		√	支出与继续进行的活动相关
新经理的招募成本		√	支出与继续进行的活动相关
推广公司新形象的营销成本		√	支出与继续进行的活动相关
对新分销网络的投资		√	支出与继续进行的活动相关
重组的未来可辨认经营损失（最新预计值）		√	支出与继续进行的活动相关
特定不动产、厂场和设备的减值损失		√	资产减值准备应当按照《企业会计准则第8号——资产减值》进行评估，并作为资产的抵减项

第四节　或有事项的列报

一、或有资产的披露

或有资产作为一种潜在资产，不符合资产确认的条件，因而不予确认。企业通常不应当披露或有资产，但或有资产很可能会给企业带来经济利益的，应当披露其形成的原因、预计产生的财务影响等。

二、或有负债的披露

或有负债无论作为潜在义务还是现时义务，均不符合负债的确认条件，因而不予确认。但是，除非或有负债极小可能导致经济利益流出企业，否则企业应当在附注中披露有关信息，具体包括：

第一，或有负债的种类及其形成原因，包括已贴现商业承兑汇票、未决诉讼、未决仲裁、对外提供担保等形成的或有负债。

第二，经济利益流出不确定性的说明。

第三，或有负债预计产生的财务影响，以及获得补偿的可能性；无法预计的，应当说明原因。

需要注意的是，在涉及未决诉讼、未决仲裁的情况下，如果披露全部或部分信息预期对企业会造成重大不利影响，企业无须披露这些信息，但应当披露该未决诉讼、未决仲裁的性质，以及没有披露这些信息的事实和原因。

三、预计负债的列报

在资产负债表中，因或有事项而确认的负债（预计负债）应与其他负债项目区别开来，单独反映。如果企业因多项或有事项确认了预计负债，在资产负债表上一般只需通过"预计负债"项目进行总括反映。在将或有事项确认为负债的同时，应确认一项支出或费用。这项费用或支出在利润表中不应单列项目反映，而应与其他费用或支出项目（如"销售费用"、"管理费用"、"营业外支出"等）合并反映。比如，企业因产品质量保证确认负债时所确认的费用，在利润表中应作为"销售费用"的组成部分予以反映；又如，企业因对其他单位提供债务担保确认负债时所确认的费用，在利润表中应作为"营业外支出"的组成部分予以反映。

同时，为了使会计报表使用者获得充分、详细的有关或有事项的信息，企业应在会计报表附注中披露以下内容：

第一，预计负债的种类、形成原因以及经济利益流出不确定性的说明；

第二，各类预计负债的期初、期末余额和本期变动情况；

第三，与预计负债有关的预期补偿金额和本期已确认的预期补偿金额。

复习思考题

【简答题】

1. 简述或有事项的特征。

2. 简述或有事项的确认条件。

3. 简述最佳估计数的确定。

4. 简述预计负债的计量应考虑的因素。

【计算分析题】

1. 甲公司 2007 年度的财务报告于 20×8 年 4 月 30 日批准对外报出。有关资料如下：

（1）20×7 年 12 月 1 日，乙公司收到法院通知，甲公司状告乙公司侵犯其专利权。甲公司认为，乙公司未经其同意，在其试销的新产品中采用了甲公司的专利技术，甲公司要求乙公司停止该项新产品的生产和销售，并赔偿损失 400 万元，甲公司 20×7 年 12 月 31 日，如果根据有关分析测试情况及法律顾问的意见，认为新产品很可能侵犯了甲公司的专利权，乙公司估计败诉的可能性为 60%，胜诉的可能性为 40%；如败诉，赔偿金额估计在 300～450 万元，并需要支付诉讼费用 6 万元（假定此事项中败诉一方承担诉讼费用，甲公司在起诉时并未垫付诉讼费）。此外乙公司通过测试情况认为该新产品的主要技术部分是委托丙公司开发的，经与丙公司反复协商，乙公司基本确定可以从丙公司获得赔偿 150 万元。截至 20×7 年 12 月 31 日，诉讼尚处在审理当中。

（2）20×8 年 2 月 15 日，法院判决乙公司向甲公司赔偿 345 万元，并负担诉讼费用 6 万元。甲公司和乙公司不再上诉。

（3）20×8 年 2 月 16 日，乙公司支付对甲公司的赔偿款和法院诉讼费用。

（4）20×8 年 3 月 17 日，乙公司从丙公司获得赔偿 150 万元。

要求：（1）编制甲公司有关会计分录；

（2）编制乙公司有关会计分录。（答案中以万元为单位，假定不考虑所得税的影响）

2. 甲公司为上市公司，所得税采用资产负债表债务法核算，所得税税率为 25%，按照税法规定，企业提供的与其自身生产经营无关的担保支出不允许税前扣除，假定不考虑其他纳税调整事项，企业按 10% 提取法定盈余公积。

（1）甲公司为乙公司提供担保的某项银行借款 2 000 000 元于 20×7 年 9 月到期。该借款系乙公司于 20×4 年 9 月从银行借入的，甲公司为乙公司此项借款的本息提供 50% 的担保。乙公司借入的款项至到期日应偿付的本息为 2 360 000 元。由于乙公司无力偿还到期的债务，债权银行于 11 月向法院提起诉讼，要求乙公司和为其提供担保的甲公司偿还借款本息，并支付罚息 50 000 元。至 12 月 31 日，法院尚未做出判决，甲公司预计承担此项债务的可能性为 60%。估计需要支付担保款 1 000 000 元。

（2）20×8 年 6 月 15 日法院做出一审判决，乙公司和甲公司败诉，甲公司需为乙公司偿还借款本息的 50%，计 1 180 000 元，乙公司和甲公司服从该判决，款项尚未支付。甲公司预计替乙公司偿还的借款本息不能收回的可能性为 80%。

（3）假定甲公司 20×7 年度财务会计报告于 20×8 年 3 月 20 日报出。20×8 年 1 月 25 日法院做出一审判决，乙公司和甲公司败诉，甲公司需为乙公司偿还借款本息的 50%，计 1 180 000 元，乙公司和甲公司服从该判决，款项已经支付。甲公司预计替乙公司偿还的借款本息不能收回的可能性为 80%。

要求：计算甲公司因担保应确认的负债金额，并编制相关会计分录。

3. 正保公司为机床生产和销售企业，20×7 年 12 月 31 日"预计负债——产品质量担保"科目年末余额为 20 万元。20×8 年第一季度、第二季度、第三季度、第四季度分别销售机床 200 台、400 台、440 台和 600 台，每台售价为 20 万元。对购买其产品的消费者，正保公司做出承诺：机床售出后三年内如出现非意外事件造成的机床故障和质量问题，正保公司免费负责保修（含零部件更换）。根据以往的经验，发生的保修费一般为销售额的 1%～2% 之间。假定正保公司 20×8 年四个季度实际发生的维修费用分别为 16 万元、44 万元、64 万元和 56 万元（假定维修费用用银行存款支付 50%，另 50% 为耗用的原材料，不考虑增值税进项税额转出）。

要求：

（1）编制每个季度发生产品质量保证费用的会计分录；

（2）分季度确认产品质量保证负债金额并编制相关会计分录；

（3）计算每个季度末"预计负债——产品质量担保"科目的余额。

第十章

股 份 支 付

本章主要介绍了股份支付及其分类；可行权条件的种类、处理和修改；权益结算股份支付的核算；现金结算股份支付的核算。

重要概念： 股份支付 以权益结算的股份支付 以现金结算的股份支付

第一节 股份支付概述

一、股份支付的含义及特征

（一）股份支付的含义

股份支付，是"以股份为基础的支付"的简称，是指企业为获取职工和其他方提供服务而授予权益工具或者承担以权益工具为基础确定的负债的交易。

（二）股份支付的特征

（1）股份支付是企业与职工或其他方之间发生的交易。以股份为基础的支付可能发生在企业与股东之间、合并交易中的合并方与被合并方之间或者企业与其职工之间。只有发生在企业与其职工或向企业提供服务的其他方之间的交易才可能符合股份支付的定义。

（2）股份支付是以获取职工或其他方服务为目的的交易。企业在股份支付交易中意在获取其职工或其他方提供的服务（费用）或取得这些服务的权利（资产）。企业获取这些服务或权利的目的是用于其正常生产经营，不是转手获利等。

（3）股份支付交易的对价或其定价与企业自身权益工具未来的价值密切相关。股份支付交易与企业与其职工间其他类型交易的最大不同，是交易对价或其定价与企业自身权益工具未来的价值密切相关。

在股份支付中，企业要么向职工支付其自身权益工具，要么向职工支付一笔现金，而其金额高低取决于结算时企业自身权益工具的公允价值。对价的特殊性可以说是股份支付定义中最突出的特征。

企业自身的权益工具包括会计主体本身、母公司和同集团的其他会计主体的权益工具。

二、股份支付工具的主要类型

按照股份支付的方式和工具类型，股份支付分为以权益结算的股份支付和以现金结算的股份支付两大类。

（一）以权益结算的股份支付

以权益结算的股份支付，是指企业为获取服务而以股份或其他权益工具作为对价进行结算的交易。以权益结算的股份支付最常用的工具有两类：限制性股票和股票期权。

限制性股票是指职工或其他方按照股份支付协议规定的条款和条件，从企业获得一定数量的本企业股票。企业授予职工一定数量的股票，在一个确定的等待期内或在满足特定业绩指标之前，职工出售股票要受到持续服务期限条款或业绩条件的限制。

股票期权是指企业授予职工或其他方在未来一定期限内以预先确定的价格和条件购买本企业一定数量股票的权利。

（二）以现金结算的股份支付

以现金结算的股份支付，是指企业为获取服务而承担的以股份或其他权益工具为基础计算的交付现金或其他资产的义务的交易。以现金结算的股份支付最常用的工具有两类：模拟股票和现金股票增值权。

股票增值权和模拟股票，是用现金支付模拟的股权激励机制，即与股票挂钩，但用现金支付。除不需实际行权和持有股票之外，现金股票增值权的运作原理与股票期权是一样的，都是一种增值权形式的股票价值挂钩的薪酬工具。除不需实际授股票和持有股票之外，模拟股票的运作原理与限制性股票是一样的。

三、股份支付的四个主要环节

以薪酬性股票期权为例，典型的股份支付通常涉及四个主要环节：授予、可行权、行权和出售。四个环节可如图 10-1 所示。

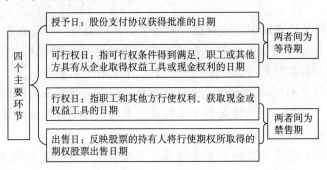

图 10-1　股份支付交易环节示意图

1. 授予日

授予日指股份支付协议获得批准的日期。其中"获得批准",是指企业与职工或其他方就股份支付的协议条款和条件已达成一致,该协议获得股东大会或类似机构的批准。这里的"达成一致"是指,在双方对该计划或协议内容充分形成一致理解的基础上,均接受其条款和条件。如果按照相关法规的规定,在提交股东大会或类似机构之前存在必要程序或要求,则应履行该程序满足该要求。

2. 可行权日

可行权日是指可行权条件得到满足、职工或其他方具有从企业取得权益工具或现金权利的日期。有的股份支付协议是一次性可行权,有的则是分批可行权。只有已经可行权的股票期权,才是职工真正拥有的"财产",才能去择机行权。从授予日至可行权日的时段,是可行权条件得到满足的期间,因此称为"等待期",又称"行权限制期"。

3. 行权日

行权日是指职工和其他方行使权利、获取现金或权益工具的日期。例如,持有股票期权的职工行使了以特定价格购买一定数量本公司股票的权利,该日期即为行权日。行权是按期权的约定价格实际购买股票,一般是在可行权日之后至期权到期日之前的可选择时段内行权。

4. 出售日

出售日是指股票的持有人将行使期权所取得的期权股票出售的日期。按照我国法律规定,用于期权激励的股份支付协议,应在行权日和出售日之间设立禁售期,其中,国有控股上市公司的禁售期不低于两年。

第二节　股份支付的确认和计量

一、股份支付的确认和计量原则

(一)权益结算的股份支付的确认和计量原则

1. 换取职工服务的股份支付的确认和计量原则

对于换取职工服务的股份支付,企业应当以股份支付所授予的权益工具的公允价值计量。企业应在等待期内的每个资产负债表日,以对可行权权益工具数量的最佳估计为基础,按照权益工具在授予日的公允价值,将当期取得的服务计入相关资产成本或当期费用,同时计入资本公积中的其他资本公积。

对于授予后立即可行权的换取职工提供服务的权益结算的股份支付(例如授予限制性股票的股份支付),应在授予日 按照权益工具的公允价值,将取得的服务计入相关资产成本或费用。

2. 换取其他方服务的股份支付的确认和计量原则

对于换取其他方服务的股份支付,企业应当以股份支付所换取的服务公允价值计量。企业应当按照其他方服务取得日的公允价值,将取得的服务计入相关资产成本或费用。

如果其他方服务的公允价值不能可靠计量，但权益工具的公允价值能够可靠计量时，企业应当按照权益工具在服务取得日的公允价值，将取得的服务计入相关资产成本或费用。

3. 权益工具公允价值无法可靠确定时的处理

在极少数情况下，授予权益工具的公允价值无法可靠计量，企业应在获取服务的时点、后续的每个资产负债表日和结算日，以内在价值计量该权益工具，内在价值的变动应计入当期损益。同时，企业应以是最终可行权或实际行权的权益工具数量为基础，确认取得服务的金额。内在价值是指交易对方有权认购或取得的股份的公允价值，与其按照股份支付协议应当支付的价格间的差额。

企业对上述以内在价值计量的已授予权益工具进行结算，应当遵循以下要求：

（1）结算发生在等待期内的，企业应当将结算作为加速可行权处理，即立即确认本应于剩余等待期内确认的服务金额。

（2）结算时支付的款项应当作为回购该权益工具处理，即减少所有者权益。结算支付的款项高于该权益工具在回购日内在价值的部分，计入当期损益。

（二）现金结算的股份支付的确认和计量原则

企业应当在等待期内的每个资产负债表日，以对可行权情况的最佳估计为基础，按照企业承担负债的公允价值，将当期取得的服务计入相关资产成本或当期费用，同时计入负债，并在结算前的每个资产负债表日和结算日对负债的公允价值重新计，将其变动计入损益。

对于授予后立即可行权的现金结算的股份支付（例如授予虚拟股票或业绩股票的股份支付），企业应当在授予日按照企业承担负债的公允价值计入相关资产成本或费用，同时计入负债，并在结算前的每个资产负债表日和结算日对负债的公允价值重新计量，将其变动计入损益。

二、可行权条件的种类、处理和修改

（一）可行权条件的种类

可行权条件是指能够确定企业是否得到职工或其他方提供的服务，且该服务使职工或其他方具有获取股份支付协议规定的权益工具或现金等权利的条件。反之，为非可行权条件。可行权条件具体包括服务期限条件和业绩条件。在满足这些条件之前，职工无法获得股份。

（二）市场条件和非市场条件及其处理

业绩条件是指职工或其他方完成规定服务期限且企业已经达到特定业绩目标才可行权的条件，包括市场条件和非市场条件。

市场条件是指行权价格、可行权条件以及行权可能性与权益工具的市场价格相关的业绩条件，如股份支付协议中关于股价上升至何种水平职工或其他方可相应取得多少股份的规定。企业在确定权益工具在授予日的公允价值时，应考虑市场条件和非可行权条件的影响。市场条件和非可行权条件是否得到满足，不影响企业对预计可行权情况的估计。

非市场条件是指除市场条件之外的其他业绩条件，如股份支付协议中关于达到最低盈利目标或销售目标才可行权的规定。对于可行权条件为业绩条件的股份支付，在确定权益工具的公允价值时，应考虑市场条件的影响，只要职工满足了其他所有非市场条个把，企业就应当确认已取得的服务。

【例 10-1】 20×1 年 1 月，为奖励并激励高管，上市公司 A 公司与其管理层成员签署股份支付协议，规定如果管理层成员在其后 3 年中都在公司中任职服务，并且公司股价每年均提高 12% 以上，管理层成员即可以低于市价的价格购买一定数量的本公司股票。

同时作为协议的补充，公司把全体管理层成员的年薪提高了 100 000 元，但公司将这部分年薪按月存入公司专门建立的内部基金，3 年后，管理层成员可用属于其个人的部分抵减未来行权时支付的购买股票款项。如果管理层成员决定退出这项基金，可随时全额提取。A 公司以期权定价模型估计授予的此项期权在授予日的公允价值为 12 000 000 元。

在授予日，A 公司估计 3 年内管理层离职的比例为每年 10%；第二年年末，A 公司调整其估计离职率为 4%；到第三年年末，公司实际离职率为 5%。

在第一年中，公司股价提高了 11.5%，第二年提高了 13%，第三年提高了 12%。公司在第一年、第二年年末均预计下年能实现当年股价增长 10% 以上的目标。

请问此例中涉及哪些条款和条件？A 公司应如何处理？

分析：如果不同时满足服务 3 年和公司股价年增长 12% 以上的要求，管理层成员就无权行使其股票期权，因此两者都属于可行权条件，其中服务满 3 年是一项服务期限条件，12% 的股价增长要求是一项市场业绩条件。

按照股份支付准则的规定，第一年末确认的服务费用为：

$$12\,000\,000 \times \frac{1}{3} \times 90\% = 3\,600\,000\ (元)$$

第二年末累计确认的服务费用为：

$$12\,000\,000 \times \frac{2}{3} \times 96\% = 7\,680\,000\ (元)$$

第三年末累计应确认的服务费用为：

$$12\,000\,000 \times 95\% = 11\,400\,000\ (元)$$

由此，第二年应确认的费用为：

$$7\,680\,000 - 3\,600\,000 = 4\,080\,000\ (元)$$

第三年应确认的费用为：

$$11\,400\,000 - 7\,680\,000 = 3\,720\,000\ (元)$$

最后，95% 的管理层成员满足了市场条件之外的全部可行权条件。尽管股价年增长 12% 以上的市场条件未得到满足，A 公司在 3 年的年末也均确认了收到的管理层提供的服务，并相应确认了费用。

（三）可行权条件的修改

通常情况下，股份支付协议生效后，不应对其条款和条件随意修改。但在某些情况下，可能需要修改授予权益工具的股份支付协议中的条款和条件。例如，股票除权、除息或其他原因需要调整行权价格或股票期权数量。此外，为取得更佳的激励效果，有关法规也允许企业依据股份支付协议的规定，调整行权价格或股票期权数量，但应当由董事会作出决议并经股东大会审议批准，或者由股东大会授权董事会决定。

在会计核算上，无论已授予的权益工具的条款和条件如何修改，甚至取消权益工具的授予或结算该权益工具，企业都应至少确认按照所授予的权益工具在授予日的公允价值来计量获取的相应服务，除非因不能满足权益工具的可行权条件（除市场条件外）而无法可行权。

1. 条款和条件的有利修改

企业应当分别以下情况，确认导致股份支付公允价值总额升高以及其他对职工有利的修改的影响：

（1）如果修改增加了所授予的权益工具的公允价值，企业应按照权益工具公允价值的增加相应地确认取得服务的增加。权益工具公允价值的增加，是指修改前后的权益工具在修改日的公允价值之间的差额。

（2）如果修改增加了所授予的权益工具的数量，企业应将增加的权益工具的公允价值相应地确认为取得服务的增加。

（3）如果企业按照有利于职工的方式修改可行权条件，如缩短等待期、变更或取消业绩条件（非市场条件），企业在处理可行权条件时，应当考虑修改后的可行权条件。

2. 条款和条件的不利修改（只考虑减少数量的影响，其他不考虑）

如果企业以减少股份支付公允价值总额的方式或其他不利于职工的方式修改条款和条件，企业仍应继续对取得的服务进行会计处理，如同该变更从未发生，除非企业取消了部分或全部已授予的权益工具。具体包括如下几种情况：

（1）如果修改减少了授予的权益工具的公允价值，企业应当继续以权益工具在授予日的公允价值为基础，确认取得服务的金额，而不应考虑权益工具公允价值的减少。

（2）如果修改减少了授予的权益工具的数量，企业应当将减少部分作为已授予的权益工具的取消来进行处理。

（3）如果企业以不利于职工的方式修改了可行权条件，如延长等待期、增加或变更业绩条件（非市场条件），企业在处理可行权条件时，不应考虑修改后的可行权条件。

3. 取消或结算

如果企业在等待期内取消了所授予的权益工具或结算了所授予的权益工具（因未满足可行权条件而被取消的除外），企业应当：

（1）将取消或结算作为加速可行权处理，立即确认原本应在剩余等待期内确认的金额。

（2）在取消或结算时支付给职工的所有款项均应作为权益的回购处理，回购支付的金额高于该权益工具在回购日公允价值的部分，计入当期费用。

（3）如果向职工授予新的权益工具，并在新权益工具授予日认定所授予的新权益工具是用于替代被取消的权益工具的，企业应以与处理原权益工具条款和条件修改相同的方式，对所授予的替代权益工具进行处理。权益工具公允价值的增加，是指在替代权益工具的授予日，替代权益工具公允价值与被取消的权益工具净公允价值之间的差额。被取消的权益工具的净公允价值，是指其在被取消前立即计量的公允价值减去因取消原权益工具而作为权益回购支付给职工的款项。

如果企业未将新授予的权益工具认定为替代权益工具，则应将其作为一项新授予的股份支付进行处理。

企业如果回购其职工已可行权的权益工具，应当借记所有者权益，回购支付的金额高于该权益工具在回购日公允价值的部分，计入当期费用。

三、权益工具公允价值的确定

股份支付中权益工具的公允价值的确定，应当以市场价格为基础。一些股份和股票期权并没有一个活跃的交易市场，在这种情况下，应当考虑估值技术。通常情况下，企业应当按照《企业会计准则第 22 号——金融工具确认和计量》的规定确定权益工具的公允价值，并根据股份支付协议的条款的条件进行调整。

（一）股份

对于授予职工的股份，企业应按照其股份的市场价格计量。如果其股份未公开交易，则应考虑其条款和条件估计其市场价格。

（二）股票期权

对于授予职工的股份，因其通常受到一些不同于交易期权的条款和条件的限制，因而在许多情况下难以获得其市场价格。如果不存在条款和条件相似的交易期权，就应通过期权定价模型来估计所授予的期权的公允价值。

四、股份支付的处理

股份支付的会计处理必须以完整、有效的股份支付协议为基础。

（一）授予日

除了立即可行权的股份支付外，无论权益结算的股份支付还是现金结算的股份支付，企业在授予日均不做会计处理。

（二）等待期内每个资产负债表日

企业应当在等待期内的每个资产负债表日，将取得职工或其他方提供的服务计入成本费用，同时确认所有者权益或负债。对于附有市场条件的股份支付，只要职工满足了其他所有非市场条件，企业就应当确认已取得的服务。

在等待期内，业绩条件为非市场条件的，如果后续信息表明需要调整对可行权情况的估计的，应对前期估计进行修改。

在等待期内每个资产负债表日，企业应将取得的职工提供的服务计入成本费用，计入成本费用的金额应当按照权益工具的公允价值计量。

对于权益结算的涉及职工的股份支付，应当按照授予日权益工具的公允价值计入成本费用和资本公积（其他资本公积），不确认其后续公允价值变动。

对于现金结算的涉及职工的股份支付，应当按照每个资产负债表日权益工具的公允价值重新计量，确定成本费用和应付职工薪酬。

对于授予的存在活跃市场的期权等权益工具，应当按照活跃市场中的报价确定其公允价值。对于授予的不存在活跃市场的期权等权益工具，应当采用期权定价模型等 估值技术确定其公允价值。

在等待期内每个资产负债表日，企业应当根据最新取得的可行权职工人数变动等后续信息作出最佳估计，修正预计可行权的权益工具数量。在可行权日，最终预计可行权权益工具的数量应当与实际可行权工具的数量一致。

根据上述权益工具的公允价值和预计可行权的权益工具数量，计算截至当期累计应认的成本费用金额，再减去前期累计已确认金额，作为当期应确认的成本费用金额。

（三）可行权日之后

（1）对于权益结算的股份支付，在可行权日之后不再对已确认的成本费用和所有者权益总额进行调整。企业应在行权日根据行权情况，确认股本和股本溢价，同时结转等待期内确认的资本公积（其他资本公积）。

（2）对于现金结算的股份支付，企业在可行权日之后不再确认成本费用，负债（应付职工薪酬）公允价值的变动应当计入当期损益（公允价值变动损益）。

（四）回购股份进行职工期权激励

企业以回购股份形式奖励本企业职工的，属于权益结算的股份支付。企业回购股份时，应按回购股份的全部支出作为库存股处理，同时进行备查登记。

按照《企业会计准则第 11 号——股份支付》对职工权益结算股份支付的规定，企业应当在等待期内每个资产负债表日按照权益工具在授予日的公允价值，将取得的职工服务计入成本费用，同时增加资本公积（其他资本公积）。在职工行权购买本企业股份时，企业应转销交付职工的库存股本和等待期内资本公积（其他资本公积）累计金额，同时按照其差额调整资本公积（股本溢价）。

五、集团股份支付的处理

企业集团（由母公司和其全部子公司构成）内发生的股份支付交易，应当按照以下规定进行会计处理：

（1）企业以其本身权益工具结算的，应当将该股份支付交易作为权益结算的股份支付处理；除此之外，应作为现金结算的股份支付处理。

结算企业是接受服务企业的投资者的，应当按照授予日权益工具的公允价值或应承担负债的公允价值确认为对接受服务企业的长期股权投资，同时确认资本公积（其他资本公积）或负债。

（2）服务企业没有结算义务或授予本企业职工的是其本身权益工具的，应当将该股份支付交易作为权益结算的股份支付处理；接受服务企业具有结算义务且授予本企业职工的是企业集团内其他企业权益工具的，应当将该股份支付交易作为现金结算的股份支付处理。

在 2010 年 7 月 14 日《企业会计准则解释第 4 号》发布前的股份支付交易未按上述规定处理的，应追溯调整，追溯调整不切实可行的除外。

第三节　两种股份支付方式的会计处理应用举例

一、权益结算的股份支付的会计处理

1. 不是授予后可立即行权的

对于换取职工服务的股份支付，企业应当以股份支付所授予的权益工具的公允价值计量。企业应在等待期内的每个资产负债表日，以对可行权权益工具数量的最佳估计为基础，按照权益工具在授予日的公允价值，将当期取得的服务计入相关资产成本或当期费用，同时计入资本公积中的其他资本公积。

（1）授予日不需要作处理。

（2）在等待期的每个资产负债表日按授予日权益工具的公允价值作处理：

借：管理费用或生产成本等

　　贷：资本公积——其他资本公积

（3）可行权日：

借：资本公积——其他资本公积

　　贷：股本

　　　　资本公积——股本溢价

若职工需要支付行权价，则：

借：银行存款（收到的款项）

　　资本公积——其他资本公积

　　贷：股本

　　　　资本公积——股本溢价

（4）可行权日之后：

对于权益结算的股份支付，在可行权日之后不再对已确认的成本费用和所有者权益总额进行调整。

2. 授予后立即可行权的

换取职工提供服务的权益结算的股份支付（例如授予限制性股票的股份支付），应在授予日按照权益工具的公允价值，将取得的服务计入相关资产成本或当期费用，同时计入资本公积中的股本溢价。

授予日会计处理：

借：管理费用或生产成本等（授予日期权的公允价值）

　　贷：资本公积——股本溢价

【例 10-2】　　A 公司为一上市公司。20×7 年 1 月 1 日，公司向其 200 名管理人员每人授予 200 股股票期权，这些职员从 20×7 年 1 月 1 日起在该公司连续服务 3 年，即可以 6 元每股购买 100 股 A 公司股票，从而获益。公司估计该期权在授予日的公允价值为 18 元。

第一年有 20 名职员离开 A 公司，A 公司估计三年中离开的职员的比例将达到 20%；第二年又有 10 名职员离开公司，公司将估计的职员离开比例修正为 15%；第三年又有 15 名职员离开。

1. 费用和资本公积计算过程如表 10-1 所示。

表 10-1　费用和资本公积计算过程表　　　　　　单位：元

年份	计算	当期费用	累计费用
20×7	$200 \times 200 \times (1-20\%) \times 18 \times 1/3$	192 000	192 000
20×8	$200 \times 200 \times (1-15\%) \times 18 \times 2/3$	216 000	408 000
20×9	$155 \times 200 \times 18 - 408\ 000$	150 000	558 000

2. 账务处理：

(1) 20×7 年 1 月 1 日：

授予日不作账务处理。

(2) 20×7 年 12 月 31 日：

借：管理费用　　　　　　　　　　　　　　192 000

　　贷：资本公积——其他资本公积　　　　　　　　192 000

(3) 20×8 年 12 月 31 日：

借：管理费用　　　　　　　　　　　　　　216 000

　　贷：资本公积——其他资本公积　　　　　　　　216 000

(4) 20×9 年 12 月 31 日：

借：管理费用　　　　　　　　　　　　　　150 000

　　贷：资本公积——其他资本公积　　　　　　　　150 000

(5) 假设全部 155 名职员都在 2×10 年 12 月 31 日行权，A 公司股份面值为 1 元：

借：银行存款　　　　　　186 000 (155×200×6)

　　资本公积——其他资本公积　　　558 000

　　贷：股本　　　　　　　　　　　　　　　　31 000

　　　　资本公积——股本溢价　　　　　　　　713 000

二、现金结算的股份支付的核算

（一）不是授予后可立即行权的

企业应当在等待期内的每个资产负债表日，以对可行权情况的最佳估计为基础，按照企业承担负债的公允价值，将当期取得的服务计入相关资产成本或当期费用，同时计入负债，并在结算前的每个资产负债表日和结算日对负债的公允价值重新计量，将其变动计入损益。

（1）授予日不作账务处理。

（2）在等待期的每个资产负债表日：

借：管理费用或生产成本等

贷：应付职工薪酬

（3）可行权日后

在结算前的每个资产负债表日和结算日对负债的公允价值重新计量：

借：公允价值变动损益

贷：应付职工薪酬

或相反。

（4）行权日（结算日）时：

借：应付职工薪酬

贷：银行存款

（二）对于授予后立即可行权的

对于授予后立即可行权的现金结算的股份支付（例如授予虚拟股票或业绩股票的股份支付），企业应当在授予日按照企业承担负债的公允价值计入相关资产成本或费用，同时计入负债，并在结算前的每个资产负债表日和结算日对负债的公允价值重新计量，将其变动计入损益。

（1）授予日不作账务处理。

（2）在等待期的每个资产负债表日：

借：管理费用或生产成本等

贷：应付职工薪酬

（3）可行权日后

在结算前的每个资产负债表日和结算日对负债的公允价值重新计量：

借：公允价值变动损益

贷：应付职工薪酬（或相反）

（4）行权日（结算日）时：

借：应付职工薪酬

贷：银行存款

【例 10-3】 20×5 年初，公司为其 200 名中层以上职员每人授予 200 份现金股票增值权，这些职员从 20×5 年 1 月 1 日起在该公司连续服务 3 年，即可按照当时股价的增长幅度获得现金，该增值权应在 20×9 年 12 月 31 日之前行使。A 公司估计，该增值权在负债结算之前的每一资产负债表日以及结算日的公允价值和可行权后的每份增值权现金支出额如表 10-2 所示。

表 10-2　资产负债表日公允价值和现金支出表　　　　　　　　单位：元

年份	公允价值	支付现金
20×5	14	
20×6	15	
20×7	18	16
20×8	21	20
20×9		24

第一年有 20 名职员离开 A 公司，A 公司估计三年中还将有 15 名职员离开；第二年又有 10 名职员离开公司，公司估计还将有 10 名职员离开；第三年又有 15 名职员离开。第三年末，有 70 人行使股份增值权取得了现金。第四年末，有 50 人行使了股份增值权。第五年末，剩余 35 人也行使了股份增值权。

1. 费用和负债计算过程如表 10-3 所示：

表 10-3　费用和负债计算过程表　　　　　　　　单位：元

年份	负债计算（1）	支付现金计算（2）	负债（3）	支付现金（4）	当期费用（5）
20×5	(200−35)×200×14×1/3		154 000		154 000
20×6	(200−40)×200×15×2/3		320 000		166 000
20×7	(200−45−70)×200×18	70×200×16	306 000	224 000	210 000
20×8	(200−45−70−50)×200×21	50×200×20	147 000	200 000	41 000
20×9	0	35×200×24	0	168 000	21 000
总额				592 000	592 000

其中：(1) 计算得 (3)，(2) 计算得 (4)；

当期 (3) −前期 (3) +当期 (4) =当期 (5)

2. 会计处理：

(1) 20×5 年 12 月 31 日：

借：管理费用　　　　　　　　　　　　　　　　　　154 000

　　贷：应付职工薪酬——股份支付　　　　　　　　　　　　154 000

(2) 20×6 年 12 月 31 日：

借：管理费用　　　　　　　　　　　　　　　　　　166 000

　　贷：应付职工薪酬——股份支付　　　　　　　　　　　　166 000

(3) 20×7 年 12 月 31 日：

借：管理费用 210 000
　　贷：应付职工薪酬——股份支付 210 000
借：应付职工薪酬——股份支付 224 000
　　贷：银行存款 224 000

（4）20×8年12月31日（可行权日后）：

借：公允价值变动损益 21 000
　　贷：应付职工薪酬——股份支付 21 000
借：应付职工薪酬——股份支付 200 000
　　贷：银行存款 200 000

（5）20×9年12月31日：

借：公允价值变动损益 21 000
　　贷：应付职工薪酬——股份支付 21 000
借：应付职工薪酬——股份支付 168 000
　　贷：银行存款 168 000

复习思考题

【简答题】

1. 股份支付的特征有哪些？
2. 简述股份支付工具的主要类型。
3. 简述股份支付的主要环节。

【计算分析题】

20×7年1月1日，某上市公司向200名高级管理人员每人授予20000份股票期权，条件是自授予日起在该公司连续服务3年，允许以8元/股的价格行权。授予日公司股票价格为16元/股，预计3年后价格为24元/股，公司估计该期权在授予日的公允价值为18元/份。上述高级管理人员在第一年有20人离职，公司在20×7年12月31日预计3年中离职人员的比例将达20％；第二年有8人离职，公司将比例修正为15％；第三年有12人离职。上述股份支付交易，公司在20×9年利润表中应确认的相关费用为多少万元？

第十一章

所得税会计

本章主要介绍了所得税会计的一般程序，资产、负债的计税基础及暂时性差异，递延所得税负债及递延所得税资产的确认，所得税费用的确认和计量。

重要概念： 暂时性差异　应纳税暂时性差异　可抵扣暂时性差异 资产负债表债务法

第一节　所得税会计概述

企业的会计核算和税收处理分别遵循不同的原则，服务于不同的目的。在我国，会计的确认、计量、报告应当遵从企业会计准则的规定，目的在于真实、完整地反映企业的财务状况、经营成果和现金流量等，为投资者、债权人以及其他会计信息使用者提供对其决策有用的信息。税法则是以课税为目的，根据国家有关税收法律、法规的规定，确定一定时期内纳税人应交纳的税额，从所得税的角度，主要是确定企业的应纳税所得额，以对企业的经营所得征税。

所得税会计的形成和发展是所得税法规和会计准则规定相互分离的必然结果，两者分离的程度和差异的种类、数量直接影响和决定了所得税会计处理方法的改进。我国所得税会计采用了资产负债表债务法，要求企业从资产负债表出发，通过比较资产负债表上列示的资产、负债按照会计准则规定确定的账面价值与按照税法规定确定的计税基础，对于两者之间的差异分为应纳税暂时性差异与可抵扣暂时性差异，确认相关的递延所得税负债与递延所得税资产，并在此基础上确定每一会计期间利润表中的所得税费用。

一、资产负债表债务法的理论基础

资产负债表债务法在所得税的会计核算方面贯彻了资产、负债的界定。从资产负债角度考虑，资产的账面价值代表的是某项资产在持续持有及最终处置的一定期间内为企业带来未来经济利益的总额，而其计税基础代表的是该期间内按照税法规定就该项资产可以税前扣除的总额。资产的账面价值小于其计税基础的，表明该项资产于未来期间产生的经济利益流入低于按照税法规定允许税前扣除的金额，产生可抵减未来期间应纳税所得额的因素，减少未来期间以所得税税款的方式流出企业的经济利益，应确认为递延所得税资产。反之，一项资产的账面价值大于其计税基础的，两者之间的差额会增加企业于未来期间应纳税所得额及应交所得税，对企业形成经济利益流出的义务，应确认为递延所得税负债。

二、所得税会计的一般程序

采用资产负债表债务法核算所得税的情况下，企业一般应于每一资产负债表日进行所得税的核算。企业合并等特殊交易或事项发生时，在确认因交易或事项取得的资产、负债时即应确认相关的所得税影响。企业进行所得税核算一般应遵循以下程序：

（1）按照会计准则规定确定资产负债表中除递延所得税资产和递延所得税负债以外的其他资产和负债项目的账面价值。

（2）按照会计准则中对于资产和负债计税基础的确定方法，以适用的税收法规为基础，确定资产负债表中有关资产、负债项目的计税基础。

（3）比较资产、负债的账面价值与其计税基础，对于两者之间存在差异的，分析其性质，除会计准则中规定的特殊情况外，分别应纳税暂时性差异与可抵扣暂时性差异，确定该资产负债表日递延所得税负债和递延所得税资产的应有金额，并与期初递延所得税资产和递延所得税负债的余额相比，确定当期应予进一步确认的递延所得税资产和递延所得税负债金额或应予转销的金额，作为构成利润表中所得税费用的递延所得税费用（或收益）。

（4）按照适用的税法规定计算确定当期应纳税所得额，将应纳税所得额与适用的所得税税率计算的结果确认为当期应交所得税，作为利润表中应予确认的所得税费用中的当期所得税部分。

（5）确定利润表中的所得税费用。利润表中的所得税费用包括当期所得税和递延所得税两个组成部分。企业在计算确定当期所得税和递延所得税后，两者之和（或之差），即为利润表中的所得税费用。

所得税会计的关键在于确定资产、负债的计税基础。资产、负债的计税基础，虽然是会计准则中的概念，但实质上与税法法规的规定密切关联。企业应当严格遵循税收法规中对于资产的税务处理及可税前扣除的费用等规定确定有关资产、负债的计税基础。

第二节　资产、负债的计税基础及暂时性差异

一、资产的计税基础

资产的计税基础，是指企业收回资产账面价值过程中，计算应纳税所得额时按照税法规定可以自应税经济利益中抵扣的金额，即某一项资产在未来期间计税时可以税前扣除的金额。从税收的角度考虑，资产的计税基础是假定企业按照税法规定进行核算所提供的资产负债表中资产的应有金额。

　　资产在初始确认时，其计税基础一般为取得成本。从所得税角度考虑，某一单项资产产生的所得是指该项资产产生的未来经济利益流入扣除其取得成本之后的金额。一般情况下，税法认定的资产取得成本为购入时实际支付的金额。在资产持续持有的过程中，可在未来期间税前扣除的金额是指资产的取得成本减去以前期间按照税法规定已经税前扣除的金额后的余额。如固定资产、无形资产等长期资产，在某一资产负债表日的计税基础是指其成本扣除按照税法规定已在以前期间税前扣除的累计折旧额或累计摊销额后的金额。

　　现举例说明部分资产项目计税基础的确定。

（一）固定资产

　　以各种方式取得的固定资产，初始确认时入账价值基本上是被税法认可的，即取得时其账面价值一般等于计税基础。

　　固定资产在持有期间进行后续计量时，会计上的基本计量模式是"成本－累计折旧－固定资产减值准备"，税收上的基本计量模式是"成本－按照税法规定计算确定的累计折旧"。会计与税收处理的差异主要来自于折旧方法、折旧年限的不同以及固定资产减值准备的计提。

　　1. 折旧方法、折旧年限产生的差异。会计准则规定，企业可以根据固定资产经济利益的预期实现方式合理选择折旧方法，如可以按年限平均法计提折旧，也可以按照双倍余额递减法、年数总和法等计提折旧，前提是有关的方法能够反映固定资产为企业带来经济利益的实现情况。税法一般会规定固定资产的折旧方法，除某些按照规定可以加速折旧的情况外，基本上可以税前扣除的是按照直线法计提的折旧。

　　另外税法一般规定每一类固定资产的折旧年限，而会计处理时按照会计准则规定是由企业按照固定资产能够为企业带来经济利益的期限估计确定的。因为折旧年限的不同，也会产生固定资产账面价值与计税基础之间的差异。

　　2. 因计提固定资产减值准备产生的差异。持有固定资产的期间内，在对固定资产计提了减值准备以后，因所计提的减值准备在计提当期不允许税前扣除，也会造成固定资产的账面价值与计税基础的差异。

【例 11-1】　甲公司于 20×3 年 1 月 1 日开始计提折旧的某项固定资产，原价为 3 000 000 元，使用年限为 10 年，采用年限平均法计提折旧，预计净残值为 0。税法规定类似固定资产采用加速折旧法计提的折旧可予税前扣除，该企业在计税时采用双倍余额递减法计提折旧，预计净残值为 0。20×5 年 12 月 31 日，企业估计该项固定资产的可收回金额为 2 200 000 元。

　　分析：

　　20×5 年 12 月 31 日该项固定资产的账面价值＝3 000 000－300 000×2－200 000＝2 200 000（元）

　　该项固定资产的计税基础＝3 000 000－3 000 000×20%－2 400 000×20%＝1 920 000（元）

　　该项固定资产账面价值 2 200 000 元与其计税基础 1 920 000 元之间的 280 000 元差

额，代表着将于未来期间计入企业应纳税所得额的金额，产生未来期间应交所得税的增加，应确认为递延所得税负债。

【例 11-2】 甲公司于 20×5 年 12 月 20 日取得某设备，成本为 16 000 000 元，预计使用 10 年，预计净残值为 0，采用年限平均法计提折旧。20×8 年 12 月 31 日，根据该设备生产产品的市场占有情况，甲公司估计其可收回金额为 9 200 000 元。假定税法规定的折旧方法、折旧年限与会计准则相同，企业的资产在发生实质性损失时可予税前扣除。

分析：

20×8 年 12 月 31 日，甲公司该设备的账面价值＝16 000 000－1 600 000×3＝11 200 000（元），可收回金额为 9 200 000 元，应当计提 2 000 000 元固定资产减值准备，计提该减值准备后，固定资产的账面价值为 9 200 000 元。

该设备的计税基础＝16 000 000－1 600 000×3＝11 200 000（元）

资产的账面价值 9 200 000 元小于其计税基础 11 200 000 元，产生可抵扣暂时性差异。

（二）无形资产

除内部研究开发形成的无形资产以外，以其他方式取得的无形资产，初始确认时其入账价值与税法规定的成本之间一般不存在差异。

1. 对于内部研究开发形成的无形资产，会计准则规定有关研究开发支出区分两个阶段，研究阶段的支出应当费用化计入当期损益，而开发阶段符合资本化条件的支出应当计入所形成无形资产的成本；税法规定，自行开发的无形资产，以开发过程中该资产符合资本化条件后至达到预定用途前发生的支出为计税基础。对于研究开发费用的加计扣除，税法中规定企业为开发新技术、新产品、新工艺发生的研究开发费用，未形成无形资产计入当期损益的，在按照规定据实扣除的基础上，按照研究开发费用的 50%加计扣除；形成无形资产的，按照无形资产成本的 150%摊销。

对于内部研究开发形成的无形资产，一般情况下初始确认时按照会计准则规定确定的成本与其计税基础应当是相同的。对于享受税收优惠的研究开发支出，在形成无形资产时，按照会计准则规定确定的成本为研究开发过程中符合资本化条件后至达到预定用途前发生的支出，而因税法规定按照无形资产成本的 150%摊销，则其计税基础应在会计上入账价值的基础上加计 50%，因而产生账面价值与计税基础在初始确认时的差异，但如果该无形资产的确认不是产生于企业合并交易；同时在确认时既不影响会计利润也不影响应纳税所得额，按照所得税会计准则的规定，不确认该暂时性差异的所得税影响。

2. 无形资产在后续计量时，会计与税收的差异主要产生于对无形资产是否需要摊销及无形资产减值准备的计提。

会计准则规定应根据无形资产使用寿命情况，区分为使用寿命有限的无形资产和使用寿命不确定的无形资产。对于使用寿命不确定的无形资产，不要求摊销，在会计期末应进行减值测试。税法规定，企业取得无形资产的成本，应在一定期限内摊销，有关摊销额允许税前扣除。

在对无形资产计提减值准备的情况下，因所计提的减值准备不允许税前扣除，也会造成其账面价值与计税基础的差异。

【例 11-3】 甲公司当期发生研究开发支出计 10 000 000 元，其中研究阶段支出 2 000 000 元，开发阶段符合资本化条件前发生的支出为 2 000 000 元，符合资本化条件后发生的支出为 6 000 000 元。假定开发形成的无形资产在当期期末已达到预定用途。

分析：

甲公司当年发生的研究开发支出中，按照会计规定应予费用化的金额为 4 000 000 元，形成无形资产的成本为 6 000 000 元，即期末所形成无形资产的账面价值为 6 000 000 元。

甲公司于当期发生的 10 000 000 元研究开发支出，可在税前扣除的金额为 6 000 000 元。对于按照会计准则规定形成无形资产的部分，税法规定按照无形资产成本的 150% 作为计算未来期间摊销额的基础，即该项无形资产的计税基础为 9 000 000 元（6 000 000×150%）。

【例 11-4】 甲公司于 20×2 年 1 月 1 日取得某项无形资产，成本为 6 000 000 元。企业根据各方面情况判断，无法合理预计其带来经济利益的期限，作为使用寿命不确定的无形资产。20×2 年 12 月 31 日，对该项无形资产进行减值测试表明未发生减值。企业在计税时，对该项无形资产按照 10 年的期间摊销，有关摊销额允许税前扣除。

分析：

会计上将该项无形资产作为使用寿命不确定的无形资产，在未发生减值的情况下，其账面价值为取得成本 6 000 000 元。

该项无形资产在 20×2 年 12 月 31 日的计税基础为 5 400 000 元（6 000 000-600 000）。

该项无形资产的账面价值 6 000 000 元与其计税基础 5 400 000 元之间的差额 600 000 元将计入未来期间的应纳税所得额，产生未来期间企业所得税款流出的增加，为应纳税暂时性差异。

（三）以公允价值计量且其变动计入当期损益的金融资产

按照《企业会计准则第 22 号——金融工具确认和计量》的规定，以公允价值计量且其变动计入当期损益的金融资产于某一会计期末的账面价值为其公允价值。税法规定，企业以公允价值计量的金融资产、金融负债以及投资性房地产等，持有期间公允价值的变动不计入应纳税所得额，在实际处置或结算时，处置取得的价款扣除其历史成本后的差额应计入处置或结算期间的应纳税所得额。按照该规定，以公允价值计量的金融资产在持有期间市价的波动在计税时不予考虑，有关金融资产在某一会计期末的计税基础为其取得成本，从而造成在公允价值变动的情况下，对以公允价值计量的金融资产账面价值与计税基础之间的差异。

企业持有的可供出售金融资产计税基础的确定，与以公允价值计量且其变动计入当期损益的金融资产类似，可比照处理。

【例 11-5】 甲公司 20×2 年 7 月以 520 000 元取得乙公司股票 50 000 股作为交易性金

融资产核算，20×2 年 12 月 31 日，甲公司尚未出售所持有乙公司股票，乙公司股票公允价值为每股 12.4 元。税法规定，资产在持有期间公允价值的变动不计入当期应纳税所得额，待处置时一并计算应计入应纳税所得额的金额。

分析：

作为交易性金融资产的乙公司股票在 20×2 年 12 月 31 日的账面价值为 620 000 元（12.4×50 000），其计税基础为原取得成本不变，即 520 000 元，两者之间产生 100 000 元的应纳税暂时性差异。

（四）长期股权投资

企业持有的长期股权投资，按照会计准则规定区别对被投资单位的影响程度及是否存在活跃市场、公允价值能否可靠取得等分别采用成本法及权益法进行核算。

税法中对于投资资产的处理，要求按规定确定其成本后，在转让或处置投资资产时，其成本准予扣除。因此，税法中对于长期股权投资并没有权益法的概念。长期股权投资取得后，如果按照会计准则规定采用权益法核算，则一般情况下在持有过程中随着应享有被投资单位净资产份额的变化，其账面价值与计税基础会产生差异，该差异主要源于以下三种情况：

（1）初始投资成本的调整。采用权益法核算的长期股权投资，取得时应比较其初始投资成本与按比例计算应享有被投资单位可辨认净资产公允价值的份额，在初始投资成本小于按比例计算应享有被投资单位可辨认净资产公允价值份额的情况下，应当调整长期股权投资的账面价值，同时确认为当期收益。因该种情况下在确定了长期股权投资的初始投资成本以后，按照税法规定并不要求对其成本进行调整，计税基础维持原取得成本不变，其账面价值与计税基础会产生差异。

（2）投资损益的确认。对于采用权益法核算的长期股权投资，持有投资期间在被投资单位实现净利润或发生净损失时，投资企业按照持股比例计算应享有的部分，一方面应调整长期股权投资的账面价值，同时确认为各期损益。在长期股权投资的账面价值因确认投资损益变化的同时，其计税基础不会随之发生变化。按照税法规定，居民企业直接投资于其他居民企业取得的投资收益免税，即作为投资企业，其在未来期间自被投资单位分得有关现金股利或利润时，该部分现金股利或利润免税，在持续持有的情况下，该部分差额对未来期间不会产生计税影响。

（3）应享有被投资单位其他权益的变化。采用权益法核算的长期股权投资，除确认应享有被投资单位的净损益外，对于应享有被投资单位的其他权益变化，也应调整长期股权投资的账面价值，但其计税基础不会发生变化。

【例 11-6】　A 公司于 20×7 年 1 月 2 日以 6000 万元取得 B 公司 30% 的有表决权股份，拟长期持有并能够对 B 公司施加重大影响，该项长期股权投资采用权益法核算。投资时 B 公司可辨认净资产公允价值总额为 18 000 万元（假定取得投资时 B 公司各项可辨认资产、负债的公允价值与账面价值相同）。B 公司 20×7 年实现净利润 2300 万元，为发生影响权益变动的其他交易或事项。A 公司及 B 公司均为居民企业，适用的所得税税率均为 25%，双方采用的会计政策及会计期间相同。税法规定，居民企业之间的股息红利免税。

会计处理：

借：长期股权投资　　　　　　　　　　　　　　　　6000

　　贷：银行存款　　　　　　　　　　　　　　　　　　6000

因该项长期股权投资的初始投资成本（6000 万元）大于按照持股比例计算应享有 B 公司可辨认净资产公允价值的份额（5400 万元），其初始投资成本无须调整。

确认投资损益：

借：长期股权投资——损益调整　　　　　　　　　　690

　　贷：投资收益　　　　　　　　　　　　　　　　　　690

该项长期股权投资的计税基础如下：

（1）取得时成本为 6000 万元；

（2）期末因税法中没有权益法的概念，对于应享有被投资单位的净损益不影响长期股权投资的计税基础，其于 20×7 年 12 月 31 日的计税基础仍为 6000 万元。

（五）其他资产

因会计准则规定与税法规定不同，企业持有的其他资产，可能造成其账面价值与计税基础之间存在差异的，如：

（1）投资性房地产，企业持有的投资性房地产进行后续计量时，会计准则规定可以采用两种模式：一种是成本模式，采用该种模式计量的投资性房地产，其账面价值与计税基础的确定与固定资产、无形资产相同；另一种是在符合规定条件的情况下，可以采用公允价值模式对投资性房地产进行后续计量。对于采用公允价值模式进行后续计量的投资性房地产，其计税基础的确定类似于固定资产或无形资产计税基础的确定。

【例 11-7】　北方公司于 20×7 年 1 月 1 日将其某自用房屋用于对外出租，该房屋的成本为 800 万元，预计使用年限为 25 年。转为投资性房地产之前，已使用 4 年，企业按照年限平均法计提折旧，预计净残值为零。转为投资性房地产核算后，预计能够持续可靠取得该投资性房地产的公允价值，北方公司采用公允价值对该投资性房地产进行后续计量。假定税法规定的折旧方法、折旧年限及净残值与会计规定相同。同时，税法规定资产在持有期间公允价值的变动不计入应纳税所得额，待处置时一并计算确定应计入应纳税所得额的金额。该项投资性房地产在 20×2 年 12 月 31 日的公允价值为 1000 万元。

分析：

该投资性房地产在 20×7 年 12 月 31 日的账面价值为其公允价值 1000 万元，其计税基础为取得成本扣除按照税法规定允许税前扣除的折旧额后的金额，即其计税基础＝800－800÷25×5＝640（万元）。

该项投资性房地产的账面价值 1000 万元与其计税基础 640 万元之间产生了 360 万元的暂时性差异，会增加企业在未来期间的应纳税所得额。

（2）其他计提了资产减值准备的各项资产。有关资产计提了减值准备后，其账面价值会随之下降，而税法规定资产在发生实质性损失之前，不允许税前扣除，即其计税基础不会因减值准备的提取而变化，造成在计提资产减值准备以后，资产的账面价值与计税基础之间的差异。

【例 11-8】 东方公司 20×2 年购入原材料成本为 4000 万元，因部分生产线停工，当年未领用任何该原材料，20×2 年资产负债表日考虑到该原材料的市价及用其生产产成品的市价情况，估计其可变现净值为 3200 万元。假定该原材料在 20×1 年的期初余额为 0。该项原材料因期末可变现净值低于其成本，应计提存货跌价准备，其金额＝4000－3200＝800 万元，计提该存货跌价准备后，该项原材料的账面价值为 3200 万元。

因计算交纳所得税时，按照会计准则规定计提的资产减值准备不允许税前扣除，该项原材料的计税基础不会因存货跌价准备的提取而发生变化，其计税基础应维持原取得成本 4000 万元不变。该存货的账面价值 3200 万元与其计税基础 4000 万元之间产生了800 万元的暂时性差异，该差异会减少企业在未来期间的应纳税所得额和应交所得税。

【例 11-9】 南方公司 20×4 年 12 月 31 日应收账款余额为 600 万元，该公司期末对应收账款计提了 60 万元的坏账准备。税法规定，不符合国务院财政、税务主管部门规定的各项资产减值准备不允许税前扣除。假定该公司应收账款及坏账准备的期初余额均为零。

该项应收账款在 20×4 年资产负债表日的账面价值为 540（600－60）万元，因有关的坏账准备不允许税前扣除，其计税基础为 600 万元，该计税基础与其账面价值之间产生 60 万元暂时性差异，在应收账款发生实质性损失时，会减少未来期间的应纳税所得额和应交所得税。

二、负债的计税基础

负债的计税基础，是指负债的账面价值减去未来期间计算应纳税所得额时按照税法规定可予抵扣的金额。即假定企业按照税法规定进行核算，在其按照税法规定确定的资产负债表上有关负债的应有金额。

负债的确认与偿还一般不会影响企业未来期间的损益，也不会影响其未来期间的应纳税所得额，因此未来期间计算应纳税所得额时按照税法规定可予抵扣的金额为 0，计税基础即为账面价值。例如企业的短期借款、应付账款等。但是，某些情况下，负债的确认可能会影响企业的损益，进而影响不同期间的应纳税所得额，使其计税基础与账面价值之间产生差额，如按照会计规定确认的某些预计负债。

（一）企业因销售商品提供售后服务等原因确认的预计负债

按照或有事项准则规定，企业对于预计提供售后服务将发生的支出在满足有关确认条件时，销售当期即应确认为费用，同时确认预计负债。如果税法规定，与销售产品相关的支出应于发生时税前扣除。因该类事项产生的预计负债在期末的计税基础为其账面价值与未来期间可税前扣除的金额之间的差额，即为零。

其他交易或事项中确认的预计负债，应按照税法规定的计税原则确定其计税基础。某些情况下，因有些事项确认的预计负债，税法规定其支出无论是否实际发生均不允许税前扣除，即未来期间按照税法规定可予抵扣的金额为零，账面价值等于计税基础。

【例 11-10】 大正公司 20×4 年因销售产品承诺提供 3 年的保修服务，在当年度利润表中确认了 8 000 000 元销售费用，同时确认为预计负债，当年度发生保修支出 2 000 000 元，预计负债的期末余额为 6 000 000 元。假定税法规定，与产品售后服务相关的费用在实际发生时税前扣除。

分析：

该项预计负债在甲公司 20×4 年 12 月 31 日的账面价值为 6 000 000 元。

该项预计负债的计税基础＝账面价值－未来期间计算应纳税所得额时按照税法规定可予抵扣的金额＝6 000 000－6 000 000＝0。

（二）预收账款

企业在收到客户预付的款项时，因不符合收入确认条件，会计上将其确认为负债。税法对于收入的确认原则一般与会计规定相同，即会计上未确认收入时，计税时一般亦不计入应纳税所得额，该部分经济利益在未来期间计税时可予税前扣除的金额为 0，计税基础等于账面价值。

如果不符合会计准则规定的收入确认条件，但按照税法规定应计入当期应纳税所得额时，有关预收账款的计税基础为 0，即因其产生时已经计入应纳税所得额，未来期间可全额税前扣除，计税基础为账面价值减去在未来期间可全额税前扣除的金额，即其计税基础为 0。

【例 11-11】 北亚公司于 20×2 年 12 月 20 日自客户收到一笔合同预付款，金额为 250 万元，作为预收账款核算。按照适用税法规定，该款项应计入取得当期应纳税所得额计算交纳所得税。

分析：

该预收账款在北亚公司 20×2 年 12 月 31 日资产负债表中的账面价值为 250 万元。

该预收账款的计税基础＝账面价值 250 万元－未来期间计算应纳税所得额时按照税法规定可予抵扣的金额 250 万元＝0

该项负债的账面价值 250 万元与其计税基础零之间产生的 250 万元暂时性差异，会减少企业于未来期间的应纳税所得额。

（三）应付职工薪酬

会计准则规定，企业为获得职工提供的服务给予的各种形式的报酬以及其他相关支出均应作为企业的成本、费用，在未支付之前确认为负债。税法对于合理的职工薪酬基本允许税前扣除，相关应付职工薪酬负债的账面价值等于计税基础。

【例 11-12】 北方公司 20×3 年 12 月计入成本费用的职工工资总额为 3200 万元，至 20×3 年 12 月 31 日尚未支付，体现为资产负债表中的应付职工薪酬负债。假定按照适用税法规定，当期计入成本费用的 3200 万元工资支出中，按照计税工资标准的规定，可予税前扣除的金额为 2400 万元。

会计准则规定，企业为获得职工提供的服务给予的各种形式的报酬以及其他相关支出均应作为成本费用，在未支付之前确认为负债。该项应付职工薪酬负债的账面价值为3200万元。

企业实际发生的工资支出3200万元与允许税前扣除的金额2400万元之间所产生的800万元差额在发生当期即应进行纳税调整，并且在以后期间不能够再税前扣除，该项应付职工薪酬负债的计税基础＝账面价值3200万元－未来期间计算应纳税所得额时按照税法规定可予抵扣的金额0＝3200（万元）。

该项负债的账面价值3200万元与其计税基础3200万元相同，不形成暂时性差异。

（四）其他负债

其他负债如企业应交的罚款和滞纳金等，在尚未支付之前按照会计规定确认为费用，同时作为负债反映。税法规定，罚款和滞纳金不能税前扣除，即该部分费用无论是在发生当期还是在以后期间均不允许税前扣除，其计税基础为账面价值减去未来期间计税时可予税前扣除的金额零之间的差额，即计税基础等于账面价值。

其他交易或事项产生的负债，其计税基础的确定应当遵从适用税法的相关规定。

【例11-13】 南方公司因未按照税法规定缴纳税金，按规定需在20×2年缴纳滞纳金1 000 000元，至20×2年12月31日，该款项尚未支付，形成其他应付款1 000 000元。税法规定，企业因违反国家法律、法规规定缴纳的罚款、滞纳金不允许税前扣除。

分析：

因应缴滞纳金形成的其他应付款账面价值为1 000 000元，因税法规定该支出不允许税前扣除，其计税基础＝1 000 000－0＝1 000 000（元）。

对于罚款和滞纳金支出，会计与税收规定存在差异，但该差异仅影响发生当期，对未来期间计税不产生影响，因而不产生暂时性差异。

三、特殊交易或事项中产生资产、负债计税基础的确定

除企业在正常生产经营活动过程中取得的资产和负债以外，对于某些特殊交易中产生的资产、负债，其计税基础的确定应遵从税法规定，如企业合并过程中取得资产、负债计税基础的确定。

《企业会计准则第20号——企业合并》中，视参与合并各方在合并前后是否为同一方或相同的多方最终控制，分为同一控制下的企业合并与非同一控制下的企业合并两种类型。同一控制下的企业合并，合并中取得的有关资产、负债基本上维持其原账面价值不变，合并中不产生新的资产和负债；对于非同一控制下的企业合并，合并中取得的有关资产、负债应按其在购买日的公允价值计量，企业合并成本大于合并中取得可辨认净资产公允价值的份额部分确认为商誉，企业合并成本小于合并中取得可辨认净资产公允价值的份额部分计入合并当期损益。

对于企业合并的税收处理，通常情况下被合并企业应视为按公允价值转让、处置全部资产，计算资产的转让所得，依法缴纳所得税。合并企业接受被合并企业的有关资产，计税时可以按经评估确认的价值确定计税基础。另外，在考虑有关企业合并是应税

合并还是免税合并时，某些情况下还需要考虑在合并中涉及的获取资产或股权的比例、非股权支付额的比例，具体划分标准和条件应遵从税法规定。

由于会计准则与税收法规对企业合并的划分标准不同，处理原则不同，某些情况下，会造成企业合并中取得的有关资产、负债的入账价值与其计税基础的差异。

四、暂时性差异

暂时性差异是指资产、负债的账面价值与其计税基础不同产生的差额。由于资产、负债的账面价值与其计税基础不同，产生了在未来收回资产或清偿负债的期间内，应纳税所得额增加或减少并导致未来期间应交所得税增加或减少的情况，形成企业的递延所得税资产和递延所得税负债。

应予说明的是，资产负债表债务法下，仅确认暂时性差异的所得税影响，原按照利润表下纳税影响会计法核算的永久性差异，因从资产负债表角度考虑，不会产生资产、负债的账面价值与其计税基础的差异，即不形成暂时性差异，对企业在未来期间计税没有影响，不产生递延所得税。

根据暂时性差异对未来期间应纳税所得额的影响，分为应纳税暂时性差异和可抵扣暂时性差异。除因资产、负债的账面价值与其计税基础不同产生的暂时性差异以外，按照税法规定可以结转以后年度的未弥补亏损和税款抵减，也视同可抵扣暂时性差异处理。

（一）应纳税暂时性差异

应纳税暂时性差异，是指在确定未来收回资产或清偿负债期间的应纳税所得额时，将导致产生应税金额的暂时性差异，即在未来期间不考虑该事项影响的应纳税所得额的基础上，由于该暂时性差异的转回，会进一步增加转回期间的应纳税所得额和应交所得税金额，在其产生当期应当确认相关的递延所得税负债。

应纳税暂时性差异通常产生于以下情况：

（1）资产的账面价值大于其计税基础。一项资产的账面价值代表的是企业在持续使用或最终出售该项资产时将取得的经济利益的总额，而计税基础代表的是一项资产在未来期间可予税前扣除的金额。资产的账面价值大于其计税基础，该项资产未来期间产生的经济利益不能全部税前抵扣，两者之间的差额需要交税，产生应纳税暂时性差异。例如，一项资产账面价值为 200 万元，计税基础如果为 150 万元，两者之间的差额会造成未来期间应纳税所得额和应交所得税的增加。在应纳税暂时性差异产生当期，符合确认条件的情况下，应确认相关的递延所得税负债。

（2）负债的账面价值小于其计税基础。一项负债的账面价值为企业预计在未来期间清偿该项负债时的经济利益流出，而其计税基础代表的是账面价值在扣除税法规定未来期间允许税前扣除的金额之后的差额。因负债的账面价值与其计税基础不同产生的暂时性差异，本质上是税法规定就该项负债在未来期间可以税前扣除的金额（即与该项负债相关的费用支出在未来期间可予税前扣除的金额）。负债的账面价值小于其计税基础，则意味着就该项负债在未来期间可以税前抵扣的金额为负数，即应在未来期间应纳税所得额的基础上调增，增加未来期间的应纳税所得额和应交所得税金额，产生应纳税暂时性差异，应确认相关的递延所得税负债。

（二）可抵扣暂时性差异

可抵扣暂时性差异是指在确定未来收回资产或清偿负债期间的应纳税所得额时，将导致产生可抵扣金额的暂时性差异。该差异在未来期间转回时会减少转回期间的应纳税所得额，减少未来期间的应交所得税。在可抵扣暂时性差异产生当期，符合确认条件时，应当确认相关的递延所得税资产。

可抵扣暂时性差异一般产生于以下情况：

（1）资产的账面价值小于其计税基础，意味着资产在未来期间产生的经济利益少，按照税法规定允许税前扣除的金额多，两者之间的差额可以减少企业在未来期间的应纳税所得额并减少应交所得税，符合有关条件时，应当确认相关的递延所得税资产。例如，一项资产的账面价值为 500 万元，计税基础为 650 万元，则企业在未来期间就该项资产可以在其自身取得经济利益的基础上多扣除 150 万元，未来期间应纳税所得额会减少，应交所得税也会减少，形成可抵扣暂时性差异。

（2）负债的账面价值大于其计税基础，负债产生的暂时性差异实质上是税法规定就该项负债可以在未来期间税前扣除的金额。即：

负债产生的暂时性差异＝账面价值－计税基础

　　　　　　　　　　＝账面价值－（账面价值－未来期间计税时按照税法规定可予税前扣除的金额）

　　　　　　　　　　＝未来期间计税时按照税法规定可予税前扣除的金额

负债的账面价值大于其计税基础，意味着未来期间按照税法规定与负债相关的全部或部分支出可以自未来应税经济利益中扣除，减少未来期间的应纳税所得额和应交所得税。符合有关确认条件时，应确认相关的递延所得税资产。

（三）特殊项目产生的暂时性差异

（1）未作为资产、负债确认的项目产生的暂时性差异。某些交易或事项发生以后，因为不符合资产、负债确认条件而未体现为资产负债表中的资产或负债，但按照税法规定能够确定其计税基础的，其账面价值零与计税基础之间的差异也构成暂时性差异。如企业发生的符合条件的广告费和业务宣传费支出，除另有规定外，不超过当年销售收入 15％的部分准予扣除；超过部分准予在以后纳税年度结转扣除。该类费用在发生时按照会计准则规定即计入当期损益，不形成资产负债表中的资产，但按照税法规定可以确定其计税基础的，两者之间的差异也形成暂时性差异。

【例 11-14】　东亚公司 20×2 年发生广告费 10 000 000 元，至年末尚未支付给广告公司。税法规定，企业发生的广告费、业务宣传费不超过当年销售收入 15％的部分允许税前扣除，超过部分允许结转以后年度税前扣除。甲公司 20×2 年实现销售收入 60 000 000元。

分析：

因广告费支出形成其他应付款的账面价值为 10 000 000 元，

其计税基础＝10 000 000－（10 000 000－60 000 000×15％）＝9 000 000（元）。

其他应付款的账面价值 10 000 000 元与其计税基础 9 000 000 元之间形成 1 000 000 元可抵扣暂时性差异。

（2）可抵扣亏损及税款抵减产生的暂时性差异。按照税法规定可以结转以后年度的未弥补亏损及税款抵减，虽不是因资产、负债的账面价值与计税基础不同产生的，但与可抵扣暂时性差异具有同样的作用，均能够减少未来期间的应纳税所得额，进而减少未来期间的应交所得税，会计处理上视同可抵扣暂时性差异，符合条件的情况下，应确认与其相关的递延所得税资产。

【例 11-15】　南亚公司于 20×3 年因政策性原因发生经营亏损 200 万元，按照税法规定，该亏损可用于抵减以后 5 个年度的应纳税所得额。该公司预计其于未来 5 年期间能够产生足够的应纳税所得额弥补该亏损。

分析：

该经营亏损不是资产、负债的账面价值与其计税基础不同产生的，但从性质上可以减少未来期间企业的应纳税所得额和应交所得税，属于可抵扣暂时性差异。企业预计未来期间能够产生足够的应纳税所得额利用该可抵扣亏损时，应确认相关的递延所得税资产。

第三节　递延所得税负债及递延所得税资产的确认

企业在计算确定了应纳税暂时性差异与可抵扣暂时性差异后，应当按照所得税会计准则规定的原则确认相关的递延所得税负债以及递延所得税资产。

一、递延所得税负债的确认和计量

（一）递延所得税负债的确认

企业在确认因应纳税暂时性差异产生的递延所得税负债时，应遵循以下原则：

1. 除所得税准则中明确规定可不确认递延所得税负债的情况以外，企业对于所有的应纳税暂时性差异均应确认相关的递延所得税负债。除与直接计入所有者权益的交易或事项以及企业合并中取得资产、负债相关的以外，在确认递延所得税负债的同时，应增加利润表中的所得税费用。

【例 11-16】　北方企业于 20×7 年 12 月 6 日购入某项设备，取得成本为 500 万元，会计上采用年限平均法计提折旧，使用年限为 10 年，净残值为零，因该资产常年处于强震动状态，计税时按双倍余额递减法计提折旧，使用年限及净残值与会计相同。北方企业适用的所得税税率为 25％。假定该企业不存在其他会计与税收处理的差异。

分析：

20×8 年资产负债表日，该项固定资产按照会计规定计提的折旧额为 50 万元，计税时允许扣除的折旧额为 100 万元，则该固定资产的账面价值 450 万元与其计税基础 400 万元的差额构成应纳税暂时性差异，企业应确认相关的递延所得税负债。

2. 不确认递延所得税负债的特殊情况

有些情况下，虽然资产、负债的账面价值与其计税基础不同，产生了应纳税暂时性差异，但出于各方面考虑，所得税准则中规定不确认相应的递延所得税负债，主要包括：

（1）商誉的初始确认。非同一控制下的企业合并中，企业合并成本大于合并中取得的被购买方可辨认净资产公允价值份额的差额，按照会计准则规定应确认为商誉。因会计与税收的划分标准不同，会计上作为非同一控制下的企业合并，但如果按照税法规定计税时作为免税合并的情况下，商誉的计税基础为零，其账面价值与计税基础形成应纳税暂时性差异，准则中规定不确认与其相关的递延所得税负债。

【例 11-17】 A 企业以增发市场价值为 6000 万元的自身普通股（1000 万股）为对价购入 B 企业 100% 的净资产，对 B 企业进行非同一控制下的吸收合并。假定该项合并符合税法规定的免税合并条件，购买日 B 企业各项可辨认资产、负债的公允价值及其计税基础如表 11-1 所示：

表 11-1　B 企业各项可辨认资产、负债的公允价值及其计税基础　　　　单位：万元

项目	公允价值	计税基础	暂时性差异
固定资产	27 000 000	15 500 000	11 500 000
应收账款	21 000 000	21 000 000	0
存货	17 400 000	12 400 000	5 000 000
其他应付款	(3 000 000)	0	(3 000 000)
应付账款	(12 000 000)	(12 000 000)	0
不包括递延所得税的可辨认资产、负债的公允价值	50 400 000	36 900 000	13 500 000

本例中企业适用的所得税税率为 25%，该项交易中应确认递延所得税负债及商誉的金额计算如下：

可辨认净资产公允价值	5040
递延所得税资产（300×25%）	75
递延所得税负债（1650×25%）	412.50
考虑递延所得税后可辨认资产、负债的公允价值	4702.50
商誉	1297.50
企业合并成本	6000

因该项合并符合税法规定的免税合并条件，如果当事各方选择进行免税处理，则作为购买方其在免税合并中取得的被购买方有关资产、负债应维持其原计税基础不变。被

购买方原账面上未确认商誉，即商誉的计税基础为 0。

该项合并中所确认的商誉金额 1297.50 万元与其计税基础 0 之间产生的应纳税暂时性差异，按照准则中规定，不确认相关的所得税影响。

应予说明的是，按照会计准则规定在非同一控制下企业合并中确认了商誉，并且按照所得税法规的规定该商誉在初始确认时计税基础等于账面价值的，该商誉在后续计量过程中因会计准则规定与税法规定不同产生税暂时性差异的，应当确认相关的所得税影响。

（2）除企业合并以外的其他交易或事项中，如果该项交易或事项发生时既不影响会计利润，也不影响应纳税所得额，则所产生的资产、负债的初始确认金额与其计税基础不同，形成应纳税暂时性差异的，交易或事项发生时不确认相应的递延所得税负债。该规定主要是考虑到由于交易发生时既不影响会计利润，也不影响应纳税所得额，确认递延所得税负债的直接结果是增加有关资产的账面价值或是降低所确认负债的账面价值，使得资产、负债在初始确认时，违背历史成本原则，影响会计信息的可靠性。

（3）与子公司、联营企业、合营企业投资等相关的应纳税暂时性差异，一般应确认相应的递延所得税负债，但同时满足以下两个条件的除外：一是投资企业能够控制暂时性差异转回的时间；二是该暂时性差异在可预见的未来很可能不会转回。满足上述条件时，投资企业可以运用自身的影响力决定暂时性差异的转回，如果不希望其转回，则在可预见的未来该项暂时性差异即不会转回，对未来期间计税不产生影响，从而无须确认相应的递延所得税负债。

对于采用权益法核算的长期股权投资，其账面价值与计税基础产生的有关暂时性差异是否应确认相关的所得税影响，应当考虑该项投资的持有意图：

（1）对于采用权益法核算的长期股权投资，如果企业拟长期持有，则因初始投资成本的调整产生的暂时性差异预计未来期间不会转回，对未来期间没有所得税影响；因确认投资损益产生的暂时性差异，如果在未来期间逐期分回现金股利或利润时免税，也不存在对未来期间的所得税影响；因确认应享有被投资单位其他权益变动而产生的暂时性差异，在长期持有的情况下预计未来期间也不会转回。因此，在准备长期持有的情况下，对于采用权益法核算的长期股权投资账面价值与计税基础之间的差异，投资企业一般不确认相关的所得税影响。

（2）对于采用权益法核算的长期股权投资，如果投资企业改变持有意图拟对外出售的情况下，按照税法规定，企业在转让或者处置投资资产时，投资资产的成本准予扣除。在持有意图由长期持有转变为拟近期出售的情况下，因长期股权投资的账面价值与计税基础不同产生的有关暂时性差异，均应确认相关的所得税影响。

【例 11-18】　沿用【例 11-6】该例中涉及的长期股权投资在长期持有的情况下，其账面价值 6690 万元与计税基础 6000 万元产生的 690 万元暂时性差异，因在未来期间取得时免税，不产生所得税影响，可以理解为适用的所得税税率为 0，因而不需要确认相关的递延所得税负债；或者在长期持有的情况下，因未来期间 A 公司自 B 公司分得的现金股利或利润免税，其计税基础也可以理解为 6690 万元，因而不产生暂时性差异，无须确认相关的递延所得税。

（二）计量

所得税准则规定，资产负债表日，对于递延所得税负债，应当根据适用税法规定，按照预期收回该资产或清偿该负债期间的适用税率计量。即递延所得税负债应以相关应纳税暂时性差异转回期间按照税法规定适用的所得税税率计量。无论应纳税暂时性差异的转回期间如何，相关的递延所得税负债不要求折现。

二、递延所得税资产的确认和计量

（一）递延所得税资产的确认

1. 确认的一般原则

递延所得税资产产生于可抵扣暂时性差异。确认因可抵扣暂时性差异产生的递延所得税资产应以未来期间可能取得的应纳税所得额为限。在可抵扣暂时性差异转回的未来期间内，企业无法产生足够的应纳税所得额用以利用可抵扣暂时性差异的影响，使得与可抵扣暂时性差异相关的经济利益无法实现的，不应确认递延所得税资产；企业有明确的证据表明其于可抵扣暂时性差异转回的未来期间能够产生足够的应纳税所得额，进而利用可抵扣暂时性差异的，则应以可能取得的应纳税所得额为限，确认相关的递延所得税资产。

在判断企业于可抵扣暂时性差异转回的未来期间是否能够产生足够的应纳税所得额时，应考虑企业在未来期间通过正常的生产经营活动能够实现的应纳税所得额以及以前期间产生的应纳税暂时性差异在未来期间转回时将增加的应纳税所得额。

（1）对与子公司、联营企业、合营企业的投资相关的可抵扣暂时性差异，同时满足下列条件的，应当确认相关的递延所得税资产：一是暂时性差异在可预见的未来很可能转回；二是未来很可能获得用来抵扣可抵扣暂时性差异的应纳税所得额。

对联营企业和合营企业等的投资产生的可抵扣暂时性差异，主要产生于权益法下被投资单位发生亏损时，投资企业按照持股比例确认应予承担的部分相应减少长期股权投资的账面价值，但税法规定长期股权投资的成本在持有期间不发生变化，造成长期股权投资的账面价值小于其计税基础，产生可抵扣暂时性差异。

投资企业对有关投资计提减值准备的情况下，也会产生可抵扣暂时性差异。

（2）对于按照税法规定可以结转以后年度的未弥补亏损和税款抵减，应视同可抵扣暂时性差异处理。在有关的亏损或税款抵减金额得到税务部门的认可或预计能够得到税务部门的认可且预计可利用未弥补亏损或税款抵减的未来期间内能够取得足够的应纳税所得额时，除准则中规定不予确认的情况外，应当以很可能取得的应纳税所得额为限，确认相应的递延所得税资产，同时减少确认当期的所得税费用。

2. 不确认递延所得税资产的情况

某些情况下，企业发生的某项交易或事项不属于企业合并，并且交易发生时既不影响会计利润也不影响应纳税所得额，且该项交易中产生的资产、负债的初始确认金额与其计税基础不同，产生可抵扣暂时性差异的，所得税准则中规定在交易或事项发生时不确认相应的递延所得税资产。

【例 11-19】　北亚公司进行内部研究开发所形成的无形资产成本为 1200 万元，因按照税法规定可于未来期间税前扣除的金额为 1800 万元，其计税基础为 1800 万元。

该项无形资产并非产生于企业合并，同时在初始确认时既不影响会计利润也不影响应纳税所得额，确认其账面价值与计税基础之间产生暂时性差异的所得税影响需要调整该项资产的历史成本，准则规定该种情况下不确认相关的递延所得税资产。

（二）计量

1. 适用税率的确定。同递延所得税负债的计量相一致，确认递延所得税资产时，应估计相关可抵扣暂时性差异的转回时间，采用转回期间适用的所得税税率为基础计算确定。另外，无论相关的可抵扣暂时性差异转回期间如何，递延所得税资产均不予折现。

2. 递延所得税资产的减值。与其他资产相一致，资产负债表日，企业应当对递延所得税资产的账面价值进行复核。如果未来期间很可能无法取得足够的应纳税所得额用以利用递延所得税资产的利益，应当减记递延所得税资产的账面价值。对于预期无法实现的部分，一般应确认为当期所得税费用，同时减少递延所得税资产的账面价值；对于原确认时计入所有者权益的递延所得税资产，其减记金额亦应计入所有者权益，不影响当期所得税费用。

递延所得税资产的账面价值因上述原因减记以后，继后期间根据新的环境和情况判断能够产生足够的应纳税所得额用以利用可抵扣暂时性差异，使得递延所得税资产包含的经济利益能够实现的，应相应恢复递延所得税资产的账面价值。

三、特殊交易或事项中涉及递延所得税的确认

（一）与直接计入所有者权益的交易或事项相关的所得税

与当期及以前期间直接计入所有者权益的交易或事项相关的当期所得税及递延所得税应当计入所有者权益。直接计入所有者权益的交易或事项主要有：会计政策变更采用追溯调整法或对前期差错更正采用追溯重述法调整期初留存收益；可供出售金融资产公允价值的变动计入所有者权益，同时包含负债及权益成分的金融工具在初始确认时计入所有者权益等。

（二）与企业合并相关的递延所得税

在企业合并中，购买方取得的可抵扣暂时性差异，比如，购买日取得的被购买方在以前期间发生的未弥补亏损等可抵扣暂时性差异，按照税法规定可以用于抵减以后年度应纳税所得额，但在购买日不符合递延所得税资产确认条件而不予以确认。购买日后12 个月内，如取得新的或进一步的信息表明购买日的相关情况已经存在，预期被购买方在购买日可抵扣暂时性差异带来的经济利益能够实现的，应当确认相关的递延所得税资产，同时减少商誉，商誉不足冲减的，差额部分确认为当期损益；除上述情况以外，确认与企业合并相关的递延所得税资产，应当计入当期损益。

【例11-20】 北亚公司于20×8年1月1日购买乙公司80%股权，形成非同一控制下企业合并。因会计准则规定与适用税法规定的处理方法不同，在购买日产生可抵扣暂时性差异300万元，假定购买日及未来期间企业适用的所得税税率为25%。

购买日，因预计未来期间无法取得足够的应纳税所得额，未确认与可抵扣暂时性差异相关的递延所得税资产75万元。购买日确认的商誉为50万元。在购买日后6个月，甲公司预计能够产生足够的应纳税所得额用以抵扣企业合并时产生的可抵扣暂时性差异300万元，且该事实于购买日已经存在，则甲公司应作如下会计处理：

借：递延所得税资产   750 000
  贷：商誉   500 000
    所得税费用   250 000

假定，在购买日后6个月，甲公司根据新的事实预计能够产生足够的应纳税所得额用以抵扣企业合并时产生的可抵扣暂时性差异300万元，且该新的事实于购买日并不存在，则甲公司应作如下会计处理：

借：递延所得税资产   750 000
  贷：所得税费用   750 000

四、适用税率变化对已确认递延所得税资产和递延所得税负债的影响

因税收法规的变化，导致企业在某一会计期间适用的所得税税率发生变化的，企业应对已确认的递延所得税资产和递延所得税负债按照新的税率进行重新计量。递延所得税资产和递延所得税负债的金额代表的是有关可抵扣暂时性差异或应纳税暂时性差异于未来期间转回时，导致企业应交所得税金额的减少或增加的情况。适用税率变动的情况下，应对原已确认的递延所得税资产及递延所得税负债的金额进行调整，反映税率变化带来的影响。

除直接计入所有者权益的交易或事项产生的递延所得税资产及递延所得税负债，相关的调整金额应计入所有者权益以外，其他情况下因税率变化产生的调整金额应确认为税率变化当期的所得税费用（或收益）。

第四节 所得税费用的确认和计量

所得税会计的主要目的之一是为了确定当期应交所得税以及利润表中的所得税费用。在按照资产负债表债务法核算所得税的情况下，利润表中的所得税费用包括当期所得税和递延所得税两个部分。

一、当期所得税

当期所得税是指企业按照税法规定计算确定的针对当期发生的交易和事项，应交纳给税务部门的所得税金额，即当期应交所得税。

企业在确定当期应交所得税时，对于当期发生的交易或事项，会计处理与税法处理

不同的，应在会计利润的基础上，按照适用税收法规的规定进行调整，计算出当期应纳税所得额，按照应纳税所得额与适用所得税税率计算确定当期应交所得税。一般情况下，应纳税所得额可在会计利润的基础上，考虑会计与税收法规之间的差异，按照以下公式计算确定：

应纳税所得额＝会计利润＋按照会计准则规定计入利润表但计税时不允许税前扣除的费用±计入利润表的费用与按照税法规定可予税前抵扣的金额之间的差额±计入利润表的收入与按照税法规定应计入应纳税所得的收入之间的差额－税法规定的不征税收入±其他需要调整的因素

二、递延所得税

递延所得税是指按照所得税准则规定当期应予确认的递延所得税资产和递延所得税负债金额，即递延所得税资产及递延所得税负债当期发生额的综合结果，但不包括计入所有者权益的交易或事项的所得税影响。用公式表示即为：

递延所得税＝（递延所得税负债的期末余额－递延所得税负债的期初余额）－（递延所得税资产的期末余额－递延所得税资产的期初余额）

应予说明的是，企业因确认递延所得税资产和递延所得税负债产生的递延所得税，一般应当计入所得税费用，但以下两种情况除外：

一是某项交易或事项按照会计准则规定应计入所有者权益的，由该交易或事项产生的递延所得税资产或递延所得税负债及其变化亦应计入所有者权益，不构成利润表中的递延所得税费用（或收益）。

【例 11-21】　东方公司持有的某项可供出售金融资产，成本为 500 万元，会计期末，其公允价值为 600 万元，该企业适用的所得税税率为 25%。除该事项外，该公司不存在其他会计与税收法规之间的差异，且递延所得税资产和递延所得税负债不存在期初余额。

会计期末在确认 100 万元的公允价值变动时，账务处理为：

借：可供出售金融资产　　　　　　　　　　　　　1 000 000
　　贷：资本公积——其他资本公积　　　　　　　　　　　1 000 000

确认应纳税暂时性差异的所得税影响时，账务处理为：

借：资本公积——其他资本公积　　　　　　　　　250 000
　　贷：递延所得税负债　　　　　　　　　　　　　　　　250 000

二是企业合并中取得的资产、负债，其账面价值与计税基础不同，应确认相关递延所得税的，该递延所得税的确认影响合并中产生的商誉或是计入当期损益的金额，不影响所得税费用。

三、所得税费用

计算确定了当期应交所得税及递延所得税费用（或收益）以后，利润表中应予确认的所得税费用为两者之和，即：所得税费用＝当期所得税＋递延所得税费用（或收益）

【例11-22】 丁公司20×1年度利润表中利润总额为12 000 000元，该公司适用的所得税税率为25%。递延所得税资产及递延所得税负债不存在期初余额。

该公司20×1年发生的有关交易和事项中，会计处理与税收处理存在差别的有：

(1) 20×0年12月31日取得的一项固定资产，成本为6 000 000元，使用年限为10年，预计净残值为0，会计处理按双倍余额递减法计提折旧，税收处理按直线法计提折旧。假定税法规定的使用年限及预计净残值与会计规定相同。

(2) 向关联企业捐赠现金2 000 000元。

(3) 当年度发生研究开发支出5 000 000元，较上年度增长20%。其中3 000 000元予以资本化；截至20×1年12月31日，该研发资产仍在开发过程中。税法规定，企业费用化的研究开发支出按50%税前扣除，资本化的研究开发支出按资本化金额的150%确定应予摊销的金额。

(4) 应付违反环保法规定罚款1 000 000元。

(5) 期末对持有的存货计提了300 000元的存货跌价准备。

分析：

(1) 20×1年度当期应交所得税

应纳税所得额＝12 000 000＋600 000＋2 000 000－1 000 000＋1 000 000＋300 000
　　　　　　　＝14 900 000（元）

应交所得税＝14 900 000×25%＝3 725 000（元）

(2) 20×1年度递延所得税

该公司20×1年度资产负债表相关项目金额及其计税基础如表11-2所示。

表11-2 单位：元

项　目	账面价值	计税基础	差异	
			应纳税暂时性差异	可抵扣暂时性差异
存货	8 000 000	8 300 000		300 000
固定资产：				
固定资产原价	30 000 000	30 000 000		
减：累计折旧	4 600 000	4 000 000		
固定资产账面价值	25 400 000	26 000 000		600 000
无形资产	3 000 000	4 500 000		1 500 000
其他应付款	1 000 000	1 000 000		
总计				2 400 000

递延所得税收益＝900 000×25%＝225 000（元）

(3) 利润表中应确认的所得税费用

所得税费用＝3 725 000－225 000＝3 500 000（元）

借：所得税费用　　　　　　　　　　　　　　　　　　3 500 000
　　递延所得税资产　　　　　　　　　　　　　　　　　225 000
　　贷：应交税费——应交所得税　　　　　　　　　　　　　　3 725 000

【例 11-23】 沿用【例 11-22】中有关资料，假定丁公司 20×2 年当期应交所得税为 4 620 000元。资产负债表中有关资产、负债的账面价值与其计税基础相关资料如表 11-3 所示，除所列项目外，其他资产、负债项目不存在会计与税收规定的差异。

表 11-3 有关资产、负债的账面价值与其计税基础相关资料表　　　　单位：元

项　目	账面价值	计税基础	差异	
			应纳税暂时性差异	可抵扣暂时性差异
存货	16 000 000	16 800 000		800 000
固定资产：				
固定资产原价	30 000 000	30 000 000		
减：累计折旧	5 560 000	4 600 000		
减：固定资产减值准备	2 000 000	0		
固定资产账面价值	22 440 000	25 400 000		2 960 000
无形资产	2 700 000	4 050 000		1 350 000
其他应付款	1 000 000	0		1 000 000
总计				6 110 000

分析：

(1) 当期应交所得税为 4 620 000 元

(2) 当期递延所得税费用（收益）

期末递延所得税资产（4 760 000×25%）	1 190 000
期初递延所得税资产	225 000
递延所得税资产增加	965 000

递延所得税收益＝965 000（元）

(3) 所得税费用

所得税费用＝4 620 000－965 000＝3 655 000（元）

借：所得税费用	3 655 000	
递延所得税资产	965 000	
贷：应交税费——应交所得税		4 620 000

四、合并财务报表中因抵销未实现内部销售损益产生的递延所得税

企业在编制合并财务报表时，因抵销未实现内部销售损益导致合并资产负债表中资产、负债的账面价值与其在纳入合并范围的企业按照使用税法规定确定的计税基础之间产生暂时性差异的，在合并资产负债表中应当确认递延所得税资产或递延所得税负债，同时调整合并利润表中的所得税费用，但与直接计入所有者权益的交易或事项及企业合并相关的递延所得税除外。

企业在编制合并财务报表时，应将纳入合并范围的企业之间发生的未实现内部交易损益予以抵销。因此，对于所涉及的资产负债项目在合并资产负债表中列示的账面价值

与其在所属的企业个别资产负债表中的价值会不同，并进而可能产生与有关资产、负债所属纳税主体计税基础的不同，从合并财务报表作为一个完整经济主体的角度，应当确认该暂时性差异的所得税影响。

【例 11-24】　甲公司拥有乙公司 60% 有表决权股份，能够控制乙公司财务和经营决策。20×8 年 10 月，甲公司将本公司生产的一批产品出售给乙公司，不含增值税销售价格为 6 000 000 元，成本为 3 600 000 元。至 20×8 年 12 月 31 日，乙公司尚未将该批产品对外出售。甲公司、乙公司适用的所得税税率均为 25%。税法规定，企业取得的存货以历史成本作为计税基础。假定本例中从合并财务报表角度在未来期间能够产生足够的应纳税所得额利用可抵扣暂时性差异。

甲公司在编制合并财务报表时，应进行以下抵销处理：

借：营业收入　　　　　　　　　　　　　　　　　　6 000 000
　　贷：营业成本　　　　　　　　　　　　　　　　　3 600 000
　　　　存货　　　　　　　　　　　　　　　　　　　2 400 000

进行上述抵销后，因上述内部交易产生的存货项目账面价值为 3 600 000 元，在其所属纳税主体（乙公司）的计税基础为 6 000 000 元，应当在合并财务报表中确认相关的所得税影响：

借：递延所得税资产〔(6 000 000 − 3 600 000)×25%〕　600 000
　　贷：所得税费用　　　　　　　　　　　　　　　　　600 000

五、所得税的列报

企业对所得税的核算结果，除利润表中列示的所得税费用以外，在资产负债表中形成的应交税费（应交所得税）以及递延所得税资产和递延所得税负债应当遵循准则规定列报。其中，递延所得税资产和递延所得税负债一般应当分别作为非流动资产和非流动负债在资产负债表中列示，所得税费用应当在利润表中单独列示，同时还应在附注中披露与所得税有关的信息。

一般情况下，在个别财务报表中，当期所得税资产与负债及递延所得税资产及递延所得税负债可以以抵销后的净额列示。在合并财务报表中，纳入合并范围的企业中，一方的当期所得税资产或递延所得税资产与另一方的当期所得税负债或递延所得税负债一般不能予以抵销，除非所涉及的企业具有以净额结算的法定权利并且意图以净额结算。

复习思考题

【简答题】

1. 简述所得税会计的一般程序
2. 什么情况下会产生应纳税暂时性差异？
3. 什么情况下会产生可抵扣暂时性差异？
4. 递延所得税资产如何确认？
5. 递延所得税负债如何确认？

6. 利润表中的所得税费用是如何确认的？

【计算分析题】

1. 甲上市公司于 20×9 年 1 月设立，采用资产负债表债务法核算所得税费用，适用的所得税税率为 25%，该公司 20×9 年利润总额为 12 000 万元，当年发生的交易或事项中，会计规定与税法规定存在差异的项目如下：

（1）20×9 年 12 月 31 日，甲公司应收账款余额为 10 000 万元，对该应收账款计提了 1000 万元坏账准备。税法规定，企业计提的坏账损失不允许税前扣除，应收款项发生实质性损失时才允许税前扣除。

（2）按照销售合同规定，甲公司承诺对销售的 X 产品提供 3 年免费售后服务。甲公司 20×9 年销售的 X 产品预计在售后服务期间将发生的费用为 800 万元，已计入当期损益。税法规定，与产品售后服务相关的支出在实际发生时允许税前扣除。甲公司 20×9 年没有发生售后服务支出。

（3）甲公司 20×9 年以 8000 万元取得一项到期还本付息的国债投资，作为持有至到期投资核算，该投资实际利率与票面利率相差较小，甲公司采用票面利率计算确定利息收入，当年确认国债利息收入 400 万元，计入持有至到期投资账面价值，该国债投资在持有期间未发生减值。税法规定，国债利息收入免征所得税。

（4）20×9 年 12 月 31 日，甲公司 Y 产品的账面余额为 5200 万元，根据市场情况对 Y 产品计提存货跌价准备 800 万元，计入当期损益。税法规定，该类资产在发生实质性损失时允许税前扣除。

（5）20×9 年 4 月，甲公司自公开市场购入基金，作为交易性金融资产核算，取得成本为 4000 万元，20×9 年 12 月 31 日该基金的公允价值为 8200 万元，公允价值相对账面价值的变动已计入当期损益，持有期间基金未进行分配，税法规定。该类资产在持有期间公允价值变动不计入应纳税所得额，待处置时一并计算应计入应纳税所得额的金额。

其他相关资料：

（1）假定预期未来期间甲公司适用的所得税税率不发生变化；

（2）甲公司预计未来期间能够产生足够的应纳税所得额用以抵扣可抵扣暂时性差异。

要求：

（1）确定甲公司上述交易或事项中资产、负债在 20×9 年 12 月 31 日的计税基础，同时比较其账面价值与计税基础，计算所产生的应纳税暂时性差异或可抵扣暂时性差异的金额；

（2）计算甲公司 20×9 年应纳税所得额、应交所得税、递延所得税和所得税费用；

（3）编制甲公司 20×9 年确认所得税费用的会计分录。

（答案中的金额单位用万元表示）

2. 甲股份有限公司（以下简称甲公司）系上市公司，采用资产负债表债务法核算所得税，20×5 年及以前适用的所得税税率为 25%。20×5 年得知该公司自 20×6 年 1 月 1 日起适用的所得税税率将变更为 15%。甲公司预计会持续盈利，各年能够获得足够的应纳税所得额。20×5年利润总额为800万元，该公司当年会计与税法之间的差异包括以下事项：

（1）取得国债利息收入80万元；

（2）因违反税收政策支付罚款40万元；

（3）交易性金融资产公允价值变动收益40万元；

（4）本期提取存货跌价准备210万元；

（5）本期计提预计产品质量保证费用50万元；

（6）20×4年末甲公司持有的A公司股票（划分为可供出售金融资产）的公允价值为4800万元，该项投资系20×4年取得，取得成本为4000万元；20×5年末，甲公司持有的A公司股票的公允价值为4200万元；

（7）采用公允价值模式计量的投资性房地产20×4年年末公允价值为3600万元（计税基础为3600万元），20×5年年末其公允价值跌至3200万元；

（8）应付职工薪酬的科目余额为200万元，按照税法规定允许税前扣除的为160万元。

（9）20×5年度，甲公司共发生非广告性质的赞助费72万元，发生非公益救济性捐赠80万元，支付税收滞纳金68万元。

假定除上述所述事项外，无其他差异。上述事项中除第（6）个事项，其他事项无暂时性差异的期初余额。

要求：

（1）计算甲公司20×5年度的应纳税所得额和应交所得税；

（2）计算甲公司20×5年度应确认的递延所得税资产和递延所得税负债；

（3）计算甲公司20×5年度应确认的所得税费用；

（4）编制甲公司20×5年度确认所得税费用和递延所得税资产及递延所得税负债的会计分录。

第十二章

租赁会计

本章主要介绍了租赁的产生和发展，租赁的含义、分类，以及经营租赁、融资租赁、售后租回交易和转租的具体会计处理。

重要概念： 租赁　融资租赁　经营租赁

第一节　租赁概述

一、租赁的产生和发展

（一）租赁的含义

租赁，是指在约定的期间内，出租人将资产使用权让与承租人，以获取租金的协议。本章主要介绍了租赁和租赁会计处理。租赁的主要特征是转移资产的使用权，而不是转移资产的所有权，并且这种转移是有偿的，取得使用权以支付租金为代价，从而使租赁有别于资产购置和不把资产的使用权从合同的一方转移给另一方的服务性合同，如劳务合同、运输合同、保管合同、仓储合同等以及无偿提供使用权的借用合同。

（二）租赁的产生和发展

租赁是一种历史悠久的交易形式，是伴随着商品经济和生产社会化发展而逐步发展起来的，从最早可追溯到公元前 2000 年的原始租赁活动发展到今天各种复杂的创新租赁形式，经历了一个漫长的历史过程。受经济发展水平和生产关系特点的影响，租赁业形成了三个不同的发展阶段：传统租赁阶段、近代租赁阶段、现代租赁阶段。

1. 传统租赁

通常，将 18 世纪以前的租赁业称为传统租赁发展阶段，在此发展阶段，出租人在一定时期内让渡物品的使用权、以收取租金为目的，承租人承诺支付租金、租期结束交还租赁物为条件，在一定时期内使用租赁物并享受由此产生的收益，承租人租期末无选择租赁物处置权的权利，在租赁期间，租赁物的所有权和使用权是分离的，通常，这种分离（与租赁物的经济寿命相比）是短期的、暂时的，这是传统租赁的基本特征，通常也称为租借。

2. 近代设备

近代设备租赁是在传统租赁基础上发展的，但是，许多方面发生了变化：一是工业机器设备成为主要的租赁对象，租赁成为企业普遍采用的设备销售的方式；二是租赁期限较长，特别是租购的出现，使企业有意识地利用租期内设备所有权与使用权分离先取得使用权开始生产，最终获得所有权，这已为现代融资租赁业的产生提供了可能，但这种设备租赁发育得仍不完全，传统租赁的思想并未完全退出历史舞台，特别是在所有权和使用权的观念上还未明确使用权的意义，没有摆脱传统的占有观念；三是从事租赁业务的主体是设备制造商，租赁对象主要是自己生产的设备，租赁交易在生产厂家（出租人）和用户（承租人）二者之间进行，用户把租赁作为代替购买的手段，制造商以促进设备销售为主要目的，租赁属于商品经济条件下的商业信用关系，这是近代设备租赁与现代融资租赁的本质区别；四是近代租赁的市场活力还较小，仍是企业主之间的直接租赁，专业性的租赁公司尚未产生，承租人自由选择的空间仍较小，难以根据自己的需求从事租赁活动。

3. 现代融资租赁

现代融资租赁始于 20 世纪 50 年代，以 1952 年美国租赁公司的成立为标志。现代融资租赁的产生是近代设备租赁深化发展的必然结果，是市场经济条件下更大规模的社会化大生产分工和自由竞争的市场经济本质导致的结果。它的特征：一是现代租赁是以融资租赁为其重要标志的租赁信用形式，承租人不仅取得物品的使用权，更重要的是将租赁信用作为一种融资手段，融资租赁作为现代租赁业的主体，是在发达的银行信用与商业信用基础上发展起来的独立的信用方式，具有信用和贸易的双重功能；二是租赁信用中介机构——租赁公司的出现，使租赁信用形式有了质的飞跃，它扭转了出租人和承租人在租赁市场的被动局面，通过租赁公司的第三方服务，理顺了制造商和承租人的关系，租赁物的购买选择权由承租人决定，租赁期届满承租人对租赁物还具有留购、续租或退还设备的选择权，使租赁市场渠道畅通，通过租赁公司把融资与融物引进在一起，使承租企业在获得设备使用权的同时，也取得了经营业务所必需的资金；三是租赁的功能更完善，经济关系更复杂、广泛。现代租赁的信用、贸易尤其是金融功能被充分发挥和利用，企业普遍通过租赁设备来解决资金短缺、技术改造问题。随着用户对多方面服务要求的增加，租赁业务范围不断扩大，租赁业的功能也已扩展到很多领域，如财政金融、经营管理、销售网络、咨询策划等。

二、租赁的分类

租赁按其目的不同可分为经营租赁和融资租赁。

经营租赁，是为满足经营使用上的临时或季节性需要而发生的资产租赁。经营租赁中出租人拥有租赁资产的所有权。租赁资产一般需要经过多次出租，才能收回其投资；承租人是因资产使用的临时需要，但并不准备拥有资产设备。

融资租赁，是指实质上转移了与资产所有权有关的全部风险和报酬的租赁。其所有权最终可能转移，也可能不转移。

一项租赁应否认定为融资租赁，不在于租赁合同的形式，而应视出租人是否将租赁资产的风险和报酬转移给了承租人而作出判断。如果一项租赁实质上转移了与资产所有权有关的全部风险和报酬，那么无论租赁合同采用什么样的形式，都应将该项租赁认定为融资租赁。如果一项租赁实质上并没有转移与资产所有权有关的全部风险和报酬，那么应将该项租赁认定为经营租赁。

承租人和出租人在对租赁分类时，应全面考虑租赁期届满时租赁资产所有权是否转移给承租人、承租人是否有购买租赁资产的选择权等各种因素。符合下列一项或数项标准的，应当认定为融资租赁，除融资租赁以外的租赁为经营租赁。

（1）租赁资产的所有权转移给承租人。

（2）承租人有购买租赁资产的选择权，所订立的购买价款预计将远低于行使选择权时租赁资产的公允价值，因而在租赁开始日就可以合理确定承租人将会行使这种选择权。

（3）资产的所有权不转移，但租赁期占租赁资产使用寿命的大部分。这里的"大部分"掌握在租赁期占租赁开始日租赁资产使用寿命的 75％以上（含 75％，如果租赁资产是旧资产，应当结合其他标准确定租赁的分类）。

（4）承租人在租赁开始日最低租赁付款额的现值几乎相当于租赁开始日租赁资产的公允价值；出租人在租赁开始日最低租赁收款额的现值几乎相当于租赁开始日租赁资产的公允价值。这里的"几乎相当于"，通常掌握在 90％（含 90％）以上。需要说明的是，这里的量化标准只是指导性标准，企业在具体运用时，必须以准则规定的相关条件进行判断。

（5）资产性质特殊，如果不作较大改造，只有承租人才能使用。

三、与租赁有关的几个基本概念

（1）租赁开始日，是指租赁协议日与租赁各方就主要条款作出承诺日中的较早者。对租赁开始日的定义区别了租赁期开始日。在租赁开始日，承租人和出租人应当将租赁认定为融资租赁或经营租赁，并确定在租赁期开始日应确认的金额。

（2）租赁期开始日，是指承租人有权行使其使用租赁资产权利的日期，表明租赁行为的开始。在租赁期开始日，承租人应当对租入资产、最低租赁付款额和未确认融资费用进行初始确认；出租人应当对应收融资租赁款、未担保余值和未实现融资收益进行初始确认。

（3）租赁期，是指租赁合同规定的不可撤销的租赁期间。租赁合同签订后一般不可撤销，但下列情况除外，经出租人同意；承租人与原出租人就同一资产或同类资产签订了新的租赁合同；承租人支付一笔足够大的额外款项；发生某些很少会出现的或有事项。

（4）最低租赁付款额，是指在租赁期内，承租人应支付或可能被要求支付的款项（不包括或有租金和履约成本），加上由承租人或与其有关的第三方担保的资产余值。最低租赁付款额是租赁开始日就可确定的、承租人将必须向出租人支付的最小金额或承租人对出租人的最小负债。租赁合同规定的内容不同，最低租赁付款额的构成内容也不相同。

如果租赁合同没有规定优惠购买选择权，则承租人在租赁期应支付或可能被要求支付的各种款项包括：①租赁期内承租人每期支付的租金；②租赁期届满时，由承租人或与其有关的第三方担保的资产余值；③租赁期届满时，承租人未能续租或展期而造成的任何应由承租人支付的款项。

如果租赁合同规定有优惠购买选择权，则承租人在租赁期应支付或可能被要求支付的各种款项包括：①整个租赁期内承租人每期支付的租金；②承租人行使优惠购买选择权而支付的任何款项。

（5）或有租金，是指金额不固定、以时间长短以外的其他因素（如销售量、使用量、物价指数等）为依据计算的租金。

（6）履约成本，是指租赁期内为租赁资产支付的各种使用费用，如技术咨询和服务费、人员培训费、维修费、保险费等。

（7）资产余值，是指在租赁开始日估计的租赁期届满时租赁资产的公允价值。

（8）担保余值，为了促使承租人谨慎地使用租赁资产，尽量减少出租人自身的风险和损失，租赁协议有时要求承租人与其有关的第三方对租赁资产的余值进行担保。因此担保余值，就承租人而言，是指由承租人或与其有关的第三方担保的资产余值；就出租人而言，是指就承租人而言的担保余值加上独立于承租人和出租人的第三方担保（如担保公司）的资产余值。

（9）未担保余值，是指租赁资产余值中扣除就出租人而言的担保余值以后的资产余值。对出租人而言，如果租赁资产余值中包括未担保余值，表明这部分余值的风险和报酬并没有转移，其风险应由出租人承担，因此，未担保余值不能作为应收融资租赁款的一部分。

（10）最低租赁收款额，是指最低租赁付款额加上独立于承租人和出租人的第三方对出租人担保的资产余值。

（11）租赁内含利率，是指在租赁开始日，使最低租赁收款额的现值与未担保余值的现值之和等于租赁资产公允价值与出租人的初始直接费用之和的折现率。

第二节　经营租赁的会计处理

一、承租人的会计处理

在经营租赁下，承租人租入资产的主要目的是为了取得资产的使用权，而不是为了在租赁期届满后，取得该项资产的所有权。承租人对经营租赁的账务处理比较简单，承租人不须将所取得的租入资产的使用权资本化。其主要问题是解决应支付的租金与计入当期成本、费用的关系。承租人在经营租赁下发生的租金应当在租赁期内的各个期间按直线法确认为费用；如果其他方法更合理，也可以采用其他方法。

一般情况下，承租人应当在租赁期内各个期间按照直线法计入相关资产成本或当期损益；其他方法更为系统合理的，也可以采用其他方法。比如根据租赁资产的使用量来确认租金费用。例如，租赁一台起重机，根据起重机的工作小时来确认当期应分摊的租金费用就比按直线法确认更为合理。

某些情况下，出租人可能对经营租赁提供激励措施，如免租期、承担承租人某些费用等。在出租人提供了免租期的情况下，应将相金总额在整个租赁期内，而不是在租赁期扣除免租期后的期间内进行分配；在出租人承担了承租人的某些费用的情况下，应将该费用从租金总额中扣除，并将租金余额在租赁期进行分配。

其账务处理为：确认各期租金费用时，借记"制造费用"或"管理费用"等科目，贷记"其他应付款"等科目。实际付出租金时，借记"其他应付款"等科目，贷记"银行存款"等科目。承租人发生的初始直接费用，应当计入当期损益。或有租金应当在实际发生时计入当期损益。

承租人对于重大的经营租赁，应当在附注中披露下列信息：

(1) 资产负债表日后连续三个会计年度每年将支付的不可撤销经营租赁的最低租赁付款额；

(2) 以后年度将支付的不可撤销经营租赁的最低租赁付款额总额。

此外，为了保证租赁资产的安全和有效使用，承租人应设置"经营租赁资产"备查簿作备查登记，以反映和监督租赁资产的使用、归还和结存情况。

二、出租人的会计处理

出租人应当按资产的性质，将用作经营租赁的资产包括在资产负债表中的相关项目内。出租人在经营租赁下收取的租金，出租人应当在租赁期内各个期间按照直线法确认为当期损益；其他方法更为系统合理的，也可以采用其他方法。比如根据租赁资产的使用量来确认租金收入。例如，租赁一台起重机，根据起重机的工作小时来确认当期应分配的租金收入就比直线法确认更为合理。

某些情况下，出租人可能对经营租赁提供激励措施，如免租期、承担承租人某些费用等。在出租人提供了免租期的情况下，应将租金总额在整个租赁期内，而不是在租赁期扣除免租期后的期间内进行分配；在出租人承担了承租人的某些费用的情况下，应将该费用从租金总额中扣除，并将租金余额在租赁期进行分配。

其账务处理为：确认各期租金收入时，借记"应收账款"或"其他应收款"等科目，贷记"主营业务收入——租金收入"、"其他业务收入——经营租赁收入"等科目。实际收到租金时，记"银行存款"等科目，贷记"应收账款"或"其他应收款"等科目。

出租人发生的初始直接费用，应当计入当期损益。对于经营租赁资产中的固定资产，出租人应当采用类似资产的折旧政策计提折旧；对于其他经营租赁资产，应当采用系统合理的方法进行摊销。或有租金应当在实际发生时计入当期损益。

出租人对经营租赁，应当披露各类租出资产的账面价值。

第三节　融资租赁的会计处理

一、承租人的会计处理

(一) 租赁资产的资本化及其金额的确定

在租赁期开始日，承租人应当将租赁资产公允价值与最低租赁付款额现值两者中较低者作为租入资产的入账价值，将最低租赁付款额作为长期应付款的入账价值，其差额作为未确认融资费用。

承租人在计算最低租赁付款额的现值时，必须合理选择折现率。承租人在计算最低租赁付款额的现值时，能够取得出租人租赁内含利率的，应当采用租赁内含利率作为折现率；否则，应当采用租赁合同规定的利率作为折现率。承租人无法取得出租人的租赁内含利率且租赁合同没有规定利率的，应当采用同期银行贷款利率作为折现率。

其会计处理为：在租赁期开始日，承租人应按租赁资产公允价值与最低租赁付款额的现值两者中的较低者，借记"固定资产——融资租入固定资产"科目，按最低租赁付款额，贷记"长期应付款——应付融资租赁款"科目，按其差额，借记"未确认融资费用"科目（在编制资产负债表时，"未确认融资费用"应作为"长期应付款"的抵减项目列示）。

如果融资租入的固定资产在租赁开始日需要经过安装，应先通过"在建工程"科目核算，安装完毕达到预定可使用状态时，再由"在建工程"科目转入"固定资产——融资租入固定资产"科目。

（二）初始直接费用的会计处理

初始直接费用是指在租赁谈判和签订租赁合同过程中承租人发生的、可归属于租赁项目的费用，通常有印花税、佣金、律师费、差旅费、谈判费等。承租人发生的初始直接费用，应当计入租入资产价值。其会计处理为：借记"固定资产"等科目，贷记"银行存款"、"库存现金"等科目。

（三）未确认融资费用分摊的会计处理

融资租赁下，在分摊未确认融资费用时，未确认融资费用应当在租赁期内各个期间进行分摊。承租人应当采用实际利率法计算确认当期的融资费用。

承租人采用实际利率法分摊未确认融资费用时，应当根据租赁期开始日租入资产入账价值的不同情况，对未确认融资费用采用不同的分摊率：

（1）以出租人的租赁内含利率为折现率将最低租赁付款额折现、且以该现值作为租入资产入账价值的，应当将租赁内含利率作为未确认融资费用的分摊率。

（2）以合同规定利率为折现率将最低租赁付款额折现、且以该现值作为租入资产入账价值的，应当将合同规定利率作为未确认融资费用的分摊率。

（3）以银行同期贷款利率为折现率将最低租赁付款额折现、且以该现值作为租入资产入账价值的，应当将银行同期贷款利率作为未确认融资费用的分摊率。

（4）以租赁资产公允价值为入账价值的，应当重新计算分摊率。该分摊率是使最低租赁付款额的现值与租赁资产公允价值相等的折现率。

（四）租赁资产折旧的计提

承租人应对融资租入的固定资产计提折旧，主要应解决两个问题：一是折旧政策，二是折旧期间。

1. 折旧政策

计提租赁资产折旧时，承租人应采用与自有应折旧资产相一致的折旧政策。同自有应折旧资产一样，租赁资产的折旧方法一般有年限平均法、工作量法、年数总和法、双倍余额递减法等。如果承租人或与其有关的第三方对租赁资产余值提供了担保，则应提的折旧总额为融资租人固定资产的入账价值减去担保余值加上预计清理费用；如果承租人或与其有关的第三方未对租赁资产余值提供担保，则应提的折旧总额为融资租人固定资产的入账价值减去预计残值加上预计清理费用。

2. 折旧期间

由于融资租赁的分类标准影响着租赁资产的折旧期间的确定，因此，应根据租赁合同的规定来确定租赁资产的折旧期间。如果能够合理确定租赁期届满时取得租赁资产所有权的，应当在租赁资产使用寿命内计提折旧；无法合理确定租赁期届满时能够取得租赁资产所有权的，应当在租赁期与租赁资产使用寿命两者中较短的期间内计提折旧。

（五）履约成本的会计处理

履约成本名目较多，承租人在实际工作中可根据其内容分别进行处理。例如，对于固定资产的修理费、保险费等，直接计入当期费用，借记"制造费用"、"管理费用"等科目，贷记"银行存款"等科目。

（六）或有租金的会计处理

由于或有租金的金额不固定，无法采用系统合理的方法对其进行分摊，因此，或有租金应当在实际发生时计入当期损益，并分别情况进行会计处理：如果或有租金是以销售百分比、使用量等为依据计算的，借记"销售费用"等科目，贷记"银行存款"等科目；如果或有租金是以物价指数为依据计算的，借记"财务费用"科目，贷记"银行存款"等科目。

（七）租赁期届满时的会计处理

租赁期届满时，承租人通常对租赁资产有三种选择权：返还、留购和优惠续租。

1. 返还租赁资产

租赁期届满承租人向出租人返还租赁资产时：

（1）如果存在承租人担保余值，借记"长期应付款——应付融资租赁款"、"累计折旧"科目，贷记"固定资产——融资租人固定资产"科目；

（2）如果不存在承租人担保余值，借记"累计折旧"科目，贷记"固定资产——融资租人固定资产"科目，如果还存在净残值，还应借记"营业外支出"科目。

2. 优惠续租租赁资产

（1）如果承租人行使优惠续租选择权（此处的优惠续租选择权，是指承租人续租的租金低于行使优惠续租选择权），则应视同该项租赁一直存在而作出相应的会计处理，如继续支付租金等。

（2）如果租赁期届满时承租人没有续租，承租人向出租人返还租赁资产时，其会计处理与上述返还租赁资产的会计处理相同。

3. 留购租赁资产

在承租人享有优惠购买选择权的情况下，支付购买价款时，借记"长期应付款——应付融资租赁款"科目，贷记"银行存款"等科目；同时，将固定资产从"融资租人固定资产"明细科目转入有关明细科目。

（八）相关会计信息的披露

承租人应当在附注中披露与融资租赁有关的下列信息：

（1）各类租入固定资产的期初和期末原价、累计折旧额。

（2）资产负债表日后连续三个会计年度每年将支付的最低租赁付款额，以及以后年度将支付的最低租赁付款额总额。

（3）未确认融资费用的余额，以及分摊未确认融资费用所采用的方法。

【例 12-1】　假设 20×5 年 12 月 31 日，A 公司与 B 公司签订了一份租赁合同。合同主要条款如下：

（1）租赁标的物：铣床。

（2）租赁期开始日：20×6 年 1 月 1 日。

（3）租赁期：20×6 年 1 月 1 日～20×9 年 12 月 31 日，共 4 年。

（4）租金支付：自租赁开始期日每年年末支付租金 1 500 000 元。

（5）该机器在 20×5 年 12 月 31 日的公允价值为 5 000 000 元，预计使用年限为 5 年，无残值，采用年限平均法计提折旧。

（6）租赁合同规定的年利率为 7%。

（7）初始直接费用为 10 000 元。

（8）租赁期届满时，A 公司享有优惠购买该机器的选择权，购买价格为 1000 元，估计该日租赁资产的公允价值为 800 000 元。

会计处理过程：

（1）租赁开始日的会计处理

第一步：确定租赁类型

本例存在优惠购买选择权，优惠购买价 1000 元远低于行使选择权日租赁资产的公允价值 800 000 元（1000/800 000＝0.125%＜10%），所以在 20×6 年 1 月 1 日就可合理确定 A 公司将会行使这种选择权，符合第 2 条判断标准；另外，最低租赁付款额的现值为 5 081 562.9 元（计算过程见后）大于租赁资产公允价值的 90% 即 4 500 000 元（5 000 000 元×90%），符合第 4 条判断标准。所以这项租赁应当认定为融资租赁。

第二步，计算租赁开始日最低租赁付款额的现值，确定租赁资产入账价值

最低租赁付款额＝各期租金之和＋行使优惠购买选择权支付的金额

$$＝1 500 000×4＋1000＝6 000 000＋1000＝6 001 000（元）$$

计算现值的过程如下：

每期租金 1 500 000 元的年金现值＝1 500 000×PA（4，7%）

优惠购买选择权行使价 1000 元的复利现值＝1000×PV（4，7%）

查表得知：

PA（4，7％）＝3.3872，PV（4，7％）＝0.7629

现值合计＝1 500 000×3.3872＋1 000×0.7629＝5 080 800＋762.9＝5 081 562.9（元）＞5 000 000 元

根据本准则规定的孰低原则，租赁资产的入账价值应为公允价值 5 000 000 元。

第三步，计算未确认融资费用

未确认融资费用＝最低租赁付款额-租赁资产公允价值＝6 001 000－5 000 000＝1001 000（元）

第四步，会计处理

20×6 年 1 月 1 日

借：固定资产——融资租入固定资产　　　　　　　　　　　5 010 000

　　未确认融资费用　　　　　　　　　　　　　　　　　　1 001 000

　　贷：长期应付款——应付融资租赁款　　　　　　　　　　　　　6 001 000

　　　　银行存款　　　　　　　　　　　　　　　　　　　　　　　　10 000

（2）未确认融资费用分摊的会计处理：

第一步，确定融资费用分摊率

计算过程如下：

根据下列公式：

租赁开始日最低租赁付款的现值＝租赁资产公允价值

当 R＝7％时，1 500 000×3.3872＋1 000×0.7629＝5 081 562.9＞5 000 000（元）

当 R＝8％时，1 500 000×3.3121＋1 000×0.7350＝4 968 885＜5 000 000（元）

由上面计算可知 7％＜R＜8％。插值法计算得出 R＝7.72％

第二步，在租赁期采用实际利率法分摊未确认融资费用，如表 12-1 所示。

表 12-1　未确认融资费用分摊表

20×6 年 1 月 1 日　　　　　　　　　　　　　　　　　　单位：元

日期	租金	确认的融资费用	应付本金减少额	应付本金余额
①	②	③＝期初⑤×7.72％	④＝②－③	期末⑤＝⑤－④
				5 000 000
（1）20×6.12.31	1 500 000	386 000	1 114 000	3 886 000
（2）20×7.12.31	1 500 000	299 999.2	1 200 000.8	2 685 999.2
（3）20×8.12.31	1 500 000	207 359.14	1 292 640.86	1 393 358.34
（4）20×9.12.31	1 500 000	107 641.66	1 392 358.34	1 000
（5）2×10.1.1	1 000		1 000	0
合计	6 001 000	1 001 000	5 000 000	

第三步，会计处理

20×6 年 12 月 31 日，支付第一期租金

借：长期应付款—应付融资租赁款　　　　　　　　　　　　1 500 000

　　贷：银行存款　　　　　　　　　　　　　　　　　　　　　　1 500 000

20×6 年 1～12 月，每月分摊未确认融资费用

借：财务费用　　　　　　　　　　　　　　　　　　　　　　386 000

　　贷：未确认融资费用　　　　　　　　　　　　　　　　　　　386 000

20×7 年～20×9 年支付租赁及分摊未确认融资费用会计处理略

（3）按月计提租赁资产折旧的会计处理

借：制造费用　　　　　　　　　　　（5 010 000÷48）104 375

　　贷：累计折旧　　　　　　　　　　　　　　　　　　　　　104 375

（4）租赁期届满时的会计处理

借：长期应付款—应付融资租赁款　　　　　　　　　　　　10 000

　　贷：银行存款　　　　　　　　　　　　　　　　　　　　　　10 000

（5）财务报表中的列示与披露（略）

二、出租人的会计处理

（一）租赁期开始日租赁债权的确认

由于在融资租赁下，出租人将与租赁资产所有权有关的风险和报酬实质上转移给承租人，将租赁资产的使用权长期转让给了承租人，并以此获取租金，因此，出租人的租赁资产在租赁开始日实际上就变成了收取租金的债权。出租人应在租赁期开始日，出租人应当将租赁开始日最低租赁收款额与初始直接费用之和作为应收融资租赁款的入账价值，同时记录未担保余值；将最低租赁付款额、初始直接费用及未担保余值之和与其现值之和的差额确认为未实现融资收益。

出租人在租赁期开始日按照上述规定转出租赁资产，租赁资产公允价值与其账面价值如有差额，应当计入当期损益。

其会计处理为：在租赁期开始日，出租人应按最低租赁收款额，借记"长期应收款"科目，按未担保余值，借记"未担保余值"科目，按租赁资产的账面价值，贷记"融资租赁资产"科目，按其差额，贷记"递延收益——未实现融资收益"科目。

（二）初始直接费用的会计处理

出租人发生的初始直接费用和承租人发生的初始直接费用相类似，通常也印花税、佣金、律师费、差旅费、谈判费等，出租人应计入应收融资租赁款的入账价值，在确认各期融资收入时作为收入的调整，计入各期损益。

（三）未实现融资收益分配的会计处理

在分配未实现融资收益时，出租人应当采用实际利率法计算当期应确认的融资收入。

其会计处理为：出租人每期收到租金时，按收到的租金，借记"银行存款"科目，

贷记"长期应收款"科目。每期采用实际利率法分配未实现融资收益时，按当期应确认的融资收入金额，借记"递延收益——未实现融资收益"科目，贷记"主营业务收入——融资收入"科目。

（四）或有租金的会计处理

或有租金应当在实际发生时计入当期损益。

（五）未担保余值发生变动的会计处理

出租人至少应当于每年年度终了，对未担保余值进行复核。未担保余值增加的，不作调整。有证据表明未担保余值已经减少的，应当重新计算租赁内含利率，将由此引起的租赁投资净额的减少，计入当期损益；以后各期根据修正后的租赁投资净额和重新计算的租赁内含利率确认融资收入。租赁投资净额是融资租赁中最低租赁收款额及未担保余值之和与未实现融资收益之间的差额。

已确认损失的未担保余值得以恢复的，应当在原已确认的损失金额内转回，并重新计算租赁内含利率，以后各期根据修正后的租赁投资净额和重新计算的租赁内含利率确认融资收入。

（六）租赁期届满时的会计处理

租赁期届满时，出租人应区别以下情况进行会计处理：

1. 收回租赁资产，通常有可能出现以下四种情况：

（1）存在担保余值，不存在未担保余值。

出租人收到承租人返还的租赁资产时，借记"融资租赁资产"科目，贷记"长期应收款"科目。

如果收回租赁资产的价值低于担保余值，则应向承租人收取价值损失补偿金，借记"其他应收款"科目，贷记"营业外收入"科目。

（2）存在担保余值，同时存在未担保余值。

出租人收到承租人返还的租赁资产时，借记"融资租赁资产"科目，贷记"长期应收款"、"未担保余值"等科目。

如果收回租赁资产的价值扣除未担保余值后的余额低于担保余值，则应向承租人收取价值损失补偿金，借记"其他应收款"科目，贷记"营业外收入"。

（3）存在未担保余值，不存在担保余值。

出租人收到承租人返还的租赁资产时，借记"融资租赁资产"科目，贷记"未担保余值"科目。

（4）担保余值和未担保余值均不存在。

此时，出租人无需作会计处理，只需作相应的备查登记。

2. 优惠续组租赁资产

（1）如果承租人行使优惠续组选择权，则出租人应视同该项租赁一直存在而做出相应的会计处理。

（2）如果租赁期届满时承租人没有续租，承租人向出租人返还租赁资产时，其会计处理同上述收回租赁资产的会计处理。

3. 留购租赁资产

租赁期届满时，承租人行使了优惠购买选择权。出租人按收到的承租人支付的购买资产的价款，借记"银行存款"等科目，贷记"长期应收款"科目。如果还存在未担保余值，还应借记"营业外支出"科目，贷记"未担保余值"科目。

（七）相关信息的披露

出租人应当在附注中披露与融资租赁有关的下列信息：

（1）资产负债表日后连续三个会计年度每年将收到的最低租赁收款额，以及以后年度将收到的最低租赁收款额总额。

（2）未实现融资收益的余额，以及分配未实现融资收益所采用的方法。

【例 12-2】　20×4 年 12 月 30 日，大东有限责任公司（以下简称"大东公司"）与利华开发租赁公司（以下简称"利华公司"）签订了一份租赁合同。合同主要条款如下：

（1）租赁标的物：程控生产线。

（2）租赁开始日：租赁物运抵大东公司生产车间之日（即 20×5 年 1 月 1 日）。

（3）租赁期：从起租日算起 36 个月（即 20×5 年 1 月 1 日～20×8 年 12 月 31 日）。

（4）租金支付方式：自起租日起每年年末支付租金 1 000 000 元。

（5）该生产线在 20×5 年 1 月 1 日利华公司的公允价值为 2 600 000 元。

（6）租赁合同规定的利率为 8%（年利率）。

（7）该生产线为全新设备，估计使用年限为 5 年。

（8）20×6 年和 20×7 年两年，大东公司每年按该生产线所生产的产品—微波炉的年销售收入的 1% 向利华公司支付经营分享收入。假设 20×6 年和 20×7 年销售收入分别为 10 000 000 元和 15 000 000 元。

会计处理过程：

（1）租赁开始日的会计处理

第一步，计算租赁内含利率

根据租赁内含利率的定义，即租赁内含利率是指在租赁开始日，使最低租赁收款额的现值与未担保余值的现值之和等于租赁资产公允价值的折现率。

由于本例中不存在与承租人和出租人均无关、但在财务上有能力担保的第三方对出租人担保的资产余值，因此最低租赁收款额等于最低租赁付款额，即

租金×期数＋承租人担保余值＝1 000 000×3＋0＝3 000 000（元）

1 000 000×PA（3，R）＝2 600 000

经查表，可知利率为 7% 的年金系数为 2.6243，利率为 8% 的年金系数为 2.5771。采用内插法计算 R＝7.51%，即，租赁内含利率为 7.51%。

第二步，计算租赁开始日最低租赁收款额及其现值和未实现融资收益

最低租赁收款额＋未担保余值＝（最低租赁付款额＋第三方担保的余值）＋未担保余值

$$＝［（1\ 000\ 000×3＋0）＋0］＋0＝3\ 000\ 000\ 元$$

最低租赁收款额：1 000 000×3＝3 000 000 元

最低租赁收款额的现值＝1 000 000×PA（3，7.51%）＝2 600 000（元）

未实现融资收益＝3 000 000－2 600 000＝400 000 元

第三步，判断租赁类型

本例中租赁期（3 年）占租赁资产尚未可使用年限（5 年）的 60%（小于 75%），没有满足融资租赁的第 3 条标准；另外，最低租赁收款额的现值为 2 600 000 元大于租赁资产公允价值的 90% 即 2 340 000 元（2 600 000×90%），满足融资租赁的第 4 条标准，因此，利华公司应当将该项租赁认定为融资租赁。

第四步，会计处理

20×5 年 1 月 1 日，租出程控生产线

借：长期应收款 3 000 000

　贷：融资租赁资产 2 600 000

　　未实现融资收益 400 000

（2）未实现融资收益分配的会计处理

第一步，计算租赁期内各租金收取期应分配的未实现融资收益，如表 12-2 所示。

表 12-2　未实现融资收益分摊表

20×5 年 1 月 1 日　　　　　　　　　　　　　　　　　　　单位：元

日期	租金	确认的融资收益	租赁投资净额减少额	租赁投资净额余额
①	②	③＝期初⑤×7.51%	④＝②－③	期末⑤＝⑤－④
(1) 20×05.1.1				2 600 000
(2) 20×5.12.31	1 000 000	195 260	804 740	1 795 260
(3) 20×6.12.31	1 000 000	134 826.03	865 175.97	930 084.03
(4) 20×7.12.31	1 000 000	69 915.97*	930 084.03*	0
合计	3 000 000	400 000	2 600 000	

* 做尾数调整。69 915.97＝1 000 000-930 084.03

930 084.03＝930 084.03-0

第二步，会计处理

20×5 年 12 月 31 日，收到第一期租金

借：银行存款 1 000 000

　贷：长期应收款 1 000 000

20×5 年 1～12 月，每月确认融资收入时

借：未实现融资收益 （195 260÷12）16 271.67

　贷：租赁收入 16 271.67

20×6 年 12 月 31 日，收到第二期租金

借：银行存款 1 000 000

　贷：长期应收款 1 000 000

20×6 年 1～12 月，每月确认融资收入时

借：未实现融资收益   (134 824.03÷12) 11 235.34

    贷：租赁收入   11 235.34

20×7 年 12 月 31 日，收到第三期租金

借：银行存款   1 000 000

    贷：长期应收款   1 000 000

20×7 年 1～12 月，每月确认融资收入时

借：未实现融资收益   (69 915.97÷12) 5 826.33

    贷：租赁收入   5 826.33

（3）或有租金的会计处理

20×6 年 12 月 31 日，

借：应收账款——大东公司   10 0000

    贷：租赁收入   10 0000

20×7 年 12 月 31 日，

借：应收账款——大东公司   15 0000

    贷：租赁收入   15 0000

（4）租赁期届满时的会计处理

20×7 年 12 月 31 日，将该生产线从大东公司收回，作备查登记。

（5）财务报表中的列示与披露（略）

第四节　其他租赁业务的会计处理

一、售后租回

（一）售后租回交易的概念

售后租回交易是一种特殊形式的租赁业务，是指卖主（即承租人）将一项自制或外购的资产出售，然后又向买主（即出租人）租回使用，这种租赁方式称为售后租回。通过售后租回交易，资产的原所有者（即承租人）在保留对资产的占有权、使用权和控制权的前提下，将固定资本转化为货币资本，在出售时可取得全部价款的现金，而租金则是分期支付的，从而获得了所需的资金；而资产的新所有者（即出租人）通过售后租回交易，找到了一个风险小、回报有保障的投资机会。20 世纪 90 年代以来，售后租回交易在我国也得到了充分的发展，大部分租赁公司尤其是中外合资租赁公司最近几年的租赁业务以售后租回交易为主。

由于在售后租回交易中资产的售价和租金是相互关联的，是以一揽子方式谈判的，是一并计算的，因此，资产的出售和租回实质上是同一项交易。

（二）售后租回交易

对于售后租回交易，无论是承租人还是出租人，均应按照租赁的分类标准，将售后租回交易认定为融资租赁或经营租赁。对于出租人来讲，售后租回交易（无论是融资租赁还是经营租赁的售后租回交易）同其他租赁业务的会计处理没有什么区别。而对于承租人来讲，由于其既是资产的承租人同时又是资产的出售者，因此，售后租回交易同其他租赁业务的会计处理有所不同。

售后租回交易的会计处理应根据其所形成的租赁类型而定，可按融资租赁和经营租赁分别进行会计处理。

1. 售后租回交易形成融资租赁

如果售后租回交易被认定为融资租赁，那么，这种交易实质上转移了买主（即出租人）所保留的与该项租赁资产的所有权有关的全部风险和报酬，是出租人提供资金给承租人并以该项资产作为担保，因此，售价与资产账面价值之间的差额（无论是售价高于资产账面价值还是低于资产账面价值）在会计上均未实现，其实质是，售价高于资产账面价值实际上在出售时高估了资产的价值，而售价低于资产账面价值实际上在出售时低估了资产的价值，卖主（即承租人）应将售价与资产账面价值的差额（无论是售价高于资产账面价值还是售价低于资产账面价值）予以递延，并按该项租赁资产的折旧进度进行分摊，作为折旧费用的调整。按折旧进度进行分摊是指在对该项租赁资产计提折旧时，与该项资产计提折旧所采用的折旧率相同的比例对未实现售后租回损益进行分摊。

【例 12-3】　承【例 12-1】，假定 A 公司将一台铣床按 5 000 000 元的价格销售给 B 公司。该设备 20×5 年 12 月 31 日的账面价值 4 200 000 元，全新设备未计提折旧。同时又签订了一份租赁合同将该设备租回，该合同主要条款与【例 12-1】的合同条款内容相同，假定不考虑相关税费。

（1）卖主（即承租人：A 公司）的会计处理

第一步，判断租赁类型。

根据【例 12-1】，可知该项租赁属于融资租赁。租赁开始日最低租赁付款额的现值及融资费用分摊率的计算过程与结果同【例 12-1】。

第二步，计算未实现售后租回损益

未实现售后租回损益＝售价－资产的账面价值＝售价－（资产的账面原价－累计折旧）＝5 000 000－（4 200 000－0）＝800 000 元

第三步，在租赁期内采用实际利率法分摊未确认融资费用（同【例 12-1】）。

第四步，在折旧期内按折旧进度（在本例中即年限平均法）分摊未实现售后租回损益，如表 12-3 所示。

表 12-3　未实现售后租回损益分摊表

20×5 年 12 月 31 日　　　　　　　　　　　　单位：元

日期	售价	固定资产账面价值	摊销期	分摊率/%	摊销额	未实现售后租回损益
20×5.12.31	5 000 000	4 200 000	48 个月			800 000
20×6.12.31				25	200 000	600 000
20×7.12.31				25	200 000	400 000
20×8.12.31				25	200 000	200 000
20×9.12.31				25	200 000	0
合计	5 000 000	4 200 000		100	800 000	

第五步，会计处理

20×5 年 12 月 31 日，结转出售固定资产的成本

借：固定资产清理　　　　　　　　　　　　　　　4 200 000

　　贷：固定资产　　　　　　　　　　　　　　　　　　4 200 000

20×5 年 12 月 31 日，向 B 公司出售铣床

借：银行存款　　　　　　　　　　　　　　　　　5 000 000

　　贷：固定资产清理　　　　　　　　　　　　　　　　4 200 000

　　　　递延收益——未实现售后租回损益（融资租赁）　　800 000

20×6 年 1~12 月，确认本月应分摊的未实现售后租回损益

借：递延收益—未实现售后租回损益（融资租赁）

　　　　　　　　　　　　　　（200 000÷12）16 666.67

　　贷：制造费用　　　　　　　　　　　　　　　　　16 666.67

（2）买主（即出租人：B 公司）的会计处理

20×5 年 12 月 31 日，向 A 公司购买铣床

借：融资租赁资产　　　　　　　　　　　　　　　5 000 000

　　贷：银行存款　　　　　　　　　　　　　　　　　5 000 000

其他相关会计处理与一般融资租赁业务的会计处理相同，不再赘述。

2. 售后租回交易形成经营租赁

如果售后租回交易被认定为经营租赁，那么，与形成融资租赁的售后租回交易的会计处理相一致，卖主（即承租人）应将售价与资产账面价值之间的差额（无论是售价高于资产账面价值还是售价低于资产账面价值）予以递延，并在租赁期内按照与确认租金费用相一致的方法进行分摊，作为租金费用的调整。但是，有确凿证据表明售后租回交易是按照公允价值达成的，售价与资产账面价值之间的差额应当计入当期损益。

3. 售后租回交易的会计处理

（1）出售资产时，按固定资产账面净值，借记"固定资产清理"科目，按固定资产已提折旧，借记"累计折旧"科目，按固定资产的账面原价，贷记"固定资产"科目；如果出售资产已计提减值准备，还应结转已计提的减值准备。

（2）收到出售资产的价款时，借记"银行存款"科目，贷记"固定资产清理"科目，借记或贷记"递延收益——未实现售后租回损益（融资租赁或经营租赁）"科目。

（3）租回资产时，如果形成一项融资租赁，按租赁资产的原账面价值（即出租人账上该项资产的账面价值）与最低租赁付款额的现值两者中较低者，借记"固定资产——融资租入固定资产"科目（假设不需安装），按最低租赁付款额，贷记"长期应付款——应付融资租赁款"科目，按其差额，借记"未确认融资费用"科目。如果形成一项经营租赁，则作备查登记。

（4）各期根据该项租赁资产的折旧进度或租金确认方法分摊未实现售后租回损益时，借记或贷记"递延收益——未实现售后租回损益（融资租赁或经营租赁）"科目，贷记或借记"制造费用"、"销售费用"、"管理费用"等科目。

（三）售后租回交易的披露

承租人和出租人应当披露各售后租回交易以及售后租回合同中的重要条款。

二、转租赁

承租人在租赁期内将租入资产出租给第三方称为转租赁，简称转租。转租至少涉及三方（原出租人、原承租人即新出租人、新承租人）和两份租约（原出租人和原承租人之间的租约，原承租人和新承租人之间的租约）。各方的会计处理视两种租约的性质而定。

1. 原出租人的会计处理

若原承租人将租赁资产转给第三方，原出租人和原承租人之间的合约仍然有效。转租对原出租人无丝毫影响。其原有会计处理不变。

2. 新承租人的会计处理

作为新承租人，他和原出租人及原租约无任何直接联系，应根据和原承租人所订租约规定的条件，作出相应的会计处理。

3. 原承租人（新出租人）的会计处理

转租赁的会计处理对原承租人来讲较其他两方复杂。原承租人究竟应当如何归类及处理转租业务，取决于原租约和新租约所具备的特点。

若原租约规定租赁期届满，租赁资产的所有权转移给承租人，而且包含有承租人以廉价购买租赁资产的选择权，原承租人可以任何方式转租该资产。至于转租究竟属于什么性质，则由新租约的特点决定，可根据前述标准加以归类，然后或作经营租赁处理，或作销售式租赁、直接融资租赁处理。

若原租约不符合以上两个条件，但符合融资租赁应具备的其他两个条件：租赁期长于或等于租赁资产预计经济寿命的75%；或最低租赁付款额的现值高于或等于租赁资产公允市价的90%，原承租人也可以经营租赁、直接融资租赁、销售式租赁等方式出租，新租约不可包含所有权将转移、或允许承租人在租期届满时以名义价款购入租赁资产的条款。

如果原租约属经营租赁性质，转租也只能是经营租赁。

无论在哪种情形下，原租赁下尚未摊销完毕的租赁资产余额，一般应作为新租赁的租赁资产成本处理。

复习思考题

【简答题】

1. 企业租赁业务的特点有哪些?

2. 简述融资租赁的认定条件。

3. 如果租赁合同没有规定优惠购买选择权,则承租人在租赁期应支付或可能被要求支付的各种款项包括那些?

【计算分析题】

1. 20×2年1月1日,A公司向B公司租入办公设备一台,租期为3年。设备价值为2 000 000元,预计使用年限为10年。租赁合同规定,租赁开始日(20×2年1月1日)A公司向B公司一次性预付租金300 000元,第一年年末支付租金300 000元,第二年年末支付租金400 000元,第三年年末支付租金500 000元。租赁期届满后B公司收回设备,三年的租金总额为1 500 000元。(假定A公司和B公司均在年末确认租金费用和租金收入,并且不存在租金逾期支付的情况。)

要求:编制A公司此项业务的会计分录。

2. 某租赁合同如下:

20×2年12月28日,A公司与B公司签订了一份租赁合同。合同主要条款如下:

(1) 租赁标的物:程控生产线。

(2) 租赁期开始日:租赁物运抵A公司生产车间之日(即20×3年1月1日)。

(3) 租赁期:从租赁期开始日算起36个月(即20×3年1月1日~20×5年12月31日)。

(4) 租金支付方式:自租赁期开始日起每年年末支付租金2 000 000元。

(5) 该生产线在20×3年1月1日B公司的公允价值为5 200 000元。

(6) 租赁合同规定的利率为9%(年利率)。

(7) 该生产线为全新设备,估计使用年限为5年。

(8) 20×4年和20×5年两年,A公司每年按该生产线所生产的产品——微波炉的年销售收入的2%向B公司支付经营分享收入。

A公司:

(1) 采用实际利率法确认本期应分摊的未确认融资费用。

(2) 采用年限平均法计提固定资产折旧。

(3) 20×4年、20×5年A公司分别实现微波炉销售收入20 000 000元和30 000 000元。

(4) 20×5年12月31日,将该生产线退还B公司。

(5) A公司在租赁谈判和签订租赁合同过程中发生可归属于租赁项目的手续费、差旅费20 000元。

要求:根据资料,分别承租人和出租人对租赁业务进行会计处理。

参 考 文 献

财政部会计司编写组. 2010. 企业会计准则讲解. 北京：人民出版社

财政部注册会计师考试委员会办公室. 2010. 会计. 北京：中国财政经济出版社

陈信元. 2011. 高级财务会计. 上海：上海财经大学出版社

杜兴强. 2007. 高级财务会计. 厦门：厦门大学出版社

傅荣. 2012. 高级财务会计. 北京：中国人民大学出版社

李青，陈红. 2013. 高级财务会计. 北京：中国财政经济出版社

罗绍德. 2013. 高级财务会计. 成都：西南财经大学出版社

汤湘希. 2013. 高级财务会计. 北京：经济科学出版社

王丽新，周霞. 2011. 高级财务会计. 北京：经济科学出版社

王铁林. 2012. 高级财务会计. 北京：中国人民大学出版社

杨有红. 2008. 高级财务会计. 北京：经济科学出版社

张劲松，李瑛. 2008. 高级财务会计. 北京：科学出版社

张劲松，谭旭红. 2012. 基础会计学. 北京：科学出版社

中华人民共和国财政部. 2006. 企业会计准则——应用指南. 北京：中国财政经济出版社

中华人民共和国财政部. 2006. 企业会计准则. 北京：经济科学出版社